国家社科基金重大项目"党的十八大以来党领导生态文明建设实践和经验研究"的阶段性成果,项目批准号22ZDA106。

中国林改

20 年

县域生态文明建设的
武平实践

胡 熠 主编

社会科学文献出版社

SOCIAL SCIENCES ACADEMIC PRESS (CHINA)

序

福建省龙岩市武平县是习近平总书记亲自关心、推动的集体林权制度改革的发源地，被誉为"全国林改第一县"。

习近平同志在福建工作期间，高度重视林业工作，强调要大力植树造林，依法保护林业资源，统筹抓好林业资源保护与林业产业发展。2001 年 6 月，为了破解林业发展"乱砍滥伐难制止、林火扑救难动员、造林育林难投入、林业产业难发展、望着青山难收益"的"五难"困境，武平县委、县政府选择万安镇捷文村开展集体林权制度改革试点工作。2002 年 6 月，时任福建省长习近平同志在武平调研时对武平林改工作给予充分肯定，指出"集体林权制度改革要像家庭联产承包责任制那样从山下转向山上"，并强调"林改的方向是对的，要脚踏实地向前推进，让老百姓真正受益"①，为武平林改一锤定音、指明方向。武平由此在全县拉开了以"四权"（即明晰产权、放活经营权、落实处置权、保障收益权）为主要内容的集体林权制度改革的序幕。

2008 年 6 月，武平"四权"改革模式被吸纳进中共中央、国务院发布的《关于全面推进集体林权制度改革的意见》，上升为国家林改举措。2018 年 1 月暨福建集体林权制度改革 15 周年之际，习近平总书记对捷文村群众来信作出重要指示："希望大家继续埋头苦干，保护好绿水青山，发展好林

---

① 中央农村工作领导小组办公室、福建省委农村工作领导小组办公室：《习近平总书记"三农"思想在福建的探索与实践》，《人民日报》2018 年 1 月 19 日，第 1 版。

下经济、乡村旅游，把村庄建设得更加美丽，让日子越过越红火。"① 2021 年 9 月，习近平总书记在中共中央党校中青班开班式上，深情回顾了他在福建工作期间以人民利益为重、迎着改革风险，亲自推动实施集体林权制度改革的生动实践，强调要"勇于担当、善于作为"。②

武平林改是中国林改的一个生动缩影。武平地处福建西南部，位于闽粤赣三省交界处，是革命老区县、原中央苏区县，也是千年古县、客家祖地。县域面积 2630 平方千米，辖 17 个乡镇（街道）、225 个村（居），现有户籍人口 40 万。境内山区丘陵多，是典型的"八山一水一分田"的山区县，也是全国南方集体林区县和福建省重点林业县，全县拥有林地面积 314.4 万亩，其中生态公益林面积 90 万亩，占林地面积的 28.6%；活立木蓄积量 2179 万立方米，森林覆盖率 79.7%。多年来，如何处理好林业资源保护与利用的关系，促进资源增长、林业增效和林农增收，一直是当地干部群众思考探索的课题。

习近平同志立足福建省情，准确把握市场经济条件下林业发展中各种利益关系，抓住林业产权这个牛鼻子，亲手抓起武平林改，进而推广到福建全省，在全国率先推动集体林权制度改革，充分展现了高瞻远瞩的战略眼光、科学决策的改革精神、一心为民的高尚情怀和善于作为的责任担当。

2022 年是福建集体林权制度改革 20 周年。20 年来，武平历届县委牢记习近平同志的殷殷嘱托，传承弘扬"敢为人先、接力奋斗"的林改经验，按照"机制活、产业优、百姓富、生态美"的要求，深入贯彻中央、省委有关生态文明建设和改革的精神，以建设国家集体林业综合改革试验示范区、国家林下经济示范基地等为抓手，持续深化集体林权制度改革，不断解放和发展林区生产力，先后获评国家生态文明建设示范县、全国绿化模范县、全国森林旅游示范县等，拥有梁野山国家级自然保护区、梁野山国家森林步道、中山河国家湿地公园三张国家级生态名片，境内空气质量优良天数

---

① 武平县人民政府官网，http://www.wp.gov.cn/zjwp/wpgk/jzyg/。
② 习近平：《努力成为可堪大用能担重任的栋梁之才》，《求是》2022 年第 3 期。

比例达 99.7%，环境空气综合指数为 2.27，负氧离子含量 3000～4500 个/厘米³，是福建省首个"中国天然氧吧"。武平统筹推进生态文明建设和乡村全面振兴，县域经济发展活力日渐增强，人民群众安全感满意率连续多年居全省前列。武平已由原先的省级扶贫开发工作重点县连续多年跻身"福建省县域经济发展十佳县"，被中央综治委表彰为"平安中国建设示范县"，获评全国文明城市等荣誉，走出一条以高水平生态环境保护支撑经济社会高质量绿色发展之路，打造出县域生态文明建设的"武平样板"。

中共福建省委党校、福建行政学院胡熠教授主编的《中国林改 20 年：县域生态文明建设的武平实践》，是党校（行政学院）教师立足现实，用脚步丈量华夏大地，记录新时代中国绿色发展，讲述生态文明建设中国故事的力作。该书以集体林权制度改革为切入点，以兼具"老区、苏区、山区、林区"特色的武平县为典型样本，以县域生态文明体系建设为主线，从理论与实践、历史与现实等多重维度，运用丰富的史料、翔实的数据、鲜活的案例，阐释了"林草兴则生态兴、生态兴则文明兴"的深刻道理，从一个侧面展现了习近平生态文明思想在福建的孕育形成，揭示了这一思想的科学性、人民性和实践性。该书具有政治高度、学术深度和实践温度。它既可以作为各级党校（行政学院）开展生态文明案例教学的辅助教材，也是学习宣传习近平生态文明思想，特别是习近平总书记关于新时代林业改革发展重要论述的参考读物。

中共中央党校（国家行政学院）副校（院）长

2022 年 6 月 9 日

| 目 | | 录 |

实 践 篇

林草兴则生态兴　生态兴则文明兴

　　地球上的陆地生态系统主要包括森林、湿地、荒漠、农田、草原和城市6个子系统。其中，森林生态系统孕育了种类繁多的动植物和微生物，是生物多样性最丰富的陆地生态系统。森林生态系统通过光合作用，与土壤、水分、空气进行物质和能量的交换，使动植物和微生物得以生长，并在人类的养育和管护中提供和释放其生态效益，具有涵养水源、防风固沙、调节气候、释氧固碳、阻止污染物和沙尘、粉尘等服务功能。研究表明，陆地生态系统的生物量占地球生物量的99%，其中森林生态系统的生物量占陆地生态系统生物量的90%以上[①]；每平方米森林资源每天能吸收1.6千克二氧化碳，释放1.2千克氧气，能够很好地发挥综合生态服务功能。浩瀚的大森林是人类文明的摇篮。森林生态系统滋育着丰富的生物资源，不同生物种群之间以食物链为纽带形成共生共存关系，也为人类社会繁衍发展提供了重要的生产和生活资料。在人类文明诞生之前，地球只是一个混沌的自然生态空间；人类的祖先原本只是大自然的精灵，以森林、草原、湿地等自然生态空间为家，劳动在从猿到人的进化中发挥着关键作用。在原始文明时代，由于社会生产力水平极端低下，人类只能依靠采集、狩猎等生产方式谋求生存，在与自然界各种动物互动的过程中，人类学会了筑木为巢、钻木取火和栽培

---

　　① 《发挥林业主体作用 推进生态文明建设（国家林业局局长赵树丛答本报记者问）》，《学习时报》2012年12月24日。

农作物、驯化动物等生存能力，在自然生态空间中开辟出农业生产空间，推动农耕文明的发展，从而使农业成为人类早期社会最主要的产业，农业生产空间成为农耕文明时代人类最主要的空间载体。随着劳动生产力水平的提高，社会分工深化和交易的频繁发生，逐步形成了区域性市场和集镇，从而推动了以手工业和服务业为主、人口相对聚集的城镇空间。由此，自然生态空间、农业生产空间和城镇空间"三大空间"并立，成为人类社会的基本空间形态。

在农耕文明时代，人们对森林资源的主要需求是提供生活用薪柴和建筑材料以及制造简陋生活和生产用具及交通用具用材，同时把森林作为主要的狩猎场所。由于社会生产力水平较低，人类为了解决温饱问题，不得不毁林开荒，扩大农田和牧场，甚至把森林视为农业发展的障碍。总体而言，早期社会全球人口数量较少、经济和消费水平较低，在这种以自给自足为主的生产方式下，人们对森林资源的破坏相对有限，人类享用的不过是源源不断的自然资源供应大饼的边缘而已，人类活动一直处在生态环境的整体可承受范围之内。随着资本主义生产方式的确立，整个社会以资本为中心，以追求利润最大化为导向，把自然条件和生态环境看作资本增殖的手段，形成了大肆开采自然资源、大批量生产和消费、大规模排放废弃物的经济发展方式，不可避免地造成自然资源的枯竭、生态环境的恶化和全球生态危机。同时，产业技术进步大大加快了工业化和城市化进程，人们在拓展城市空间过程中，城镇空间边界向外延伸相应地挤压着农业生产空间；人口和食物需求的增长又需要拓展农业生产空间，最终导致自然生态空间受到进一步挤压，当农业生产空间、城镇空间超过自然生态空间承载力，将会挤压自然生态空间，最终导致自然生态系统功能的弱化。18 世纪中叶，欧洲工业革命促进了社会生产力的大发展和人口数量的迅速增加，由此引起对木材需求的急剧膨胀，造成了对森林资源的更大破坏，其破坏规模和速度大大超过数千年的农耕文明时代。[①] 人类对森林资源的过度砍伐，诱发了气候变暖、生物多样

---

① 林凤鸣：《国外林业产业政策》，中国林业出版社，1996，第 2 页。

性减少、水土流失、沙尘暴和空气污染加剧等全球生态环境问题。因此，加强国际合作，共同维护全球林业资源，促进生态多样性保护，努力实现人与自然和谐共生，是构建人类命运共同体的应有之义。2011年底，联合国环境规划署发布的《迈向绿色经济》报告指出，绿色经济可显著降低环境风险与生态稀缺，提高人类福祉和社会公平，并将林业列在自然资本投资的优先领域。

从世界文明古国兴衰历史看，除了政治、经济、战争等因素外，自然环境的变迁是决定人类文明兴衰演替的重要因素。古埃及、古巴比伦、古印度和古中国四大文明古国，均发源于森林茂密、水量丰沛、田地肥沃、生态良好的地区。但生态环境的衰退尤其是严重的土地荒漠化直接导致了古埃及、古巴比伦的衰落。南美洲的玛雅文明、复活节岛文明以及中国西部楼兰文明的消失，都是由于自然或人为原因，对森林的过度砍伐导致了当地气候变得干旱、缺水、农产品产量下降等。几百年来中华文明的中心呈现由西向东、由北向南迁徙的态势，也是迫于西部生态环境的恶化。秦统一以后，西部的黄土高原及关中地区气候较为温暖湿润，因而能够承载更多的人口，从而成为秦、汉、隋、唐等朝代中国政治、经济的中心。唐朝中期曾频繁从长安迁都洛阳，除了政治、经济上的原因，长安地区不断发生的自然灾害也是重要原因之一。宋代以后，气候变化使中国人口、文化、经济重心逐渐向南迁移至长江流域。明清两代，政府虽然大力经营甘肃等问题地区，但由于西北部地区森林破坏、生态环境日益恶化，粮食自给已成问题，西部地区人口日趋减少。著名的"胡焕庸线"就直观地反映了我国西北和东南区域人口密度的差异。沿着"黑龙江省黑河—云南省腾冲市"一线，东南区域生态环境资源良好，地狭人稠，西北区域生态环境较差，地广人稀。中华民族五千年文明史延绵不断的实践证明，人类社会的繁荣进步必须以良好的自然生态为基础；经济社会的发展必须遵循自然规律，以人与自然和谐共生为价值取向，保护、修复和合理利用自然生态系统，有效解决人与自然的矛盾，建立生态经济良性运行机制、维持人与自然和谐共进的融洽关系，才能实现中华民族永续发展。历史和现实反复证明：生态兴则文明兴，生态衰则文明衰。

当代中国仍然是一个缺林少绿的国家，林业是生态建设的主体工程，保护好森林和生态系统是解决好气候变暖、空气污染、水土流失等环境问题的最根本途径。中国共产党在带领人民争取独立、摆脱贫困、走向富强的百年奋斗历程中，一直以世界眼光和战略思维关注着森林问题，对生态文明建设进行了不懈探索。社会主义革命和建设时期，面对"一穷二白"的社会经济状况和严峻的自然灾害威胁，毛泽东同志就告诫人们："林业将变成根本问题之一"，并提出"绿化祖国""实行大地园林化"。中央政府还确定了"青山常在，永续利用"的林业建设方针，加快推进新中国林业工作的发展。改革开放和现代化建设时期，经邓小平同志批示，我国启动了世界上规模最大的生态修复工程——"三北"防护林工程。1981年，在邓小平同志的倡导下，第五届全国人民代表大会第四次会议作出了《关于开展全民义务植树运动的决议》。1991年，江泽民同志提出"全党动员、全民动手、植树造林、绿化祖国"，1997年又发出了"再造祖国秀美山川"的号召。1998年长江、松花江发生特大洪水后，中共中央、国务院决定投资几千亿元，实施天然林保护、退耕还林、京津风沙源治理等重大生态修复工程。2009年，胡锦涛同志向世界作出了"大力增加森林碳汇，争取到2020年森林面积比2005年增加4000万公顷，森林蓄积量比2005年增加13亿立方米"的庄严承诺，并要求全国人民"为祖国大地披上美丽绿装，为科学发展提供生态保障"。林业"双增"目标被纳入"十二五"规划约束性考核指标。中国特色社会主义进入新时代，中国共产党把生态文明建设纳入"五位一体"进行总体布局，赋予林业神圣使命。党的十八大以来，习近平总书记十年坚持植树，并对植绿护绿爱绿赋予新的内涵，指出"森林是水库、钱库、粮库，现在应该再加上一个'碳库'"①，从生态文明建设的战略全局中指出"森林和草原对国家生态安全具有基础性、战略性作用，林草兴则生态兴"②，强调"森林是陆地生态系统的主体和重要资源，是人类生存发展的重要生

---

① 《把握好水库、钱库、粮库与碳库的平衡》，《农民日报》2022年4月8日。
② 《绿色成为美丽中国鲜明底色》，《人民日报》2022年6月2日。

态保障"，"林业是生态建设的主体"，"建设生态文明，必须把发展林业作为首要任务"，并要求"划定并严守生态红线，不能越雷池一步，否则就应该受到惩罚"。

林业是自然资源、生态景观、生物多样性的集大成者，拥有大自然中最美的色调，承担着保护森林、湿地、荒漠三大生态系统和维护生物多样性的重要职责，是生态产品生产的主要阵地，是美丽中国构建的核心元素，也是绿色发展的基石，是我国生态文明建设的首要任务和关键领域。新中国成立以来，党团结带领全国各族人民植树造林、绿化祖国，取得了历史性成就，创造了令世人瞩目的生态奇迹。党的十八大以来，我们坚持绿水青山就是金山银山的理念，全面加强生态文明建设，持续推进国土绿化、荒漠化治理、野生动植物及生物多样性保护、湿地保护，改善城乡人居环境，美丽中国正在不断变为现实。新中国成立之初，百废待兴，森林覆盖率仅为8.6%，森林面积仅有8000多万公顷。经过长期不懈的植树造林，我国的森林覆盖率在2020年底达到23.04%，森林面积达到2.2亿公顷，实现森林面积和蓄积量持续双增长，成为全球森林资源增长最多的国家。森林资源总体上呈现数量持续增加、质量稳步提升、生态功能不断增强的良好发展态势，初步形成了国有林以公益林为主、集体林以商品林为主、木材供给以人工林为主的合理格局。我国沙化土地由20世纪末年均扩展3436平方千米转变为目前的年均缩减1980平方千米，"创造了荒漠变绿洲、荒原变林海的人间奇迹，为全球生态治理贡献了中国方案"[1]。然而，从国际比较看，我国森林覆盖率比全球平均水平低近8个百分点，远低于世界31%的平均水平，人均森林面积不足世界平均水平的1/4，人均森林蓄积量只有世界平均水平的1/7，单位面积森林生态服务价值不及日本的1/4。当前我国生态文明建设进入实现生态环境改善由量变到质变的关键时期。生态文明建设对新时期林业发展提出了更高要求，赋予了林业前所未有的历史使命。为此，《"十四五"林业草原保护发展规划纲要》明确提出2025年全国将完成5亿亩国土绿化任务、

---

[1]　《生物多样性保护的中国林草贡献》，《中国绿色时报》2021年10月15日。

森林覆盖率达到 24.1%、森林蓄积量达到 190 亿立方米的预期目标。林业必须主动服从服务于国家战略大局，统筹推进山水林田湖草沙一体化保护和系统治理，深入实施以生态建设为主的林业发展战略，科学开展国土绿化，提升林草资源总量和质量，巩固和增强生态系统碳汇能力，构建生态安全格局，推进绿色发展，为推动全球环境和气候治理、建设人与自然和谐共生的现代化作出更大贡献。

现代林业兼有生态和经济两大属性。绿水青山是它的生态属性，金山银山是它的经济属性。两者是辩证的统一，共生共荣，互相促进。新中国成立以来，我国林业发展虽然取得了巨大成绩，但也走过弯路。1949 年到 20 世纪 80 年代末，国家实行以林木利用为主的政策导向，但在实践中演化成了过度利用的局面，因国家建设需要、地方财政紧张等诸多原因出现林木过度采伐现象；20 世纪 90 年代至今，国家实行以森林保护为主的政策导向，但在实践中演化成了过度保护的局面，出现了地方政府严格控制甚至禁止林木采伐的现象，其实质是行政权侵犯了集体林农的产权。实践证明，"纯利用的林业是破坏的林业"，"纯保护的林业是失败的林业"。新时代的林业发展要遵循"生态建设、生态安全、生态文明"的战略思想，正确处理好保护与利用的关系，走保护与利用兼容、科学经营、提高质量的绿色发展之路。[①] 保护与利用不能割裂走极端，要在保护中利用，在利用中保护，实现两者兼容。注重尊重自然、顺应自然、保护自然，适地适树，科学造林，精心管护，实施森林资源可持续管理，在环境破坏最小化和维持环境服务持续供给的前提下开展木材生产、林下经济等多用途经营，实施林草质量精准提升工程，扩面增绿与提质增效相结合，积极探索森林生态产品实现机制，促进林农增收和共同富裕，发挥森林的经济功能、社会功能和环境功能，努力实现经济发展与环境保护的双重目标。因此，现代林业既是改善生态的公益事业，又是改善民生的基础产业；既是增加森林碳汇、应对气候变化的战略

---

① 黄建兴：《新时代中国林业应该走什么路？》，2021 年 6 月 5 日在国家林草局试点工作动员大会上的发言。

支撑，又是规模最大的绿色产业和循环经济体；既是增加农民收入的潜力所在，又是拉动内需的主战场。①

　　福建是习近平生态文明思想的重要孕育地和创新实践地，是我国集体林权改革先行试点省份，连续 42 年保持森林覆盖率全国第一位。20 世纪 90 年代，习近平同志在福建宁德工作期间就认识到保护与经济发展的辩证关系，提出森林是"水库、钱库、粮库"②，"什么时候闽东的山都绿了，什么时候闽东就富裕了"③。要发扬"筚路蓝缕，以启山林"的精神，造林绿化，振兴闽东。习近平同志在主政福州期间，针对福州生态基础薄弱、森林覆盖率不足 20%、低于全省乃至全国的平均水平等问题，从保护和改善人类生存环境的高度来认识林业的重要性，强调水土流失、水旱灾害与福州的森林植被数量不足、质量不高、结构不合理等因素有密切关系。针对防治这类自然灾害，他提出"治水必先治山，治山必先兴林，蓄水于库，必先投入于林"④。造林绿化是治理水土流失的基础，搞好造林绿化，可保持水土、防风固沙、涵养水源，从而山清水秀。习近平同志大力推进林业建设，积累生态资源，实施沿海防护林体系建设和强化落实"三五七"造林绿化工程，制定了造林绿化工作的指导思想——"抓重点、保基础、上水平、一体化"，推动福州"生态城市"建设。在福建省工作期间，习近平同志在三明市基层调研时嘱托："要抓好林业建设，把林业产业和林业生态统一抓好，否则，满目荒山，两手空空"；统筹做好林业资源保护和林业产业发展工作，指出"林是人种出来的，不能只见林不见人"，发展林业生产力，需要理顺林业生产关系。⑤ 为此，他亲自抓起、亲自推动，在全国率先开展集体

---

① 《发挥林业主体作用 推进生态文明建设（国家林业局局长赵树丛答本报记者问）》，《学习时报》2012 年 12 月 24 日。

② 习近平：《摆脱贫困》，福建人民出版社，2014，第 83 页。

③ 习近平：《摆脱贫困》，福建人民出版社，2014，第 110 页。

④ 周蓉、林善炜：《习近平在福州工作期间推进生态文明 建设的探索和实践》，《福州市委党校学报》2021 年第 1 期。

⑤ 中共中央党校采访实录编辑室：《习近平在福建（下）》，中共中央党校出版社，2021，第 10 页。

林权制度改革。从 2002 年开始，福建以"明晰产权、放活经营权、落实处置权、保障收益权"为主要内容的集体林权制度改革在武平县率先开展。这是中国农村集体产权制度的又一重大突破，也是林业经营方式的重大变革。它理顺了社会主义市场经济条件下林业再生产过程中的多元利益关系，极大地解放和发展了林区生产力，促进了林业资源保护与林业产业协调发展，并统筹推进生态空间规划、生态保护制度建设、传统生态文化传承等工作，从而多维度持续促进区域生态文明建设。

20 年来，被誉为"全国林改第一县"的武平县秉持敢为人先的改革精神，充分发挥老区苏区红色资源和生态绿色资源两重优势，按照"生态为民、生态利民、生态惠民"的要求，紧紧围绕生态林业和民生林业两条主线，推动产业绿色转型，积极探索"两山"转化路径，推进县域生态文明建设与乡村振兴融合发展，形成县域经济社会高质量发展新格局。据统计，2001～2020 年，武平县城镇居民收入和农村居民收入年均增长分别为 9.7% 和 10.6%；2020 年，城镇居民和农村居民人均可支配收入分别为 3.78 万元和 1.92 万元，两者比例为 1∶0.508，城乡收入差距好于全省平均水平的 1∶0.443。"清风明月本无价，近水远山皆有情。"近年来，武平县坚持"生态立县"，促进生态文明建设取得累累硕果，先后获得"国家园林县城""国家生态文明建设示范县""全省经济社会发展十佳县"等荣誉称号，人民群众的获得感、幸福感和安全感显著提升。

为了全面反映中国集体林权制度改革 20 年来武平县域生态文明建设的显著成效，课题组在深入调研基础上完成了本部书稿。除了导言、结语外，共有九章内容，可分为三部分。第一部分为理论篇，阐明了县域生态文明建设的思想指引和行动指南，突出林业在县域生态文明建设的主体和基础性地位。第二部分为林改篇，阐述集体林权制改革从武平率先试点，从福建走向全国的历史进程。第三部分为实践篇，从生态经济体系、生态安全空间、生态文明制度体系、生态环境治理格局、生态文化建设等多个维度，全方位展现武平作为山区林区县域样本生态文明建设的举措和成就。

理 论 篇

| 第 | 一 | 章 |

县域生态文明建设的思想指引和行动指南

生态文明建设是关系中华民族永续发展的根本大计。党的十八大以来，以习近平同志为核心的党中央传承中华民族生态智慧、总结我国生态环保事业发展历史经验，顺应时代潮流和人民意愿，立足坚持和发展中国特色社会主义、实现中华民族伟大复兴中国梦的战略高度，深刻回答了我国"为什么建设生态文明、建设什么样的生态文明、怎样建设生态文明"等重大理论问题和实践问题，创造性提出一系列富有中国特色、彰显时代精神、引领人类文明发展进步的新理念新思想新战略，形成了完整系统的生态文明思想，成为习近平新时代中国特色社会主义思想的重要组成部分。习近平生态文明思想是一个博大精深、立意高远、内涵丰富的理论体系，具有思想的深邃性、理论的系统性和实践的高效性。其孕育形成和最终确立蕴含着深厚的理论基础、文化底蕴和丰富的实践经验。深刻把握习近平生态文明思想的孕育形成、核心要义和理论品质，是持续推动县域生态文明建设的前提和基础。

一 习近平生态文明思想的理论来源与实践基础

理论来源于实践，理论创新是时代进步的实践升华。习近平生态文明思想主要形成于党的十八大以来我国波澜壮阔的生态文明建设伟大实践；同时它又蕴含深厚的理论基础和历史渊源，既是对马克思主义关于人与自然关系思想的继承和发展，也是对中华优秀传统生态文化的传承和弘扬；既有对国际可持续发展理论的借鉴和扬弃，更有中国共产党领导生态环境保护的历史经验总结和习近平总书记长期地方领导实践经验的淬炼升华，是马克思主义生态思想中国化时代化的最新理论成果。

（一）马克思主义关于人与自然关系思想的继承和发展

马克思主义认为，人不是自然界的主宰者，而是自然界的一部分，人靠自然界生活。人类在同自然的互动中谋求生存和发展，人类善待自然，自然也会馈赠人类。自然条件本身是生产力的有机组成部分，自然条件的优劣是影响劳动生产率的重要因素。马克思指出："撇开社会生产的形态的发展程度不说，劳动生产率是同自然条件相联系的。这些自然条件都可以归结为人本身的自然（如人种等）和人的周围的自然。"① 资本主义生产方式通过科技进步、组织变革和自然资源开发利用等，大大提高了社会生产力。马克思曾指出："大工业把巨大的自然力和自然科学并入生产过程，必然大大提高劳动生产率。"② "用于生产过程的自然力，如蒸汽、水等等也不费分文。"③ "生产过程从简单的劳动过程向科学过程的转化，也就是向驱使自然力为自己服务并使它为人类的需要服务的过程的转化。"④ 然而，资本家以获取最大利润为目标导向的经营活动也大大破坏了生态环境，制约了自然生产力的发展。在以资本为中心的生产方式下，自然条件和生态环境只是资本增殖的手段，不可避免地造成人与自然关系的恶化和全球生态危机。因此，"需要对我们的直到目前为止的生产方式，以及同这种生产方式一起对我们的现今的整个社会制度实行完全的变革"。⑤ 马克思、恩格斯关于人与自然关系的思想，为我们提供了科学的自然观，也为推进社会主义生态文明建设提供了科学的思想基础。2018 年 5 月 4 日，在北京举行的纪念马克思诞辰 200 周年

---

① 《马克思恩格斯文集》（第 5 卷），人民出版社，2009，第 586 页。
② 《马克思恩格斯全集》（第 23 卷），人民出版社，1972，第 424 页。
③ 《马克思恩格斯全集》（第 23 卷），人民出版社，1972，第 424 页。
④ 《马克思恩格斯全集》（第 46 卷，下），人民出版社，1972，第 212 页。
⑤ 《马克思恩格斯文集》（第 1 卷），人民出版社，2009，第 562 页。

大会上，习近平总书记缅怀马克思的伟大人格和历史功绩，重温马克思的崇高精神和光辉思想，提出学习马克思就是要"学习和实践马克思主义关于人与自然关系的思想"等九个方面的思想，不断从中汲取科学智慧和理论力量。①

（二）中华传统生态智慧的传承和弘扬

中华民族在五千多年的农耕文明实践中孕育了丰富的生态文化，历来崇尚"人与自然和谐共生"的理念。《易经》倡导"天地人和"观，儒家倡导"天人合一""人与天地相参"，都显示出先贤们崇尚自然的精神风骨、包罗万生的广阔胸怀。《吕氏春秋》中说："竭泽而渔，岂不获得？而明年无鱼；焚薮而田，岂不获得？而明年无兽。"《孟子》有云："不违农时，谷不可胜食也；数罟不入洿池，鱼鳖不可胜食也；斧斤以时入山林，材木不可胜用也。"这些关于对自然要取之以时、取之有时，反对竭泽而渔的思想，是一种朴素的绿色发展观。宋代张载（1020～1077）在《西铭》中说："乾称父，坤称母；予兹藐焉，乃混然中处。故天地之塞，吾其体；天地之帅，吾其性。民吾同胞，物吾与也。"他的论述以天地为父母，视天地间万事万物皆与己同为一体，也蕴含着生命共同体的理念。中国古人不仅认识到人与自然和谐相处的科学道理，而且很早就把关于自然生态的观念上升为国家管理制度。例如，先秦时期，就专门设立掌管山林川泽的职官，掌管相关的政策法令。中华传统优秀生态文化博大精深，源远流长，同各种文明形态相适应，它既是中国共产党生态文明思想的深厚历史文化渊源，也是中国特色社会主义生态文明建设的独特优势。我们要坚持把马克思主义关于人与自然关系的思想同中华优秀传统生态文化相结合，积极推动生态文明建设的理论创新、实践创新和制度创新，拓展新时代社会主义生态文明建设的新境界。近年来，我国在实践中实施的"河长制""林长制"等，既是借鉴中国古代自然资源管理的历史经验，又赋予其现代公共治理的丰富内涵。

---

① 习近平：《在纪念马克思诞辰200周年大会上的讲话》，《人民日报》2018年5月5日。

（三）国际可持续发展理念的借鉴和扬弃

国际可持续发展理念是源于对工业文明的反思、扬弃和超越。20 世纪中叶以来，欧美国家出现了一系列环境公害事件，引发了国际社会对人类未来命运的共同关注，逐步形成了可持续发展理论。以联合国人类环境会议（1972）、联合国环境与发展会议（1992）、联合国气候变化会议（2012）为标志，国际社会有关世界环境与发展关系的认识，先后经历了环境问题提出（1962~1972 年）、倡导可持续发展战略（1972~1992 年）、推动绿色经济与全球环境治理（1992~2012 年）三个阶段；国际社会围绕全球环境治理这一主题，相应提出了三个理论和政策模型。一是以环境与发展的二维模型为基础，强调资源环境与经济社会协调发展。二是以可持续发展三个支柱模型为基础，强调从对象、过程、主体三个维度把握可持续发展理论。从对象看，可持续发展强调经济增长、社会公平、环境安全的三位一体或者三重底线。根据对三位一体关系的不同理解，又细分为弱可持续发展和强可持续发展。前者认为三者属于并列关系，只要实现总和意义上资本积累的非零增长就是可持续的；后者认为三者属于包容关系，资源环境系统包容经济社会系统，强可持续发展不仅要求总和意义上的资本积累增长，而且要有关键自然资本的非零增长。从过程看，贯穿国际可持续发展理论和政策演变的中心思想，是强调经济社会发展应该与资源环境消耗脱钩，强调要从技术效率导向的相对脱钩升华到生态规模控制的绝对脱钩。从主体看，可持续发展仅仅依靠好的政府干预是不够的，还要有好的政府治理，即需要政府、企业、社会等利益相关者的合作治理。[①] 三是发展质量的三个层面模型，强调好的发展应该注意物质资本、货币资本、人力资本和自然资本等四个方面的资本。另外，国外生态社会主义和马克思主义生态学领域的诸多成果，包含着内容丰富的抗拒或替代资本主义反生态经济制度及其国际秩序的生态的社会主义的理论论证与愿景构想，其核心是在新型的社会主义制度框架下努力实现社会

[①] 诸大建、刘强：《在可持续发展与绿色经济的前沿探索》，《学术月刊》2013 年第 10 期。

公平公正目标原则与生态可持续性目标原则的自觉结合。国际社会可持续发展理论和发达国家"先污染后治理"的教训，为中国社会主义生态文明建设提供了现实借鉴。然而，生态文明不能仅仅理解为类似科教兴国、可持续发展等一种国家战略，它是继原始文明、农业文明和工业文明之后的人类文明发展新形态，是当今时代人与自然关系认知、人类发展取向等方面的先进理念、价值、知识与经验等精神财富和发明创造的总和，其主要标志是尊重自然、顺应自然和保护自然，实现人与自然的和谐。①

（四）党领导生态环境保护事业的历史经验总结

新中国成立后，以毛泽东同志为代表的共产党人站在治国安邦的战略高度，大力推进江河流域水患治理，植树造林，兴修水利，重视节约资源和开发再生资源，不断探索规律、认识规律、掌握规律，在曲折探索中前行。1972 年，中国出席联合国第一次人类环境会议，受到国际社会环境保护思想的启蒙。1973 年，中国召开第一次环境保护会议，标志着中国环境保护意识的觉醒，中国的环境保护事业正式起步。该会议明确了"全面规划、合理布局、综合利用、化害为利、依靠群众、大家动手、保护环境、造福人民"的环境保护工作方针。同年，国务院发布的《关于保护和改善环境的若干规定》中提出了经济发展应避免"先污染后治理"的原则，要求实施"三同时"政策，这是我国第一项环境管理制度。改革开放之初，以邓小平同志为核心的党的第二代中央领导集体深刻认识到"环境污染是大问题"，并将环境保护确立为一项基本国策。1983 年，第二次全国环境保护会议把环境保护战略提升为基本国策，并提出"经济建设、城乡建设和环境建设要同步规划、同步实施、同步发展，实现经济效益、社会效益、环境效益的统一"的战略方针，标志着中国环保事业进入新的阶段。1989 年末，《中华人民共和国环境保护法》发布，标志着我国环境保护开始步入法治的轨道。1992 年，中国出席联合国环境与发展会议，接受了大会提出的可持续发展

---

①　谷树忠：《走出生态文明建设的误区》，《人民日报》2015 年 8 月 12 日。

战略理念。随后中国提出环境保护十大对策和《中国 21 世纪议程》。1995
年，在党的十四届五中全会上，以江泽民同志为核心的党的第三代中央领导
集体明确提出可持续发展的战略构想，强调必须把生态保护纳入整个经济社
会发展的战略规划，从根源上和整体上对生态问题进行统筹考虑，从发展层
面来思考和理解生态保护，实施西部大开发战略、退耕还林工程等系列生态
环境保护的重大战略决策部署。以胡锦涛同志为总书记的党中央准确把握
21 世纪之初国内外形势新变化、新特点，创造性地提出了科学发展观的战
略思想。2005 年，国务院印发《关于落实科学发展观加强环境保护的决定》
（国发〔2005〕39 号），提出"要把环境保护摆在更加重要的战略位置"，
开始将节能减排降耗作为国民经济和社会发展的约束性指标，把建设资源节
约型、环境友好型社会作为经济发展的重大战略任务。2006 年，第六次全
国环境保护大会提出"三个历史性转变"，把生态环境保护工作推向了以保
护环境与经济增长并重的新阶段，强调要彻底摒弃"先污染后治理"的传
统发展模式，生态环境保护日益成为经济发展的新动能。2012 年党的十八
大将"建设生态文明"写入党章，将节约资源和保护环境作为基本国策已
经作为全党意志，进入了国家政治经济生活的主干线、主战场，并把建设生
态文明作为一项战略任务和全面建设小康社会的目标首次明确下来。由此可
见，从 20 世纪 50 年代毛泽东同志发出"绿化祖国"伟大号召到 1981 年国
务院提出"保护环境是全国人民的根本利益所在"，从实施可持续发展战略
到提出科学发展观，生动展现了不同发展阶段中国共产党创造性地回答人与
自然、经济社会发展与生态环保关系问题取得的创新理论成果。

（五）习近平总书记在地方工作实践的提炼升华

习近平总书记曾指出："我对生态环境工作历来看得很重。在正定、厦
门、宁德、福建、浙江、上海等地工作期间，都把这项工作作为一项重大工
作来抓。"① 在河北正定，他结合当地实际提出要树立"大农业"思想，发

---

① 习近平：《推动我国生态文明建设迈上新台阶》，《求是》2019 年第 3 期。

展多种经营，"建立合理的、平衡发展的经济结构"，走"半城郊型"经济发展路子①，这是实现农业生态平衡、生态目标和经济目标相统一和建立良性循环生产结构的战略措施。在福建，他提出生态文明建设的一系列创新理念，提出"筚路蓝缕""滴水穿石""久久为功"的艰苦奋斗精神，扎实推动水土流失治理和生态环境建设；强调要把资源优势、生态优势转化为产业优势、经济优势，积极探索绿色产业发展路径；把林业摆在山区脱贫致富的战略地位，推动在全国率先开展集体林权制度改革；倡导经济社会在资源的永续利用中良性发展，在全国率先谋划生态省建设；等等。② 在浙江，他提出生态文明思想的理论轮廓，提出"生态兴则文明兴"的生态价值观、"绿水青山就是金山银山"的绿色发展观，推动实施"千万工程"和美丽浙江建设，形成了以人为本、人与自然和谐为核心的生态理念和以绿色为导向的生态发展观。③ 习近平同志在地方工作实践中提出了一系列极具战略性、科学性和指导性的生态文明建设理念和方法。这些都蕴含着深邃历史观、科学自然观和绿色发展观，与后来的论述是一脉相承的，为习近平生态文明思想的形成提供了丰富的实践经验。从理论演进的历史维度看，习近平生态文明思想的形成发展过程，主要划分为孕育、形成、确立三个阶段：在福建孕育了一系列创新理念，在浙江形成基本的理论轮廓，在中央正式确立了科学系统的理论体系。三个阶段彰显了理论发展的循序渐进和一脉相承。理论来源于实践，理论又随着实践的发展而升华。习近平生态文明思想既是马克思主义生态思想中国化的最新发展，也是习近平同志长期工作实践经验的淬炼化、系统化。

二　习近平生态文明思想的核心要义与时代价值

2012 年 11 月，党的十八大将生态文明建设纳入中国特色社会主义"五

---

① 中央农村工作领导小组办公室、河北省委省政府农村工作办公室：《习近平总书记"三农"思想在正定的形成与实践》，《人民日报》2018 年 1 月 18 日，第 1 版。

② 胡熠、黎元生：《习近平生态文明思想在福建的孕育与实践》，《学习时报》2019 年 1 月 9 日，第1 版。

③ 习近平：《之江新语》，浙江人民出版社，2013。

位一体"的总体布局和"四个全面"战略布局，深化了我们党对中国特色社会主义总体布局的认识。2015 年 10 月，党的十八届五中全会提出"创新、协调、绿色、开放、共享"的新发展理念，为解决新时代变化了的社会主要矛盾、推进社会主义现代化强国建设指明了方向。2017 年 10 月，党的十九大将"坚持人与自然和谐共生"作为新时代坚持和发展中国特色社会主义的基本方略之一，并提出，我国社会主义现代化的重要特征之一，就是人与自然和谐共生的现代化，注重同步推进物质文明建设和生态文明建设，从理论和实践层面进一步丰富和拓展了现代化的内涵与外延。2018 年 5 月，在全国生态环境保护大会上，习近平总书记发表重要讲话，强调了新时代生态文明建设必须遵循"六个原则"，构建"五大体系"。大会正式确立了习近平生态文明思想，成为新时代指导生态文明建设的纲领性文献，表明我们党对生态文明建设规律的认识提升到一个新高度。[1] 2018 年 3 月通过的《宪法（修正案）》将生态文明写入宪法，实现了党的主张、国家意志、人民意愿的高度统一。2019 年 10 月，党的十九届四中全会强调要坚持和完善生态文明制度体系，加强绿色发展的法律制度、政策导向和绿色技术支撑。2020 年 12 月，党的十九届五中全会对未来 5 年乃至更长时期我国生态文明建设和绿色发展路径作出了战略谋划。

习近平生态文明思想是一个博大精深、系统全面、逻辑严密、开放包容的科学理论体系，是新时代社会主义生态文明建设的认识论、价值论和方法论的有机整体，蕴含着丰富的马克思主义立场、观点和方法，包含着一系列具有原创性、时代性、指导性的重大思想观点，就其主要方面来讲，集中体现为认识上的"十大观"和实践上的"十个坚持"。

从认识上看，要把握生态文明建设的"十大观"，即把握"党对生态文明建设全面领导"的生态政治观，理解"生态兴则文明兴"的生态历史观，遵循"人与自然和谐共生"的生态价值观，坚持"绿水青山就是金山银山"理念的绿色发展观，将良好生态环境视为民生福祉的生态民生观，推动以绿

---

① 习近平：《推动我国生态文明建设迈上新台阶》，《求是》2019 年第 3 期。

色发展为导向的新型发展观，把握"山水林田湖草是生命共同体"的生态整体观，用最严密法治保护生态环境的生态法治观，全社会共同参与建设美丽中国的多元共治观，共谋全球生态文明建设的生态共赢观。其中，生态价值观是核心和根本，生态历史观是历史依据，生态政治观和绿色发展观是方向指引，生态民生观是价值导向，新型发展观是实现路径，生态整体观是基本方法，生态法治观是制度保障，多元共治观是治理途径，生态共赢观是终极目标。"十大观"共同构成了一个有机整体。

从实践上看，要践行"十个坚持"。即坚持党对生态文明建设的全面领导，坚持生态兴则文明兴，坚持人与自然和谐共生，坚持绿水青山就是金山银山，坚持良好生态环境是最普惠的民生福祉，坚持绿色发展是发展观的深刻革命，坚持统筹山水林田湖草沙系统治理，坚持用最严格制度最严密法治保护生态环境，坚持把建设美丽中国转化为全体人民自觉行动，坚持共谋全球生态文明建设之路。其中，"坚持党对生态文明建设的全面领导"和"坚持绿色发展是发展观的深刻革命"是在原有"八个坚持"基础上的新增内容。"十个坚持"体现了新时代生态文明建设的根本保证、历史依据、基本原则、核心理念、宗旨要求、战略路径、系统观念、制度保障、社会力量、全球倡议，构成习近平生态文明思想的核心内容，展现出鲜明的时代性、系统性和创新性。[①]

（一）坚持党对生态文明建设的全面领导

这是新时代推动我国生态文明建设的根本保证。将"坚持党对生态文明建设的全面领导"纳入习近平生态文明思想的科学内涵，并放在"十个坚持"之首，既是百年来党领导人民创造生态奇迹的历史经验总结，也是新发展阶段推动生态文明建设迈上新台阶、促进人与自然和谐共生现代化的必然要求。加强生态文明建设是一项复杂的系统工程，需要融入经济建设、

---

① 龚维斌：《以习近平生态文明思想为指导引领新时代生态文明建设》，《光明日报》2022 年 8 月 26 日，第 11 版。

政治建设、文化建设和社会建设的各领域和全过程，这就要求我们充分发挥党总览全局、协调各方的领导核心作用，对生态文明建设进行全局性谋划、战略性布局和整体性推进，妥善处理好长期目标与短期任务，改革、发展与稳定的关系。党的十八大以来，我国不断强化党对生态文明建设的领导，注重顶层设计，在思想上、法律上、组织上、体制上、作风上采取一系列新的战略举措，尤其是生态文明制度体系建设，基本形成四梁八柱制度体系，显著提升了我国生态环境保护工作的效率、效果和效能。因此，坚持党对生态文明建设的全面领导超越了西方公共管理理论关于政府、企业、公众的主体三分法，充分体现了中国特色社会主义的体制优势和制度优势，极大增强了生态文明建设的系统合力。

（二）坚持生态兴则文明兴

这是新时代推动我国生态文明建设的历史依据。宇宙的生命大约已有140亿年，地球的生命大约已有46亿年，人类诞生大约在300万年前，农业文明历史的出现大约在1万年前，中华文明历史也只有五千多年的历史，在工业革命以来短暂的二三百年时间内，人类既创造了巨大的物质财富，也造成了严峻的生态环境危机。可见，在自然史与人类史相互交织的文明进程中，生态兴则文明兴，生态衰则文明衰。世界四大文明古国的兴衰历史表明，自然生态环境的变迁是决定人类文明兴衰演替的重要因素。人类顺应自然规律者则兴旺，违背自然规律者则衰亡。习近平总书记曾明确指出："你善待环境，环境是友好的；你污染环境，环境总有一天会翻脸，会毫不留情地报复你。这是自然界的规律，不以人的意志为转移。"[①] 人类对自然界的破坏最终会伤及自身，这是无法抗拒的自然规律。习近平总书记关于生态历史观的论述，深化了对自然规律和社会发展规律的认识，深刻揭示了人类史与自然史的互相交融和促进的关系，创新发展了马克思主义历史观。

---

① 《听习近平讲植树节的意义》，人民网，2017年3月21日。

（三）坚持人与自然和谐共生

这是践行习近平生态文明思想，指导生态文明建设的根本、核心、首要原则，也是党的十九大确立的坚持和发展中国特色社会主义的十四项基本方略之一。[①] 人与自然的关系，是人类社会最基本的关系。但是认识到人与自然和谐共生关系，是人类社会发展到一定历史阶段，才达到的认识水平。在生产力水平极端低下的远古时代，人类只能以渔猎等原始方式，向自然界获取物质资料。由于人类对许多自然现象难以解释，更难以驾驭，从而形成了敬畏自然、崇拜自然和依赖自然的自然中心主义观念。进入工业文明时代，社会生产力快速发展，现代科技的运用大大提升了人类征服自然和改造自然的能力，人类不再对自然心存敬畏，无须对自然顶礼膜拜，甚至对生态环境破坏行为也变得熟视无睹，从而产生了人类中心主义观念。坚持人与自然和谐共生，是坚持人与自然是生命共同体的逻辑必然。习近平总书记指出："人与自然是生命共同体，人类必须尊重自然、顺应自然、保护自然"，这是中国共产党立足于社会主义现代化的时代特征，在价值观念上实现了从强调"征服自然"的人类中心主义向"保护自然"的生态系统观转变，警示人们要在更高层次上重构人与自然的和谐状态。因此，要坚持节约优先、保护优先、自然恢复为主的方针，像保护眼睛一样保护生态环境，像对待生命一样对待生态环境，让自然生态美景永驻人间，还自然以宁静、和谐、美丽。我们要站在对人类文明负责的高度，尊重自然、顺应自然、保护自然，探索人与自然和谐共生之路，促进经济发展与生态保护协调统一，共建繁荣、清洁、美丽的世界。

（四）坚持绿水青山就是金山银山

这是生态文明建设必须长期坚持的重要原则，也是实现经济高质量发展阶段必须确立的重要理念。如何处理好经济发展与环境保护之间的关系，是

---

① 杨开忠：《习近平生态文明思想的实践模式》，《城市与环境研究》2021 年第 1 期。

世界各国现代化进程难以回避的重大理论难题与实践难题。习近平曾指出，"先污染后治理"不是经济发展的必由之路，而是发达国家血的教训。中国决不走"先污染后治理"的老路，而要探索走出一条生态优先、绿色发展的新路。他在长期地方工作实践基础上，提出了"绿水青山是无价之宝""绿水青山就是金山银山"的科学论断，指出"绿水青山既是自然财富、生态财富，又是社会财富、经济财富"①。这些重要论述进一步丰富了马克思主义国民财富思想；强调"保护环境就是保护生产力，改善环境就是发展生产力"的论断，推动传统的自然生产力理论拓展到绿色生产力理论，即大力发展生产力，既包括社会生产力，也是自然生产力，要在保护生态环境承载能力基础上发展社会生产力。它启示我们要解放思想，转变观念，树立新的自然观，包容性绿色发展的"山海观"。推动形成绿色发展方式和生活方式，是发展观的一场深刻变革，要加快构建以生态产业化和产业生态化为核心的生态经济体系，将自然生态优势转化为经济社会优势，积极探索生态产品价值实现路径，"努力把绿水青山蕴含的生态产品价值转化为金山银山"②。要深入贯彻"创新、协调、绿色、开放、共享"的发展理念，让生态环境成为有价值的资源，与土地、技术等要素一样，成为现代经济体系高质量发展的生产要素，坚定不移走生态优先、绿色发展之路，加快形成节约资源和环境保护的空间格局、产业结构、生产方式、生活方式，给自然生态留下休养生息的时间和空间。

（五）坚持良好生态环境是最普惠的民生福祉

这是生态文明建设必须坚持的重要原则之一，也是推进我国生态文明建设的出发点、立足点和归宿点。环境就是民生，青山就是美丽，蓝天也是幸福。习近平总书记顺应我国社会主要矛盾的变化，将生态环境保护纳入党和政府优先解决的基本公共产品范畴，这是在生态文明建设上贯彻落实以人民

---

① 2018年5月，习近平总书记在全国生态环境保护大会上的讲话。
② 2018年4月26日，在深入推动长江经济带发展座谈会上的讲话。

为中心的理念，也是坚持生态环境公平正义为基本原则的体现。"生态环境是关系党的使命宗旨的重大政治问题，也是关系民生的重大社会问题。"①"良好生态环境是最公平的公共产品，是最普惠的民生福祉。"这些论述充分体现了习近平生态文明思想的人民立场、人民情怀，也揭示了新时代我国生态文明建设的出发点、立足点和归宿。要坚持生态惠民、生态利民、生态为民，要把解决突出生态环境问题作为民生优先领域，重点解决损害群众健康的突出环境问题，不断满足人民群众日益增长的优美生态环境需要。让良好生态环境成为人民幸福生活的增长点，成为展现我国良好形象的发力点。生态服务作为基本公共产品，与每个人息息相关，每个人既是生态服务的消费者，也是生态服务的供给者。要加强生态文明宣传教育，引导全社会形成共同的生态价值观，推动形成简约适度、绿色低碳、文明健康的生活方式和消费模式，形成全社会共同参与的良好风尚。②生态环境保护要坚持突出目标导向，抓住短板领域，持续推进。"打赢蓝天保卫战，还老百姓蓝天白云、繁星闪烁；深入实施水污染防治行动计划，还给老百姓清水绿岸、鱼翔浅底的景象；全面落实土壤污染防治行动，让老百姓吃得放心、住得安心；持续开展农村人居环境整治行动，为老百姓留住鸟语花香田园风光……"③"良好生态环境是最普惠的民生福祉"，坚持生态惠民、生态利民、生态为民，使环境成为民生的重要领域，创新发展了马克思主义民生观。

（六）坚持绿色发展是发展观的深刻革命

这是新时代推动我国生态文明建设的战略路径。唯物辩证法认为，客观世界总是在不断地运动、变化和发展的，新旧事物更替过程具有普遍性和客观性等特征，这要求我们要用发展的观点看待客观世界。所谓发展观，是一定时期经济社会发展的理念、思路和路径等在思想观念层面上集中反映，是

---

① 2018 年 5 月，习近平总书记在全国生态环境保护大会上的讲话。
② 李干杰：《以习近平生态文明思想为指导努力营造打好污染防治攻坚战的良好舆论氛围》，《环境保护》2018 年第 12 期。
③ 2018 年 5 月，习近平总书记在全国生态环境保护大会上的讲话。

一个国家（地区）对未来一段时期发展什么以及如何发展的总体、系统的看法。"坚持绿色发展是发展观的深刻革命"，属于贯彻新发展理念的重要组成部分，既是应对日益严重的资源危机和环境危机的实践诉求，也是促进经济社会全面绿色转型的必由之路。习近平指出："绿色发展，就其要义来讲，是要解决好人与自然和谐共生问题。人类发展活动必须尊重自然、顺应自然、保护自然，否则就会遭到大自然的报复，这个规律谁也无法抗拒。"① 经过新中国成立70多年尤其是改革开放40多年的建设和发展，我国创造了经济持续快速发展和社会长期稳定两大奇迹，并跃居世界第二大经济体。然而，我国是世界上人口最多的发展中国家，人均自然资源占比少，能源资源利用效率低，城乡区域发展不平衡、经济发展与资源环境承载能力之间矛盾依然凸显，这些问题反过来掣肘工业化和城市化转型发展，加剧资源危机和环境危机。推动绿色发展，形成绿色发展方式和生活方式，就是要摒弃工业革命以来人类过度开发自然资源、无序破坏生态环境的粗放型经济发展方式，在资源环境承载力范围内，内嵌绿色经济、政治、文化、社会和生态，建立健全绿色低碳循环发展的经济体系，推动全方位、全地域、全过程地开展生态环境保护，实现资源环境与经济社会发展协调共进的新型发展模式。

（七）坚持山水林田湖草是生命共同体

"生命共同体"理念是一种生态整体论的思维。这是人类对自然规律认识的一次飞跃，也是运用系统理论统筹生态环境治理的有效方法。人类对大自然的认识，有一个由表及里、由局部到整体的过程。古代哲学家早已提出了朴素整体论的思想，例如，亚里士多德提出"整体大于部分之和"的观点，《易经》提供了天地人整体的思维模式，老子的朴素整体论的思想也十分丰富。恩格斯在《自然辩证法》中指出"我们连同肉、血和脑都是属于自然界并存在于其中的"。美国生态伦理学奠基人奥尔多·利奥波德在《沙

---

① 习近平：《在省部级主要领导干部学习贯彻党的十八届五中全会精神专题研讨班上的讲话（2016年1月18日）》，人民出版社单行本，第16页。

乡年鉴》中最早提出了"生命共同体"概念，认为真正的文明"是人类与其它动物、植物、土壤互为依存的合作状态"。这些思想对于生态环境系统保护具有重要指导意义。在政策和实务层面，直到 20 世纪中后期，我们才彻底摆脱孤立地、片面地看待生态环境问题的思维习惯，开始从整体、全局、长远的视野来看待大自然，充分认识它是系统的有机整体。习近平总书记关于"人与自然是生命共同体"的思想，是对马克思主义关于人与自然关系的继续和发展，也是对人类中心主义狭隘思想的超越。人的命脉在田，田的命脉在水，水的命脉在山，山的命脉在土，土的命脉在林和草。"山水林田湖草是一个生命共同体"，而且"人与自然也是生命共同体"，生动描述了"人－田－水－山－土－树"之间的生态依赖和物质循环关系，科学揭示了各个自然要素之间以及自然要素和人类社会要素之间通过物质变换构成的生态系统的性质和面貌。① 针对我国生态环境治理体制机制碎片化的弊端，习近平总书记强调要大力推进生态文明领域国家治理体系和治理能力现代化，从系统工程和全局角度寻求新的治理之道。按照生态系统的整体性、系统性及自然规律，统筹考虑自然生态各个要素、山上山下、地上地下、陆地海洋以及流域上下游等，进行整体保护、系统修复、综合治理。生态保护要算大账、算长远账、算整体账、算综合账，不能因小失大、顾此失彼，造成生态环境的系统性、长期性破坏。习近平生态文明思想运用生态环境系统治理的思维方法，将自然条件纳入生态合作治理框架，强调自然、市场、社会、政府相互嵌入，从而形成了自然、市场、社会、政府四维合作的生态治理方法。这种系统治理的思维方法超越了生态中心主义、生态社会主义、生态市场主义、生态凯恩斯主义等理论的局限性，在生态伦理、治理方式上具有先进性。②

（八）坚持用最严密法治保护生态环境

这是生态文明建设必须坚持的重要原则之一，是全面依法治国的必然要

---

① 张云飞：《深入学习贯彻习近平生态文明思想》，《中国社会科学报》，2018 年 5 月 21 日。
② 杨开忠：《习近平生态文明思想的实践模式》，《城市与环境研究》2021 年第 1 期。

求。"法者，治之端也"，"法律是治国之重器，良法是善治之前提"。"徒法不足以自行"，"天下之事，不难于立法，而难于法之必行"。在体制转轨时期，我国生态环境保护中存在的突出问题，大都与体制不完善、机制不健全、法治不完备有关。没有规矩，不成方圆。必须把制度建设作为推进生态文明建设的重中之重，深化生态文明体制改革，着力破解制约生态文明建设的体制机制障碍。"只有实行最严格的制度、最严密的法治，才能为生态文明建设提供可靠保障"①。党的十八大以来，我国在全面深化改革总体部署下，明确了生态文明制度建设的顶层设计和总体框架，出台了《关于加快生态文明建设的意见》《生态文明体制改革总体方案》等两项重要制度和一系列配套改革方案，明确以八项制度为重点，加快建立产权明晰、多元参与、激励约束并重、系统完整的生态文明制度体系。当前要加快划定并严守生态保护红线、环境质量底线、资源利用上线三条红线；完善经济社会发展考核评价体系，建立生态环境责任追究制度，建立健全资源生态环境管理制度，让制度成为刚性的约束和不可触碰的高压线，决不能让制度规定成为没有牙齿的老虎。

（九）坚持把建设美丽中国转化为全体人民自觉行动

历史唯物主义认为，人是社会历史的主体和创造者。"每个人的意志因素在社会发展中不是孤立地、单独地直接对社会发生作用，而是与其他意志相互作用、相互渗透，从而作为一个不依赖于人的意志为转移的总体的意志合力对社会发生综合影响"②。构建党委领导、政府主导、企业主体和社会参与的现代环境治理体系，就是要谋划生态环境保护的最大公约数，汇集社会群体的最大合力，激发绿色发展的最大动能。生态环境保护涉及千家万户，每个公民既是环境污染的制造者，又是环境污染的受害者；既是环境保护的参与者，也是环境保护的受益者。因此，需要在全社会中传承中华传统

---

① 中共中央文献研究室编《习近平关于全面建成小康社会论述摘编》，中央文献出版社，2016，第164~165页。

② 《马克思恩格斯选集》（第四卷），人民出版社，1995，第477~478页。

文化的生态智慧，厚植生态文化底蕴，以钉钉子精神培育和践行社会主义核心价值观，倡导全民自觉行动，谋求生态环境保护的社会最大公约数，推动形成简约适度、绿色低碳、文明健康的生活方式和消费模式，让人民群众共享更高品质的绿色生活。各类企事业单位、社会团体要深入贯彻生态环境部和中央文明办共同制定并发布的《关于推动生态环境志愿服务发展的指导意见》（环宣教〔2021〕49 号），着力推动生态环境志愿服务制度化、规范化、常态化发展，加快形成人人关心、支持、参与生态环保的社会氛围，努力实现从"要我环保"到"我要环保"的历史性转变，为持续改善生态环境质量、建设美丽中国夯实稳固社会基础。

（十）坚持共建全球生态文明

这是生态文明建设必须遵循的原则之一，也是国内国际联动、中国世界携手共谋全球生态治理的中国担当。人类只有一个地球，地球是人类共同的家园。美国气象学家洛伦兹提出了气象学中"蝴蝶效应"的科学寓言，即南美洲亚马孙河流域热带雨林中的一只蝴蝶，偶尔扇动几下翅膀，可能在两周后在美国得克萨斯州引起一场龙卷风。这不仅体现出惊人的想象力和迷人的美学魅力，更蕴涵着深刻的哲学内涵，它揭示了世界万事万物无不处于相互影响、相互制约的关系之中，全球生态系统中局部微小的变化在一定条件下会对生态系统产生决定性的影响。"建设生态文明关乎人类未来。"中国认真落实生态环境相关多边公约或议定书，积极参与制定全球气候变化的应对策略，向国际社会宣示应对气候变化中长期目标和愿景，这既是中国主动承担起的大国责任，也是对推动构建人类命运共同体作出的重要贡献。中国正以负责任的态度和坚定行动，成为全球生态文明建设的重要参与者、贡献者、引领者。2016 年 5 月，第二届联合国环境大会（UNEA）发布了《绿水青山就是金山银山：中国生态文明战略与行动》，表明以"绿水青山就是金山银山"为导向的中国生态文明战略为世界可持续发展理念提升提供了"中国方案"和"中国版本"。2020 年 9 月 22 日，习近平主席在第七十五届联合国大会一般性辩论上指出，中国将提高国家自主贡献力度，采取更加有力的政策和措施，二氧化碳排放力争于 2030 年前达到峰值，努力争取 2060 年前实现碳中和。实现"双碳"目标是一场广泛而深刻的经济社会系统性变革，已成为新时代我国生态文明建设的战略重点方向。2021 年 10 月，《生物多样性公约》缔约方大会第十五次会议（COP15）在中国昆明召开，并共同发表《昆明宣言》。该宣言是联合国多边环境协定框架下首个体现生态文明理念的政治文件。共建地球生命共同体，中国领导人首次提出构建人与自然和谐共生、经济与环境协同共进、世界各国共同发展的地球家园愿景，为全球生物多样性治理明确方向和路径，为共建万物和谐的美丽家园寻找最大公约数。

习近平生态文明思想从宏观全局和历史进程，全面阐述和回答了我国为什么建设生态文明、建设什么样的生态文明、怎么建设生态文明等一系列重大理论问题和现实问题，深刻揭示了人类社会发展进程中经济发展与环境保护的一般规律，它继承和发展了马克思主义关于人与自然的思想，并根据时代变化、实践发展提出了一系列原创性贡献，是中国共产党在社会主义建设规律上的一次飞跃，也是习近平新时代中国特色社会主义思想的重要组成部分，具有很强的科学性和真理性、人民性和实践性、开放性和时代性。它是生态价值观、认识论、实践论和方法论的总集成，为开创我国绿色发展的新局面提供了强大的理论支撑和实践指导，并成为我们推动生态文明和美丽中国建设的根本遵循。

三 习近平生态文明思想引领美丽福建建设

福建是习近平生态文明思想的重要孕育地和先行实践地。1985 年 6 月至 2002 年 10 月，习近平同志在闽工作 17.5 年，先后任职于厦门特区、山区宁德、省会福州和省委省政府。他始终坚持以经济建设为中心，高度重视生态环境保护和可持续发展工作，立足福建省情，深入开展调查研究，致力谋划改革发展，提供了一系列符合科学发展规律，具有战略性、前瞻性的生态文明建设理念、思路和重大决策部署，为福建发展建设注入了强大动力，打下了坚实基础，也为福建人民留下了宝贵的思想财富和精神财富。面对21世纪经济发展新形势和环境资源的巨大压力，习近平同志高瞻远瞩，总览全局，极具前瞻性地提出了"生态省"建设的战略构想，亲自担任福建生态省建设领导小组组长，开展福建有史以来最大规模的生态保护调查，指导编制和推动实施《福建生态省建设总体规划纲要》，提出要"通过以建设生态省为载体，转变经济增长方式，提高资源综合利用率，维护生态良性循环，保障生态安全，努力开创'生产发展、生活富裕、生态良好的文明发展道路'，把美好家园奉献给人民群众，把青山绿水留给子孙后代"[①]。20年来，福建坚持一张蓝图绘到底，接力棒一任传一任，先后获得全国首个生态文明先行示范区和全国首个国家生态文明试验区；陆续出台一系列促进生态文明建设的地方性法规、条例和政策方案，将责任落实到具体单位，以"机制活"为"牛鼻子"和突破口，推动生态文明建设在八闽大地生根发芽，结出累累硕果。

（一）绿色低碳发展质量效益显著提升

习近平同志针对福建人多地少、生态资源丰富的特点，在不同场合，反复强调自然、生态、旅游资源"都是宝贵的财富"，要把"生态优势、资源优势转化为经济优势、产业优势"[②]。他指出："要念好'山海经'，要画好'山水画'，做好山地综合开发这篇大文章"[③]，发展生态农业、特色农业。"大农业是朝着多功能、开放式、综合性方向发展的立体农业"[④]。要"稳住粮食，山海田一起抓，发展乡镇企业，农、林、牧、副、渔全面发展"[⑤]。

---

① 中央农村工作领导小组办公室、福建省委农村工作领导小组办公室：《习近平总书记"三农"思想在福建的探索与实践》，《人民日报》2018年1月19日，第1版。

② 胡熠、黎元生：《习近平生态文明思想在福建的孕育与实践》，《学习时报》2019年1月9日，第1版。

③ 胡熠、黎元生：《习近平生态文明思想在福建的孕育与实践》，《学习时报》2019年1月9日，第1版。

④ 习近平：《摆脱贫困》，福建人民出版社，2014，第178页。

⑤ 习近平：《摆脱贫困》，福建人民出版社，2014，第6页。

"要提倡适度规模经营，注重生态效益、经济效益和社会效益的统一"①。他指出，闽东经济发展的潜力在于山，兴旺在于林。"发展林业是闽东脱贫致富的主要途径"。要"把林业置于事关闽东脱贫致富的战略地位来制定政策"②，包括制定林业振兴规划、完善林业责任制、健全林业经营机制、强化资源管护等。在闽北山区调研中，他充分肯定"稻萍鱼鳖蛙"等立体种养模式，强调"这种生态农业模式，适合在闽北山区大力推广"。指出"农产品加工业一定要走生态效益型产业之路，以内涵式发展为主，使经济效益和社会效益高度和谐"。强调"要转变经济增长方式，注重资源的合理高效利用，有序可持续地开发，避免资源和环境的浪费与破坏，促进生产良性循环和生态、经济、社会效益的有机结合"。③ 在他指导编制的《福建生态省发展规划》中系统谋划了福建生态效益型经济发展的目标、任务和举措。这些论述深刻体现了习近平同志对生态生产力的独特认识，包含生态优先的绿色发展理念，初步体现了"山水林田湖草是生命共同体"的系统性思维。

近年来，福建牢固树立"绿水青山就是金山银山"的理念，充分挖掘山、水、林等生态资源优势，加快推进产业生态化和生态产业化，让好的生态释放更多的发展红利，实现生态惠民、生态利民、生态为民。因地制宜深化生态产品市场化改革试点，积极探索不同资源禀赋生态产品价值实现路径，建立一批区域公用品牌，努力把口碑优势提升为品牌优势，把品质优势转化成价值优势，推动建立生态产品价值实现机制的常态化、规范化和科学化。深入实施绿色产业指导目录，加快新技术新产品的试点示范和推广应用，大力培育壮大绿色产业。推行排污权、碳排放权、用能权等资源环境权益交易制度，建立"林票""地票"制度，拓展"福林贷"等林业金融产品，在全国率先开展林业碳汇交易体系。坚持以供给侧结构性改革为主线，

① 习近平：《摆脱贫困》，福建人民出版社，2014，第179页。
② 习近平：《摆脱贫困》，福建人民出版社，2014，第110页。
③ 中央农村工作领导小组办公室、福建省委农村工作领导小组办公室：《习近平总书记"三农"思想在福建的探索与实践》，《人民日报》2018年1月19日，第1版。

对标国际国内同行业先进水平，推动钢铁、石化、化工、建材、纺织、造纸、皮革等传统产业绿色化改造，不断增强绿色发展新动能。严格落实主体功能区规划，优化绿色空间布局，编制实施产业准入负面清单和"三线一单"，全面限制"三高"（高能耗、高污染、高排放）产业，注重培育绿色产业新增长点，集成电路、环保、新材料、新能源、物联网等新兴产业以及现代服务业保持较快增长。2021 年，全省单位 GDP 能耗持续下降，比全国平均水平低 32%；清洁能源装机比重 56%，比全国平均水平高 7 个百分点。万元 GDP 水耗、能耗分别比 2000 年下降 90.57%、58.60%，二氧化碳排放强度比 2005 年下降 70.53%，实现以占全国 2.8% 的能源消费，支撑了占全国 4.3% 的经济总量。[①]

（二）生态文明体制改革创造先进经验

习近平同志指出，"革命是解放生产力，改革也是解放生产力"[②]。在体制转轨时期，"林业和其他行业一样遇到了很多困难和问题。这些困难和问题，归根到底要通过不断推进各项改革来解决"[③]。他深刻认识到利益关系在林业改革中的核心地位，指出"我们干林业，很多人只见林，不见人。但林是人种出来的，人对林的关注、感受、利益关联却往往被忽略"[④]。要"按照稳中求进的原则，积极推进林业改革"[⑤]。"要探索能够最大限度地调动林农造林营林护林积极性的经营形式"[⑥]。他充分肯定和支持武平县以"四权"（即明晰产权、放活经营权、落实处置权、保障收益权）为主要内

[①] 福建省习近平新时代中国特色社会主义思想研究中心：《福建生态省建设的实践与启示》，《福建日报》2022 年 4 月 18 日。

[②] 中央农村工作领导小组办公室、福建省委农村工作领导小组办公室：《习近平总书记"三农"思想在福建的探索与实践》，《人民日报》2018 年 1 月 19 日，第 1 版。

[③] 胡熠、黎元生：《习近平生态文明思想在福建的孕育与实践》，《学习时报》2019 年 1 月 9 日，第 1 版。

[④] 胡熠、黎元生：《习近平生态文明思想在福建的孕育与实践》，《学习时报》2019 年 1 月 9 日，第 1 版。

[⑤] 福建省林业厅：《福建林改文集》，2017，第 1 页。

[⑥] 福建省林业厅：《福建林改文集》，2017，第 1 页。

容的集体林权制度改革，指出"集体林权制度改革要像家庭联产承包责任制那样从山下转向山上"[1]，并强调"林改的方向是对的，关键是要脚踏实地向前推进，让老百姓真正受益"[2]。在习近平同志的推动下，福建省在全国率先推进并持续深化集体林权制度改革，省委、省政府先后出台7份专门推进林改的指导性文件，召开了5次全省性会议进行推动部署，形成省、市、县、乡、村"五级主要领导"抓林改的工作机制，为全国林改起到了"探路子、出经验、做示范"的作用。在福建林改15周年之际，他充分肯定福建林改工作取得的成绩，要求"继续深化集体林权制度改革，更好地实现生态美、百姓富的有机统一，在推动绿色发展、建设生态文明上取得更大成绩"[3]。

近年来，福建以建设国家生态文明试验区为重大契机，在一些生态文明体制机制创新的重要领域率先在全国发力试点，产生了一系列在全国具有标杆性的生态文明建设成果，形成一批可推广复制的"福建实践"和"福建经验"，国家生态文明试验区39项改革举措和成功经验向全国复制推广，居四个生态文明试验区首位。其中，包括水土流失治理的"长汀经验"、生态银行"南平经验"、三票制"三明模式"、城区水系联排联调制"福州模式"、海上养殖综合整治"宁德经验"、海洋生态产品市场化改革"连江模式"、农村土地制度改革"晋江经验"、垃圾分类"厦门模式"、漳州市"生态＋司法"模式等一批改革举措走在全国前列，一批改革试验成果得到中央有关部委的充分肯定，并向全国推广，发挥出了试验区的示范引领作用。

（三）生态环境治理现代化取得新提升

21世纪之初，习近平同志面对福建经济高速发展带来不容乐观的环

---

① 中央农村工作领导小组办公室、福建省委农村工作领导小组办公室：《习近平总书记"三农"思想在福建的探索与实践》，《人民日报》2018年1月19日，第1版。

② 中央农村工作领导小组办公室、福建省委农村工作领导小组办公室：《习近平总书记"三农"思想在福建的探索与实践》，《人民日报》2018年1月19日，第1版。

③ 福建省林业厅：《福建林改文集》，2017，第1页。

境问题，牢固树立生态红线理念，强调要严格执法，依法治污，大力推进福建全省企业达标排放和重点流域水环境整治，严肃查处一批环境违法企业和个人，要求严格审批关，坚决杜绝污染严重、效益低下、能耗物耗高的"夕阳工业"，指出"在审批环节，一定要抓住，不能以牺牲环境为代价来换取经济发展。这是我们现在最为严格的一条标准。各级审批部门，不要开任何特殊的口子。无论引进的是什么项目，只要是污染环境的，我们一律是拒绝的。这一条是不能动摇的，在 21 世纪应该高标准地从严执行"①。

近年来，福建始终把制度建设摆在生态文明建设的突出位置，坚持用最严格制度最严密法治保护生态环境，加快生态环境保护地方性法律法规制度建设，不断完善污染防治制度配套，逐步建立起源头预防、过程控制、损害赔偿、责任追究的生态环境保护制度体系和体制机制，把生态环境保护和生态文明建设纳入制度化、法治化轨道。在全国率先成立由省委书记任组长、省长任常务副组长的生态文明建设领导小组，严格落实"党政同责""一岗双责"，建立和完善党政领导生态环保目标责任制。根据主体功能区划，建立绿色发展导向的领导干部政绩考核体系，对重要生态功能区所在县（市）取消 GDP 指标考核，重点考核生态环境质量。在全国率先试点探索自然资源统一确权登记和自然资源资产负债表编制，建立全民所有自然资源资产委托代理机制。推行省级排污权、碳排放权、用能权等资源环境权益交易制度，创新污染第三方治理等市场化治理模式。率先开展领导干部自然资源资产离任审计试点，确立八大类别 36 项审计评价指标体系。在全国率先实现省、市、县三级生态司法机构全覆盖，建立行政执法与刑事司法无缝衔接工作机制，探索"补植令"等生态恢复性司法举措，创新生态司法与生态审计衔接机制。充分发挥科技赋能生态环境保护，在全国率先建成覆盖省、市、县三级的生态云平台，推进按流域设置环境监管和行政执法机构，建立生态环境网格监管系统等。持续加强生态保护和环境治理能力建设，推进精

---

① 《最严标准，刮起"环保风暴"》，《福建日报》2017 年 8 月 23 日。

准治污、科学治污、依法治污，不断完善政府、企业和社会公众等多元共治机制，建立起全方位、多角度、立体化的管控体系，真正形成生态环境保护的制度合力。①

（四）生态环境质量持续保持全国前列

习近平同志强调要"为群众办实事"，求真务实，狠抓落实，着力解决老百姓身边的生态环境污染问题。在厦门，他亲自抓乱砍滥伐树木、乱采沙石，强调不能以破坏资源环境的代价换取经济发展；推动筼筜湖综合治理，曾经的臭水湖蝶变为如今碧波荡漾、白鹭翱翔、繁花似锦的"城市绿肺"和"城市会客厅"。在福州，他主持编定了《福州市 20 年经济社会发展战略思想》，提出"城市生态建设"的理念，指出要把福州建设成为"清洁、优美、舒适、安静、生态环境基本恢复到良性循环的沿海开放城市"，这是他首次在区域经济社会发展战略中正式规划生态环境问题。他认为，城市生态建设应综合治理农业、旅游、环境等，并朝着生态化的方向发展。在工作举措上，大力推进"绿化福州"和内河综合治理工作，并多次召开植树绿化会议，要求全市坚持"见缝插绿"和"成片种树"相结合，确立了"抓重点、保基础、上水平、一体化"的绿化福州工作思路；在内河治理工作方面，提出"全党动员、全民动手、条块结合、齐抓共治"的十六字治理原则。高度重视环保基础设施建设，推动一批高水平垃圾综合处理厂、污水处理厂项目上马。针对《海峡都市报》反映福州西湖污染的报道，他指出："根治西湖污染，把西湖建设得更加秀丽美好，是人民政府义不容辞的责任"，并实地考察西湖污染源及周边环境，主持召开了根治西湖的现场办公会。会上，习近平充满感情地说："民有所呼，我有所应。西湖不仅是福州的西湖，也是全省人民的西湖。要把广大群众反映强烈的西湖问题，认真解决好"，并要求"总结教训，举一反三，改进工作，使我们的城市规划和建

---

① 福建省习近平新时代中国特色社会主义思想研究中心：《福建生态省建设的实践与启示》，《福建日报》2022 年 4 月 18 日。

设品位高、精品多，经得起世人评说和历史检验，给人民群众创造一个美好、舒适的生活环境"。① 他十分关心革命老区的水土流失治理，5 次到长汀调研，把长汀水土流失治理列为 2000 年省政府为民办实事之一，要求长汀"治理水土流失，建设生态农业"②，"锲而不舍地抓下去，认真总结经验，对全省水土保持工作起到典型示范作用"③。水土治理的"长汀经验"成为中国水土流失治理的典范和福建生态省建设的一面旗帜。到中央工作后，在长汀水土流失治理的重要节点上，习近平同志多次作出重要批示和指示，开启了长汀水土流失治理"进则全胜"的新篇章。

近年来，福建始终坚持以人民为中心的发展理念，坚持把老百姓的获得感、幸福感和安全感摆在优先位置，把解决突出生态环境问题作为民生优先领域，加大造林绿化和水土流失治理，加强防灾减灾，消除环境安全隐患，开展畜禽养殖污染防治、化肥农药施用量零增长减量化，提高食品安全水平，不断创造优美的生态环境和提供更多优质生态产品，以推动生态文明建设成果更多更公平地惠及广大群众，不断满足人民日益增长的优美生态环境需要。2021 年，福建水、大气、生态环境质量保持全优。森林覆盖率66.8%，连续 43 年保持全国第一。12 条主要河流 I - III 类水质占比 97.9%，九市一区城市空气优良天数比例达 99.2%，市县污水、生活垃圾无害化处理率分别为 96%、100%，87 条黑臭水体基本消除，全省畜禽粪污综合利用率达 90% 以上。城市建成区绿地率 40.8%，实现全省九市一区国家森林城市和所有县（市）省级森林城市"两个全覆盖"。"清新福建"成为福建的亮丽名片、金字招牌，为"共谋全球生态文明建设"提供福建方案，诸多亮点被联合国点赞。

---

① 胡熠、黎元生：《习近平生态文明思想在福建的孕育与实践》，《学习时报》2019 年 1 月 9 日，第 1 版。
② 中央农村工作领导小组办公室、福建省委农村工作领导小组办公室：《习近平总书记"三农"思想在福建的探索与实践》，《人民日报》2018 年 1 月 19 日，第 1 版。
③ 中央农村工作领导小组办公室、福建省委农村工作领导小组办公室：《习近平总书记"三农"思想在福建的探索与实践》，《人民日报》2018 年 1 月 19 日，第 1 版。

（五）绿色生态安全保障体系更加牢固

自然生态环境是人类社会赖以生存和发展的基础，生态安全是国家总体安全的重要组成部分。习近平同志在福建工作期间，在不同时间、不同场合反复强调生态环境对于人类生存与发展的基础性作用，他指出："从长远看绿水青山是无价之宝，将来的价值更是无法估量。"① "我曾在西部生活过多年，深知环境恶化的灾害。" "拥有秀美山川而不知道珍惜，无疑是暴殄天物！"② 他强调要 "牢固树立保持生态环境就是保护生产力、改善生态环境就是发展生产力的观念，走资源开发与生态保护相结合的路子"③。他把环境质量纳入民生福祉不可或缺的重要内容，指出 "加快发展不仅要为人民群众提供日益丰富的物质产品，而且要全面提高生活质量。环境质量作为生活质量的重要组成部分，必须与经济增长相适应"。 "如果经济增长了，人们手中的钱多了，但呼吸的空气是不新鲜的、喝的水是不干净的，健康状况不断下降，那样的经济增长并不是人民群众所希望的。"④ 他把生态环境优势看作区域经济发展优势的主要表现，指出 "21 世纪是可持续发展的世纪，这就是未来的特点，我们要找差距。现在的经济竞争力，主要表现在环境竞争力上，表现在环境保护这个做得怎么样"⑤。世纪之交，针对有些人认为 "经济发展付出一些生态环境代价在所难免" 的观点，他一针见血地指出，决不以牺牲环境为代价换取经济增长，强调经济发展要有生态底线思维。 "为了一点税收，造成人们的生命、健康的损失，这是绝对不允许的"。 "任何形式的开发利用都要在保护生态的前提下进行，使八闽大地更加山清水

---

① 胡熠、黎元生：《习近平生态文明思想在福建的孕育与实践》，《学习时报》2019 年 1 月 9 日，第 1 版。
② 田雨：《绿色的选择 ：关于 "生态省 " 建设的对话 》，新华网，2002 年 8 月 25 日。
③ 黎元生：《我国流域生态服务供给机制创新研究》，经济科学出版社，2018，第 48 页。
④ 胡熠、黎元生：《习近平生态文明思想在福建的孕育与实践》，《学习时报》2019 年 1 月 9 日，第 1 版。
⑤ 《最严标准，刮起 "环保风暴"》，《福建日报》2017 年 8 月 23 日。

秀，使经济社会在资源的永续利用中良性发展。"① 他高度重视以流域为单元的生态安全建设，指出"要加强闽江上游的植被保护和生态林建设"②，"做好江河流域生态林工程、生物多样性工程，生物多样性工程要与保护野生动物相结合"③，要求山区"实行山水林田路统一规划，综合治理，走可持续发展的路子"④。他十分重视提升企业环境保护的社会责任，在闽江源头光泽县调研圣农实业公司时指出："公司从生态中得到的实惠越多，越要注重生态保护"；"保护不好闽江源头，一场疫情就可能彻底毁灭'龙头'企业，进而殃及成千上万的农民"⑤。他先后 10 次关心、调研木兰溪的治理工作，实施科学治水，根治木兰溪水患。⑥ 习近平同志的这些论述，科学回答了生态环境为什么要保护以及怎么保护等重大战略问题，包含着尊重自然、谋求人与自然和谐共生的价值观和发展理念，充分体现了他的远见卓识、忧患意识和使命担当，为福建生态文明建设提供了根本遵循和行动指南，也为后来他进一步提出"绿水青水就是金山银山""生态产品没有替代品"等观点提供了实践的基础。

近年来，福建省坚持"山水林田湖草是生命共同体"理念，始终把生态环境风险纳入常态化管理，促进生态系统良性循环，高质量构建生态安全体系，为人民群众创造高品质生活提供优质生态环境。遵循生态系统的整体性、系统性及其内在规律，统筹考虑自然生态各要素，注重统一规划、统一实施、统一管理，对山上山下、地上地下、城市乡村、陆地海洋以及流域上下游等开展整体保护、系统修复、综合治理，通过精准施策、多措并举，切实推进治山、治水、种树、护田、种草等生态系统保护和修复工程的宏观把握和有机结合，全方位、全地域、全过程维护生态平衡。大力推进污染第三

---

① 胡熠、黎元生：《习近平生态文明思想在福建的孕育与实践》，《学习时报》2019 年 1 月 9 日，第 1 版。

② 黎元生：《我国流域生态服务供给机制创新研究》，经济科学出版社，2018，第 48 页。

③ 黎元生：《我国流域生态服务供给机制创新研究》，经济科学出版社，2018，第 48 页。

④ 黎元生：《我国流域生态服务供给机制创新研究》，经济科学出版社，2018，第 48 页。

⑤ 《习近平调研"生态省"》，《人民日报》2002 年 4 月 11 日，第 6 版。

⑥ 《福建莆田木兰溪接力治理 20 年：变害为利，造福人民》，央广网，2018 年 9 月 21 日。

方治理，实施生态环保投资工程包，在全省环境高风险领域推行环境污染责任保险制度。深入实施闽江、九龙江等流域山水林田湖草生态保护修复，系统开展莆田木兰溪"五水共治"，推广长汀经验，持之以恒推进水土流失精准治理。全面实施城镇老旧小区改造、加快城镇旧住宅区综合整治、开展社区更新工作。持续推进"一革命四行动"，实现乡镇生活垃圾转运系统全覆盖、行政村生活垃圾治理常态化，系统推动人居环境品质提升取得显著成效。这些年，福建城乡生态安全显著提高，全省水土流失率降至 7.52%。近岸海域水质优良比例达 85.2%。省会福州基本消除水污染、积水内涝等新老"四水"突出问题，实现了"水清、河畅、安全、生态"的水韵榕城；在全省域实行生活垃圾强制分类，福州、厦门垃圾分类覆盖率均达 90% 以上。全省城市公交车新能源汽车占比超过 80%。

"我们党历来高度重视生态环境保护，把节约资源和保护环境确立为基本国策，把可持续发展确立为国家战略。"① 回顾党的百年奋斗历程，从新民主主义革命的局部执政时期，到社会主义革命和建设时期，再到改革开放和社会主义现代化建设时期，特别是中国特色社会主义进入新时代，中国共产党始终从战略和全局上谋划生态环境保护工作，团结带领人民开展生态文明建设，进行艰苦曲折的探索实践，开展了一系列根本性、开创性、长远性工作，决心之大、力度之大、成效之大前所未有，推动生态文明建设从认识发展到实践探索都发生了历史性、转折性、全局性的变化，创造了举世瞩目的生态奇迹，形成了弥足珍贵的生态文明建设经验。这些年，福建大力推进生态省建设，为我国生态文明建设添写了浓墨重彩的一笔。

福建生态省建设是习近平生态文明思想的省域先行探索和生动实践。习近平同志指出："建设生态省，大力改善生态环境，是促进我省经济社会可持续发展的战略举措，是一项造福当代、惠及后世的宏大工程，要统筹规划、分步实施、积极推进"②，要"经过 20 年的努力奋斗，把福建建设成为

---

① 《共建万物和谐的美丽家园》，《人民日报》2021 年 6 月 13 日。
② 中央农村工作领导小组办公室、福建省委农村工作领导小组办公室：《习近平总书记"三农"思想在福建的探索与实践》，《人民日报》2018 年 1 月 19 日，第 1 版。

生态效益型经济发达、城乡人居环境优美舒适、自然资源永续利用、生态环境全面优化、人与自然和谐相处的经济繁荣、山川秀美、生态文明的可持续发展省份①。这些年，福建按照习近平同志绘就的生态省建设蓝图和"让绿水青山永远成为福建的骄傲"的要求，成立了省委书记、省长任副组长的领导小组，坚持一张蓝图绘到底，接力棒一任传一任，科学制定和统筹推进生态省建设，形成纵向到底、横向到边的工作推进机制。福建已成为美丽中国建设的先行示范省份。福建生态省建设的基本经验主要包括：①坚持人与自然和谐共生，以生态环境高水平保护促进经济社会高质量发展，是推进生态文明建设的价值导向。②坚持绿水青山就是金山银山，高质量构建生态经济体系，是推进生态文明建设的基本途径。③坚持以人民为中心的发展理念，不断满足人民群众对优质生态环境的需要，是推进生态文明建设的根本遵循。④坚持山水林田湖草是生命共同体，推动生态环境系统性治理，是推进生态文明建设的基本方法。⑤坚持用最严格制度最严密法治保护生态环境，提升生态环境治理效能，是推进生态文明建设的有力抓手。⑥坚持用先进文化引领生态文明建设，着力打造共建共享生态环保大格局，是推进生态文明建设的内在要求。

历史是最好的教科书，经验是最宝贵的财富。习近平生态文明思想引领美丽福建建设的生动实践给予我们深刻启示，必须从坚持认识论、方法论和实践论的有机统一，深入学习贯彻习近平生态文明思想。它既是科学的理论、人民的理论，更是知行合一的实践理论。要把深入学习宣传贯彻习近平生态文明思想作为长期重要政治任务，做到学思用贯通、知信行统一，不断增强学习宣传贯彻的政治自觉、思想自觉、行动自觉，勇做习近平生态文明思想的坚定信仰者、忠实践行者和不懈奋斗者。聚焦当前福建生态环境保护的突出问题，巩固提升生态环境质量，促进绿色低碳发展，构建高质量生态系统，发挥优良生态环境资产效应，打造生态宜居家园，当好国家生态文明试验区建设的排头兵。

---

① 胡熠、黎元生：《习近平生态文明思想在福建的孕育与实践》，《学习时报》2019 年 1 月 9 日，第 1 版。

第 二 章

现代林业是县域生态文明建设的主体和基础

　　林业是国民经济的基础性和公益性产业，包含一、二、三产业的复合产业群体，它具有基础性、多样性、生态性和战略性等重要产业特性。随着我国现代化进程的持续推进，林业也经历着从传统林业向现代林业的演变。所谓现代林业，就是在现代科学认识的基础上，用现代技术装备武装和用现代工艺方法生产以及用现代科学管理方法经营管理的可持续发展的林业①。与传统林业不同的是，现代林业是以森林生态经济生产力水平来表示的，即体现的是人们对森林生态经济系统进行开发、利用和保护，以获得森林产品和服务，改善森林质量，保持和提高森林资源再生产的能力②。因此，生态林业是现代林业的基本经营模式。林业产业的生态化、可持续发展对生态文明的建设有着一定的促进作用，而生态文明的建设又需要以林业的生态化发展为前提③。现代林业发展在生态文明建设中具有主体和基础的地位。因此，现代林业与生态文明两者之间的关系，从本质上看，是局部要素和系统整体的辩证关系。生态文明建设是一个复杂系统，决定着我国现代林业建设是以生态建设为主体的发展方向和目标。现代林业建设是生态文明建设系统工程的关键要素或主导要素，对整个系统起决定作用。从结构内容看，林业是建设生态文明的主体和基础。从功能作用看，林业在生态文明建设中发挥主导

---

　　① 张建国：《论现代林业》，《世界林业研究》1997 年第 4 期。
　　② 张建国：《论现代林业》，《世界林业研究》1997 年第 4 期。
　　③ 郭庆：《基于现代林业发展与生态文明建设的探析》，《林业科技情报》2020 年第 3 期。

和核心作用。从所处地位看，林业在生态文明建设中居首要和独特地位。林业在我国生态文明建设中具有独特的地位和作用，也与我国自然地理条件紧密相结合。人们习惯上把山地、丘陵分布地区连同比较崎岖的高原，称为山区，并与平原地区相对应。据统计，我国69%的国土面积是山区，大多数欠发达县（市）为山区县。通常山区县是我国生物资源的基因库，分布有许多具有较高经济价值的动植物资源、丰富的水能资源和矿产资源等。因此，以山区县为重点加强现代林业建设，是推动生态文明建设的重要内容。

中国共产党对林业与生态文明关系的认识，是一个与时俱进、与世俱进、与识俱进，逐步深化发展的过程。新中国成立以来，党和政府高度重视林业工作，要求统筹兼顾林业的经济和生态两种属性，但如何处理林业资源保护与林业产业发展的关系，在实践中也曾走过弯路。进入21世纪以来，面对日趋严峻的生态环境，我国逐步确立了"林业是生态建设主体"的战略思想。2001年6月，温家宝同志在全国林业科技大会上明确提出"林业是生态建设主体"，并要求加强林业发展战略的研究。[①] 2003年6月，《中共中央 国务院关于加快林业发展的决定》（中发〔2003〕9号）进一步以中央文件形式明确了林业"三地位"和"三生态"的战略思想，确立了以生态建设为主的林业发展战略。2008年6月8日，中共中央、国务院颁发的《关于全面推进集体林权制度改革的意见》（中发〔2008〕10号），首次提出了"建设生态文明、维护生态安全是林业发展的首要任务"，明确了"发展林业是建设生态文明的首要任务"。2009年6月，首次中央林业工作会议明确了林业"四大地位"，赋予林业"四大使命"，明确提出了"建设生态文明，必须把发展林业作为首要任务"。

福建地势西北高，东南低，境内峰岭连绵不断，山地、丘陵约占陆地总面积的80%，是典型的山区占比大的省份，也是我国重要的林业大省。习近平在福建工作期间，曾用"森林是水库、钱库、粮库"的形象语言，阐

---

① 《林业生态文明建设中具有主体性和关键性》，中国园林网，2013 - 01 - 16：http：//3g. yuanlin. com/infodetail/135282. htm.

释了林业的重要性和多功能性，揭示了人与自然、经济与生态和谐发展的深刻哲理。在宁德任职时，他组织召开了规模空前的林业工作会议，鼓励各地植树造林，发展林业推动农民脱贫致富。在福州任职时，针对当时福州森林覆盖率较低、水土流失严重的现实，他大力开展城市和沿海植树造林活动。在省委工作时，他就闽江流域上游森林资源保护等工作提出了具体要求。党的十八大以来，习近平总书记对林业工作高度重视，多次研究林业重大问题，多次视察林区工作，多次参加义务植树活动，多次作出重要指示。据不完全统计，习近平总书记关于林业的重要批示、指示、讲话100多次，涉及林业改革、造林绿化、生态保护、产业发展等各个方面①。这些重要论述，科学回答了林业在国家大局中的地位、作用和使命，准确揭示了人与自然、生态保护与经济发展之间的辩证关系，运用恰当比喻，一语道出森林的多元功能和多重价值，也充分体现了习近平总书记对我国现代林业发展的殷切期望。现代林业要发挥好在生态文明建设中的主体作用和基础地位，必须紧紧围绕维护国家森林生态安全、推动绿色发展、精准扶贫、应对气候变化等国家大局来谋划、推动发展。

一 现代林业承载着保护自然生态系统的重大使命

（一）发展现代林业是优化国土空间生态安全的根本之策

党的十八大以来，我国加快实施主体功能区战略，要求各地严格按照主体功能定位发展，构建科学合理的城市化空间、农业发展空间和生态安全空间。当前生态安全是国际社会共同面临的最大安全命题，也是我国国家总体安全框架下相对薄弱的环节。在支撑当代中国繁荣发展的三大类产品（物质产品、精神产品、生态产品）中，生态产品仍然是我国有效供给相对不足的产品，也是我国与发达国家的最大差距。当前我国现代林业进入了以生

---

① 张建龙：《把握新形势抓住新机遇推动林业现代化建设上新水平》，http://www.forestry.gov.cn/2017-01-28。

态建设为主体的发展阶段，林业部门已成为提供生态产品的主体部门。生态产品具有极强的区域性、公共性、多功能性、不可替代性等特征，生态产品是人类赖以生存的最基本的消费，既不能替代，也不能依靠进口直接满足需求，必须靠发展绿色低碳产业、节能环保产业，尤其是林业，才能满足人民群众日益增长的对良好生态环境和美好生活的需求。

"草木植成，国之富也。"大规模、高质量的国土绿化，为改善生态环境、发展绿色产业、减缓气候变暖发挥着显著作用。我国总体上仍然是一个缺林少绿、生态脆弱的国家，植树造林，改善生态，任重而道远，现代林业则是推进国土空间绿化的重要力量。我国是世界上人工林面积最大的国家。2020 年我国人工林面积达到 8003.1 万公顷，占我国森林面积的 36.3%①。我国能够在全球森林资源总体下降的大背景下，在保持经济高速增长的同时，实现森林面积与森林蓄积量的"双增"，贡献了 1/4 的全球增绿面积，交出人工林面积世界第一的答卷②。这主要有两个原因：一是我国实施了一系列重大生态修复工程；二是持续开展全民义务植树活动。我国的义务植树活动是世界上参加人数最多、持续时间最长、声势最浩大、影响最深远的一项群众性运动，推动了国土绿化，取得巨大成就。

坚持发挥重点生态工程主体作用。新中国成立以来，我国实施了一系列林业重点生态工程，包括天然林资源保护工程、退耕还林工程、京津风沙源治理工程、石漠化治理工程、"三北"及长江流域等防护林体系工程、国家储备林建设工程等。党的十八大以来，我国按照国家主体功能区战略的要求，加快建设以"两屏三带"（青藏高原生态屏障、黄土高原—川滇生态屏障，东北森林带、北方防沙带和南方丘陵山地带）为主体的生态安全格局。《"十四五"林业草原保护发展规划纲要》明确提出：按照国土空间规划和全国重要生态系统保护和修复重大工程总体布局，以国家重点生态功能区、生态保护红线、国家级自然保护地等为重点，布局重要生态系统保护和修复

① 《中国统计年鉴》（2021），https：//data. stats. gov. cn/easyquery. htm？cn＝C01。
② 《中国人工林，世界第一！》，http：//www. forestry. gov. cn/2018－12－28。

重大工程，加快推进"三区四带"生态屏障建设，加快构建以国家公园为主体的自然保护地体系。通过限制或禁止对国家重点生态功能区、国家级自然保护区和国家森林公园等区域的开发，旨在有效保护林地、湿地、沙地的森林植被，充分发挥它们的生态功能。以 2019 年为例，我国完成造林230.83 万公顷，森林抚育面积 169.85 万公顷；林业系统完成生态修复治理投资 2375.89 亿元，占林草系统投资的 52.5%，其中造林与森林抚育投资1575.24 亿元，占生态修复治理投资的 66.3%，林业在总体的生态修复治理中占据重要的地位①。

众人植树树成林。党的十八大以来，习近平总书记率先垂范，连续十年参加全民义务植树活动。他在不同场合，多次强调我国生态欠账依然很大，缺林少绿、生态脆弱仍是一个需要下大力气解决的问题，要求全党全社会坚持绿色发展理念，弘扬塞罕坝精神，持之以恒推进生态文明建设，并指出："植树造林是实现天蓝、地绿、水净的重要途径，是最普惠的民生工程。要全国动员、全民动手植树造林，努力把建设美丽中国化为人民自觉行动。"②在 2022 年参加首都义务植树活动中，习近平总书记指出，应该再加上一个"碳库"，旨在强调在新发展阶段森林碳汇的重要作用。森林是陆地上最大的碳汇储备库，可以通过植物的光合作用存储二氧化碳。中国要实现碳达峰、碳中和的战略目标，既要做好碳排放的"减法"，也要做好"扩绿"的加法，利用好森林这个绿色"碳库"。③我国坚持尊重自然，深刻理解自然规律，保持对自然的尊崇之心，深入推进大规模国土绿化行动。注重植树造林数量，更注重质量，通过科学划定绿化用地，优化树种结构，改善林分结构，因地制宜地解决好"在哪种""种什么""如何管"等问题。各地在守牢耕地红线的前提下，积极挖掘绿色造林用地潜力，组织开展国土绿化空间适宜性评估，宜林则林、宜草则草，积极采用乡土树种草种，不搞奇树异

---

① 《中国林业和草原统计年鉴（2019）》，中国林业出版社，2020，第9~20页。
② 中共中央文献研究室编《习近平关于社会主义生态文明建设的论述摘编》，中央文献出版社，2017，第 118~119 页。
③ 《把握好水库、钱库、粮库与碳库的平衡》，《农民日报》2022 年 4 月 8 日。

草、不盲目引进，积极实施森林质量精准提升工程，森林生态系统质量、稳定性和碳汇能力稳步提高，探索出一条符合自然规律、符合国情地情的绿化之路，走出了一条科学、生态、节俭的绿化之路。同时，各地绿色环保组织积极创新义务植树尽责形式，让人民群众更好更方便地参与国土绿化。2018年，全国绿化委员会办公室、中国绿化基金会与蚂蚁森林正式签约，将支付宝种树模式正式纳入国家义务植树体系，鼓励更多的社会公众通过网络式参与植树造林公益活动。面对新冠肺炎疫情冲击，各地倡导"云植树"，开展形式多样的"互联网＋义务植树"活动，"爱绿、植绿、护绿"行为蔚然成风，成为新时代新时尚。

（二）发展现代林业是提升自然生态系统功能的重点任务

森林是"地球之肺"，湿地是"地球之肾"，生物多样性是地球的"免疫系统"。林业具有巨大的生态功能，在实现生态良好、维护生态安全中发挥着决定性作用，只有不断"强肾润肺"、增强"免疫功能"，才能保障地球的"健康"。早在 1980 年，罗马俱乐部的科学家们就从维护全球自然生态系统的高度，指出：要拯救地球上的生态，首先要拯救地球上的森林，强调林业在维护全球生态安全过程中的地位和作用。

人类赖以生存的自然界主要包括六大生态系统：森林生态系统、荒漠生态系统、湿地生态系统、农田生态系统、草原生态系统和城市生态系统。其中森林生态系统、荒漠生态系统和湿地生态系统是林业的主体，农田生态系统、草原生态系统、城市生态系统其实对应的是农业、牧业、工业三大生产系统，这三大生产系统的建立和发展都需要一个相对稳定和平衡的生态系统，稳定和平衡的生态系统的建立离不开林业的作用①。人类文明史也是一部人与自然关系不断演进的历史。从某种意义上讲，人类的文明进步都是与森林、林业的发展相伴相生的，广阔的森林孕育了人类，也孕育了人类文明，并成为人类文明发展的重要内容和标志。然而，18 世纪中叶工业革命

---

① 张永利：《论林业在生态文明建设中的主体地位》，http：//www.forestry.gov.cn/2008－05－31。

以来，人们为追求经济发展和物质利益，过度砍伐森林，致使全球森林面积不断减少。森林大面积丧失产生的直接效应是地球荒漠化程度不断扩大，并间接地破坏了地球生态平衡，使森林涵养水源、防风固沙、保持水土、调节和改善气候、消除环境污染的功能丧失，地球温室效应不断加剧，自然灾害不断威胁人类生存环境。这就像习近平总书记深刻指出的那样，"当人类合理利用、友好保护自然时，自然的回报常常是慷慨的；当人类无序开发、粗暴掠夺自然时，自然的惩罚必然是无情的。人类对大自然的伤害最终会伤及人类自身，这是无法抗拒的规律"①。因此，人类发展活动必须尊重自然、顺应自然、保护自然，遵循自然规律和经济社会发展规律。

习近平同志在福建工作期间，就高度重视县域生态文明建设。他积极推动了长汀水土流失治理、木兰溪防洪工程等重大生态保护工程，肯定并支持武平林改试点工作，并在全国率先开展集体林权制度改革。他高度重视林业的地位和作用，指出"林业是生态环境建设的主体，我省森林覆盖率高达60.5%，雄居全国首位，这为建设'生态省'奠定了良好基础。分类经营后建立的沿海防护林、江河流域生态林、生物多样性保护、城乡绿化和绿色通道建设等四大林业生态工程，将为打造'生态省'提供有力的支撑"②。林业是生态文明建设的主战场和主体，林业产业能否实现高质量发展，直接关系国家生态文明建设战略的成败。现代林业高质量发展要将习近平生态文明思想作为根本遵循，坚持将山水林田湖草沙系统治理作为关键举措，推进形成山水林田湖草沙系统治理新机制，实现生态系统质量和稳定性明显提升，生态安全屏障更加牢固，优质生态产品供给能力逐步增强。始终坚持把改善生态作为现代林业发展的根本方向，坚持把保护资源和维护生物多样性作为现代林业发展的基本任务。

---

① 习近平：《推动我国生态文明建设迈上新台阶》，《求是》2019 年第 3 期。
② 习近平：《实施分类经营 建设生态强省》，《福建日报》2002 年 5 月 14 日。

二　现代林业是应对全球气候变化的战略措施

气候变化是全人类面临的共同挑战；应对气候变化是国际社会的共同使命。2020 年 9 月，习近平主席在第七十五届联合国大会一般性辩论上的讲话中向世界宣示："中国将提高国家自主贡献力度，采取更加有力的政策和措施，二氧化碳排放力争于 2030 年前达到峰值，努力争取 2060 年前实现碳中和。"① 这表明我国主动承担应对全球气候变化国际责任与推动构建人类命运共同体的责任担当。而后，我国围绕"双碳"目标，制定了"1＋N"的政策方案和行动指南。这意味着"十四五"乃至未来一定时期，我国生态文明建设进入以降碳为重点战略方向、推动减污降碳协同增效、实现生态环境质量改善由量变到质变的关键时期，并清晰传达出绿色低碳发展的强烈政策信号，必将为推动经济社会发展全面绿色转型提供强大的政策推动力。

森林固碳是减缓气候变化的重要途径之一。森林生态系统是地球陆地生物圈的主体，也是陆地表面最大的"碳储库"和最经济的"碳吸器"。研究表明，单位面积森林储存的碳是农田的 20～100 倍。据估算，全球森林及其土壤和湿地的碳储量为 12000 多亿吨。根据联合国粮农组织 2020 年全球森林资源评估结果，全球森林碳储量高达 6620 亿吨，约占全球植被碳储量的 77%，超过了大气中的碳量②。森林每生长 1 立方米蓄积，约能吸收 1.83 吨二氧化碳。用 1 立方米木材替代等量的水泥、砖等材料，约可减排 0.8 吨二氧化碳。一辆汽车一年排放的二氧化碳，只需要 14 亩人工林就能吸收。森林碳汇已成为目前世界上最为经济的"碳吸收"手段。一系列研究表明，提高化石能源利用效率以减少碳排放成本为 100 美元/吨，能源生产中限制碳排放的成本为 25～120 美元/吨，而通过植树造林所增加的碳汇的生产成本相对较低，一般在 10 美元/吨以下。这说明，与工业减排相比，森林固碳

---

① 《习近平在第七十五届联合国大会一般性辩论上的讲话》，新华网，2020 年 9 月 22 日。
② 徐德应、刘世荣：《温室效应、全球变暖与林业》，《世界林业研究》1992 年第 1 期。

间接减排具有投资少、代价低、综合效益大等优点。

习近平总书记指出："我们要牢固树立绿水青山就是金山银山理念，坚定不移走生态优先、绿色发展之路，增加森林面积、提高森林质量，提升生态系统碳汇增量，为实现我国碳达峰碳中和目标、维护全球生态安全作出更大贡献。"[1] 为此，我国积极推动林业碳汇可持续发展，旨在发挥林业在实现碳达峰目标与碳中和愿景过程中的作用，预计到 2030 年，我国森林蓄积量将比 2005 年增加 60 亿立方米。

（一）明晰林业碳汇权权属

以法律形式明晰林地产权与林业碳汇权权属。林地和林木权属清晰是林业碳汇项目实施的必要前提条件。集体林权制度改革和林地"三权分置"有利于明确林业碳汇产权的归属。由于林业碳汇权比传统林权有着更为广泛的权利属性，相比于其他林权权利束显得更为复杂化，因此需为林业碳汇等生态产品产权提供具体明确的所有权界定。我国集体林权制度改革已进入深化阶段，应以法律形式明确林业碳汇以及林业碳汇产权的法律属性，明确表达林地产权与林业碳汇产权的权属关系，以法律形式赋予林业碳汇供给增益者权利，提高其参与林业碳汇供给动力，促进森林生态产品的有效供给。

要大力培育林业碳汇供给主体。随着我国集体林权制度改革不断深化，以农民林业专业合作社、林业专业大户、家庭林场以及林业产业化龙头企业为主体的新型林业经营主体不断涌现。现阶段新型林业经营主体达 28.39 万个，经营林地 3 亿多亩，这成为我国集体林区林业生产经营活动的主要力量和林业碳汇供给的主要潜在力量。林业碳汇供给主体应是熟悉宏观经济政策、具备一定的金融科技知识和林业碳汇知识且生态文化素养较高的复合型人才。为此，需要在新型林业经营主体中大力培养林业碳汇领域的专业技术人才，培育一批以新型林业经营主体为主的林业碳汇供给主体。充分发挥新

---

① 《习近平在参加首都义务植树活动时强调 倡导人人爱绿植绿护绿的文明风尚共同建设人与自然和谐共生的美丽家园》，http://www.cac.gov.cn/2021 - 04/02/c_1618961153031609.htm。

型林业经营主体整合林业资源、发展林业适度规模经营、调节分配林业收益与风险的主导作用，鼓励其通过森林经营管理、造林再造林、护林防火和森林病虫害防治等方式参与林业碳汇项目建设与经营。探索将碳汇林与林下经济有机融合并建立共同经营、共享收益的多元化利益联结机制，推进现代林业产业链和价值链的拓展。

（二）提升森林生态系统碳汇增量

完善多元化机制，提升森林生态系统碳汇增量。

首先，增加森林面积、提高森林质量。基于我国集体林区林业资源实际情况因地制宜持续推进以天然林保护修复，建立国家森林公园、湿地公园等自然保护地体系为主的生态治理项目，并在全国范围内大力推进国土绿化专项行动，继续深化还林还草工程建设，进一步增加我国森林面积覆盖范围、提高森林质量，建立森林蓄积量大县奖励机制。同时强化森林资源保护和林业灾害防控工作，加强重点生物多样区、生态脆弱区和生态廊道保护修复，努力减少林业领域碳排放，促进森林生态系统固碳能力不断提高，进而提升森林生态系统碳汇增量。因此，稳步推进森林保护、造林和再造林、生态修复等项目势在必行。

其次，探索多元化的林业产业新业态。通过建设绿色发展先行区，大力支持与发展生态林业、有机林业、特色经济林、林下经济等现代林业产业，探索将碳汇林与现代林业产业有机融合，减少现代林业领域温室气体的排放，增强森林碳汇功能，有效发挥森林的固碳功能。森林文化成为重建人与森林和谐关系的新载体，基于现代林业产业发展基础之上，进一步构建碳汇林与教育、文化、康养、旅游等产业领域深度融合的一种林业产业新业态，实现林业碳汇等生态产品链条的转型升级，将生态优势转化为经济优势，提高林业碳汇等生态产品的高附加值，建立碳中和循环式的现代产业链条，促进林业碳汇的增加。因此，稳步推进森林经营碳汇项目势在必行。

再次，健全完善林业碳排放权抵消补偿制度。由于现阶段林业碳汇计量和监测技术不全面，尚未明确统一的监测与评估标准，导致补偿效益的量化无法有效考核。因而，建立完善的林业碳汇项目的碳排放权抵消补偿的审核和流程，构建以"降碳""储碳"生态服务功能为导向的多元化生态补偿机制，充分发挥林业碳汇市场在生态建设、修复和保护中的补偿作用，进一步完善受益者付费、保护者得到合理补偿的政策环境。大力支持和鼓励林业碳汇自愿交易项目作为抵消项目，使新型林业经营主体等林业碳汇的供给者将营林造林获得的"林业碳汇证"到林业碳汇市场上展开碳汇交易，提高林业碳汇供给者的参与热情，不断提升林业碳汇能力。

（三）创新林业碳汇金融供给

首先，创新林业碳汇金融助力林业碳达峰、碳中和。碳捕集利用与封存技术以及碳汇发展带来绿色金融需求。现阶段我国林业碳汇项目普遍存在签发周期长、生态价值实现难、林业碳汇市场融资程度低且模式单一等问题，使得作为生态产品的林业碳汇项目"难度量、难质押、难交易、难变现"等现实问题仍未得到有效解决。要以碳达峰、碳中和为目标推动林业碳汇金融高质量发展，需要基于绿色技术为林业碳汇金融营造良好的绿色金融生态环境。通过建立健全林业减排增汇金融支持体系，将林业碳信用纳入绿色金融产品开发，引导金融机构开发与林业减排增汇项目特点相适应的多层次绿色金融产品和市场体系。基于绿色技术为林业碳汇金融营造良好的绿色金融生态环境。当前集体林区网络基础设施不断提升，我国应充分运用物联网、金融科技等新一代信息技术与绿色金融基础设施有机融合为林业碳汇金融实施提供坚实的金融保障，进而解决当前束缚林业碳汇金融发展现实问题。将区块链、大数据等新技术嵌入林业碳汇金融，充分发挥数据要素作用赋予林业碳汇金融的深度融合，为林业碳汇可持续发展创造良好的林业绿色金融生态环境，更精准发现并有效防范林业碳汇金融风险，有利于建立健全林业减排增汇金融支持体系。创新林业碳汇项目融资渠道，探索林业碳汇金融质押新模式。目前林业碳汇融资仍以绿色信贷为主。因而，基于全国统一的碳排放权交易市场，鼓励金融机构有序发展林业碳汇基金、林业碳汇权质押贷款、碳汇债券、碳汇期货交易、碳回购、碳租赁、碳托管等与林业碳汇项目相匹配的多层次创新型绿色金融产品，增强林业碳汇增信能力。不断探索创新林业碳汇金融质押新模式。探索以林业碳汇为质押物，以远期碳汇产品为标的物的"碳汇＋保险"约定回购融资创新模式，推广"林业碳汇权益质押＋远期碳汇融资＋林业保险"的林业碳汇金融新模式，为林业碳汇金融创新和风险防控提供支撑，合理降低林业碳汇金融所面临的交易成本与新风险，促进林业碳汇项目的有效信贷需求，助力我国林业碳达峰、碳中和目标实现。

其次，建设数字林业碳汇交易系统。林业碳汇在中国碳交易体系中具有重要的作用。目前我国林业碳汇市场交易并不活跃，自愿减排交易规模较小、交易相对分散，林业碳汇市场的监管规则、交易体系、信息披露、激励约束机制等亟待完善。由于区块链具有可追溯性、防篡改、去中心化、开放性等技术特性，具备保证链上数据真实与难以篡改的独特优势，为搭建碳交易的登记和清算系统，建立数字碳汇交易系统创造有利条件。但区块链技术无法有效保障上链前的数据真实性。利用大数据技术独特优势建立林业碳汇资源生态信息云平台，建立林业碳汇动态监测制度，对森林经营动态变化与碳汇损益进行实时监测，实现集约共享，从而降低林业碳汇项目开发交易成本。因此，以区块链为底层技术以实现林业碳汇交易不可篡改的权属关系，将区块链＋大数据技术与碳汇政策耦合构建安全稳定的数字林业碳汇交易系统，能够有效发挥数据连接与集约共享功能，拓展碳汇边界，有助于解决林业碳汇交易的流动性问题，对加快建立"初始分配、有偿使用、市场交易、纠纷解决、配套服务"等制度完善的中国林业碳汇市场，通过交易形成合理的、市场化的碳价格，进而推进碳排放权等资源环境权益交易市场建设，从而形成国内外统一的林业碳汇交易市场具有重要的作用，可有效发挥市场机制在碳达峰、碳中和目标实现中的作用。

再次，构建林业碳金融普惠平台。构建林业碳金融普惠平台，鼓励公众自发参与碳市场。依托林业碳金融普惠平台，逐步树立公众的碳汇市场观念，将社会公众在工作和生活中践行的低碳行为量化为减碳量，并转化为相应的碳币存入公众个人的碳信用卡中。潜在消费者在林业碳金融普惠平台上凭借碳币换取相关的商业优惠、兑换相关公共服务。将林业碳金融普惠平台与碳排放权交易平台有效衔接，用减碳量以碳抵消或进入碳交易市场抵消当地控排企业碳排放配额，提升碳价值，进而动员全社会力量参与低碳发展，共享生态红利，开展碳达峰全民行动。[①]

三　现代林业是山区县绿色富民的重要载体

（一）现代林业是国民经济的基础性产业和公益性产业

1. 现代林业是国民经济的基础性产业

所谓基础性产业，是指在国民经济发展中处于基础地位，对其他产业的发展起着制约和决定作用的产业。它的产品通常要成为后续产业部门加工、再加工及生产过程中不可或缺的投入品或消耗品，通常具有不可再生性。大农业、能源、交通、运输、原材料等基础产业，是民族复兴、大国崛起的物质保障，是国之根本。一国的基础性产业越发达，其国民经济的发展后劲越足，国民经济的运行就越有效，人民的生活就越便利，生活质量也越高。当前我国已形成较为完整的现代林业产业体系，现代林业已成为国民经济的基础性产业。林业第一产业包括林木育种和育苗、营造林、木材和竹材采运、经济林产品的种植与采集（包括水果、坚果、含油果和香料作物种植，茶及其他饮料作物的种植，森林药材、食品种植，林产品采集）、花卉及其他观赏植物种植、陆生野生动物繁育与利用。林业第二产业包括木材加工和木、竹、藤、棕、苇制品制造，木、竹、藤家具制造，木、竹、苇浆造纸和纸制品，林产化学产品制造，木质工艺品和木质文教体育用品制造，非木质林产品加工制造（木本油料、果蔬、茶饮料等加工制造，森林药材加工制造），等等。林业第三产业包括林业生产服务、林业旅游与休闲服务、林业生态服务、林业专业技术服务、林业公共管理及其他组织服务。可以说，现

[①]　范刘珊、王文烂：《推动林业碳汇可持续发展》，《中国社会科学报》2021年9月8日。

代林业产业为国家建设和人民生活提供了包括木材、竹材、人造板、林化产品、木本粮油、花卉、森林旅游服务等在内的大量物质产品和非物质服务，不仅为社会生产提供了重要的原材料，在很大程度上丰富和满足了生活消费，而且有力支撑和促进了相关产业发展。因此，现代林业既是国民经济的基础性产业，也是我国部分山区县域经济的支柱产业。

从林业产业结构演进的角度看，我国林业产业正在由以传统木材采伐为主向绿色生态产业转变。2002 年，我国林业一、二、三产业结构为 63∶32∶5，木材采伐是当时林业的重要支柱。经过多年来林业发展方式转型，到 2019 年，我国林业产业一、二、三产业的结构调整为 31∶45∶24，林业产业结构进一步优化，实现林业产业发展与林业生态建设并驾齐驱，成为世界上森林资源增长最多和林业产业发展最快的国家。

我国是世界林产品生产、贸易、消费第一大国。我国林业总产值在 1978 年为 179.6 亿元，2019 年达到 8.06 万亿元，占当年国内生产总值的 8.15%，与 1978 年相比实现了 400 多倍的增长。2019 年，以森林旅游为主的林业旅游与休闲服务业、经济林产品种植与采集业、木材加工及木竹制品制造业等三大产业的产值超过万亿元，分别为 15392 亿元、15084 亿元、13399 亿元，以森林旅游为主的林业旅游与休闲服务业产值超过了木材加工等传统林业。林业总产值超过 4000 亿元的省份共有 9 个，分别是广东、山东、福建、广西、浙江、江苏、湖南、江西和安徽，与 2017 年相比增加安徽省，其中广东省林业产业总产值独占鳌头，是林业产业总产值唯一超过 8000 亿元的省份。2019 年，全国商品材总产量为 10045 万立方米，同比增长 14%。全国人造板总产量 30859 万立方米，同比增长 3.18%，其中，胶合板产量 18005 万立方米，纤维板产量 6199 万立方米，刨花板产量 2979 万立方米，其他人造板产量 3676 万立方米。2019 年我国林产品贸易进出口总额保持稳定增长，为 1503.56 亿美元，其中林产品出口总额占比 50.14%。[①] 从林产品贸易的产品结构看，我国在传统林产品的进口方面实现了较大幅度

①　《中国林业和草原统计年鉴（2019）》，中国林业出版社，2020，第 113～120 页。

增长，尤其是原木、木浆、纸与纸制品等进口增长较快。林产品出口开始企稳回升，取得较大增长，其中人造板、木竹家具等传统优势产品的出口均实现不同幅度的增长。总的来看，我国林产品贸易以进口原材料为主、出口深加工产品为主的贸易结构反映出我国林业产业结构优化和产业的高级化，我国已经形成涵盖范围广、产业链条长、产品种类多的林业产业体系，林业产业为林区农民增收、经济社会发展和生态文明建设作出了重要贡献。

2. 现代林业是国民经济的公益性产业

所谓公益性产业，是指那些直接或间接地为经济活动、社会活动和居民生活服务的部门、企业及其设施，主要包括自来水生产供应系统、公共交通系统、电气热供应系统、卫生保健系统、文化教育系统、体育娱乐系统、邮电通信系统、园林绿化系统等。现代林业具有多功能性，可以提供多种有形或无形的森林生态产品，具有经济效益、生态效益和社会效益，它既是可以产业化经营的基础性产业，又是兼有公益性特征的事业部门。现代林业产业中的一、三产业的发展为国家和人民提供了丰富的森林生态产品和优美的生态环境等公共物品，显著改善了我国的国土生态状况。现代林业作为自然资源、生态景观和生物多样性的集大成者，拥有大自然中最美的色调，是美丽中国的核心元素。作为基础性产业，现代林业能够为其他行业提供重要的生产原料，为人们的生产生活提供木质产品、非木质产品等物质产品；同时，森林生态系统孕育了种类繁多的动植物、微生物，是生物多样性最为丰富的陆地生态系统。森林生态产品是森林生态系统中森林资源的直接产物，是为人类福祉所提供的终端产品，它可以通过光合作用，与土壤、水分、空气进行物质和能量的交换进行生长，并在人类的养育和管护中提供和释放其生态效益。根据联合国千年生态系统评估（MA）对生态系统服务功能的划分，森林生态产品可分为绿色物质型产品、生态调节型产品、生命支持型产品、精神文化型产品[①]。其中，绿色物质型产品主要包括通过营林业和木竹采运

---

① Assesment, M. E., "Ecosystems and Human Well - being: Synthesis", *Physics Teacher*, 2005, 34（9），pp. 534 - 534.

业所获得的木质林产品以及通过林下种养、森林采集狩猎所获得的非木质林产品；具有生态调节功能的森林生态产品包括农田防护、水源涵养、防洪固沙、保持水土、净化空气、富氧固碳等生态安全服务；生命支持功能产品包括生物多样性保护、物质循环等；精神文化产品包括森林景观旅游、森林生态康养服务、重要自然文化遗产等，提高人的美学涵养，丰富人的精神内涵。在实践中，我国《森林法》将森林资源划分为五大类：其一，以保持水土、防风固沙等为主要目的的防护林；其二，以生产木材、竹材为主要目的的用材林；其三，以生产果品、食用油料等为主要目的的经济林；其四，以提供柴炭燃料为主要经营项目的薪炭林；其五，以开展科学实验等为主要用途的特用林。其中用材林、经济林、薪炭林主要归为商品林，主要提供绿色物质型森林生态产品、防护林和特殊用途林属于公益林，主要承担供给调节功能和支持功能的森林生态产品的责任，但不论哪种用途类型的森林资源，都具备释放生态效益、产出各类森林生态产品的功能。因此，无论是森林生态产品，还是森林资源的不同类型划分，现代林业都具有很强的公益性特征。

近年来，随着城乡居民收入水平的提高，人们的旅游消费需求不断增加，具有公益性特征的森林生态和文化服务功能价值日益显现，第三产业中的后起之秀——林业旅游与休闲人次显著增加，成为我国绿色经济发展的新动能。2019 年，全国林业旅游与休闲产业继续保持健康发展态势，旅游人次达到 39.06 亿人次，比 2018 年增加了 2.46 亿人次，旅游收入达到 14991 亿元，直接带动的其他产业产值达到 13084 亿元。2019 年，我国建成的森林公园达到 3546 处，森林公园总面积达到 1860.74 万公顷，森林公园旅游总收入达到 946.11 亿元，旅游接待总人次 10.59 亿人次，其中海外旅游者 1896 万人次。各地区森林公园建设和经营吸纳就业人数 93.52 万人，其中社会旅游从业人员占 81%。林业主要产业带动就业近 6000 万人。统计显示，集体林提供了全国 80% 的木材和林果等林产品，集体林业带动 4000 多万农村人口实现就业。① 然而，总体而言，我国森林生态和文化服务价值实

---

① 《中国林业和草原统计年鉴（2019）》，中国林业出版社，2020，第 60～64 页。

现程度仍较低。在过去一定时期，我国曾实行"重伐轻植"政策导向，注重森林物质产品的价值实现，相对忽视森林生态服务功能的保护，造成了森林资源的超额损耗，森林生态系统曾被严重破坏，森林生态产品供给不足，一定程度上加剧了空气污染、酸雨形成、土壤侵蚀、洪涝灾害等区域生态损害和环境污染问题。当前，我国森林覆盖率仍明显低于世界各国平均水平，森林生态产品供给不足依然是我国生态公共服务供给的重要短板，提高森林覆盖率和蓄积量，增加森林生态系统服务功能，仍然是我国现代林业发展的重要内容。2021年8月出台的《"十四五"林业草原保护发展规划纲要》明确了2025年前全国将完成5亿亩国土绿化任务、森林覆盖率达到24.1%、森林蓄积量达到180亿立方米的预期目标[①]。习近平总书记指出："绿色发展注重的是解决人与自然和谐问题。绿色循环低碳发展，是当今时代科技革命和产业变革的方向，是最有前途的发展领域，我国在这方面的潜力相当大，可以形成很多新的经济增长点。"[②] 现代林业是联合国开发计划署确定的绿色经济发展的十大产业之一，也是新发展阶段我国绿色经济发展的重要引擎。因此，统筹把握好森林水库、钱库、粮库与碳库的平衡，发挥林业的多元功能和多元价值，是现代林业发展必须遵循的基本原则。

（二）现代林业是规模最大的绿色产业和循环经济体

1. 现代林业是最大的绿色循环经济体

地球上人类所使用的各种能量最终都来自太阳能量的转化。太阳能最先通过植物的光合作用转化为有机能，再由有机能转化为各种各样的能量形态，煤炭、石油、天然气等各种传统石化能源，都是由亿万年以前的生物质能转化来的。森林是陆地生态系统的主体，也是自然界生物生产能力最强、效能最高的系统，它在能量转化过程中发挥着重要作用。通过光合作用，森

---

① 国家林业和草原局、国家发展和改革委员会：《"十四五"林业草原保护发展规划纲要》，http：//www.forestry.gov.cn/main/5461/20210819/091113145233764.html。

② 习近平：《在党的十八届五中全会第二次全体会议上的讲话》，http://cpc.people.com.cn/n1/2016/0101/c64094-28002398.html。

林资源具有可再生性，决定了它是发展循环经济、实现资源循环利用的最理想的自然载体。发展现代林业，不仅可以获得显著的物质产出和经济效益，而且可以有效地改善区域生态环境。因此，我国《森林法》明确规定，要按照"生长量要大于消耗量"的限额采伐总原则，推动林业可持续发展。发展现代林业产业与煤矿、石油、天然气等传统石化能源开发具有很大的差异。前者是利用太阳能的绿色循环产业，潜藏着最大的可再生资源，发展现代林业就是发展循环经济。后者是资源消耗型的产业，并且石化资源开发利用总是伴随着大量的二氧化碳排放，进而加剧全球气候变暖。过去一定时期，我国有些地方政府为了保护林业资源，采取过于严格的林木限伐政策，并倡导"以钢代木""以塑代木"。这一政策取向作为权宜之计，这无可厚非，但作为长远之计，应该是逆向替代。推行木竹等可再生资源替代传统钢材、水泥等不可再生资源，用生命质材料取代非生命质材料，才是绿色低碳经济发展的必然趋势。

2. 发展现代林业有利于占领生物经济的制高点

生物经济是建立在生物资源、生物技术基础之上，以生物技术产品的生产、分配、使用为基础的经济。[1] 生物经济是以生命科学和生物技术的发展进步为动力，以保护开发利用生物资源为基础，以广泛深度融合医药、健康、农业、林业、能源、环保、材料等产业为特征。发展生物经济，是我国顺应全球生物技术加速演进趋势、实现高水平科技自立自强的重要方向，是前瞻布局培育壮大生物产业、推动经济高质量发展的重要举措，是满足生命健康需求快速增长、满足人民对美好生活向往的重要内容，是加强国家生物安全风险防控、推进国家治理体系和治理能力现代化的重要保障。2022 年 5 月 10 日，国家发改委发布了《"十四五"生物经济发展规划》，明确我国生物医药、生物育种、生物材料、生物能源等四大重点发展产业。发展生物产业，主要依靠生物质资源和加工利用技术两个方面。加工利用技术是关键，足够多的生物质资源是基础，两者不可或缺。我国广阔的森林资源将以其非常丰富的生物多样性和无与伦比的生物生产力，为生物产业发展提供坚实的

---

① 王宏广：《试论"生物经济"》，《科技日报》2003 年 11 月 3 日。

生物质资源基础。随着生物科技的快速发展和广泛应用，人们将不断拓展对自然生态资源的用途，因而对自然生产力的理解，也进一步延伸出生态生产力和生物生产力等概念。例如，对土地生产力的评价，不只是计量单位面积上的粮食或者木材产出，而且要连同秸秆、树根、树皮、树梢一起计算，衡量其生物生产力，计算有多少干物质产出量。这些生物质资源，可以通过生物技术转化成能源产品，替代各种各样的不可再生资源。[①] 因此，生物质能源，与风能、电能、太阳能一样，都是可再生的绿色能源，具有可再生、可降解的优势，是我国乡村地区新能源发展的重要方向。人们在维护生物质资源的同时，也在促进生物多样性，维持地球生命共同体。生态多样性的价值，远不只是经济价值，它让地球上的所有动植物都能有一个家，能够带给人们审美上的愉悦，能够作为下一代的教育素材，并且让人获得精神上的安宁。因此，维持生态系统的多样性也是人类作为万物之灵的道德责任。

（三）发展现代林业是山区县绿色共富的有效途径

林业产业是山区县域经济的重要支柱产业，对于推动山区绿色共富具有重要作用。习近平同志在福建宁德工作期间，就将因地制宜，精准发力，振兴林业作为发展"大农业"、摆脱贫困的工作重点之一，把振兴林业摆上闽东经济发展的战略位置，作为推动闽东经济发展的一个重要载体、抓手。指出："在闽东这样一个贫困地区，山林资源是一个重要的优势。"[②] "从特殊的意义上理解，发展林业是闽东脱贫致富的主要途径。"[③] 习近平同志强调："闽东山地多，但林业基础差，覆盖率和蓄积量都比较低。我们应采取积极的方针，把林业置于事关闽东脱贫致富的战略地位来制定政策。"[④]

山区农村是林业建设的主战场，农民是林业建设的主力军，林业产业是我国山区县脱贫致富的重要支柱。过去一定时期，我国广袤的林区、山区、

① 张永利：《论林业在生态文明建设中的主体地位》，http://www.forestry.gov.cn/2008 - 05 - 31。
② 习近平：《摆脱贫困》，福建人民出版社，2014，第110页。
③ 习近平：《摆脱贫困》，福建人民出版社，2014，第110页。
④ 习近平：《摆脱贫困》，福建人民出版社，2014，第111页。

沙区，在有着丰富自然资源的同时，也集中了全国约 60% 的贫困人口。这些地区既是发展林业的重点地区，又是曾经脱贫攻坚的主战场，同样是当前防止系统性返贫的主战场。林业能够在乡村全面振兴和实现共同富裕中发挥更大的作用。这是由我国特殊的国情和林情所决定的，我国集体林地占全国林地面积的 60%，集体林区涉及 1 亿农户 5 亿多农民，与革命老区、民族地区、边疆地区、经济落后地区高度重叠，是实现乡村振兴、共同富裕的重点地区①。2018 年 4 月，习近平总书记在海口市农村调研时指出，"乡村振兴要靠产业，产业发展要有特色，要走出一条人无我有、科学发展、符合自身实际的道路"②。乡村最突出的优势是生态，最适合发展的产业是林业。林业是把"绿水青山"转化为"金山银山"的重要载体，是规模、潜力最大的绿色经济，是涵盖范围广、产业链条长、产品种类多、就业容量大的产业门类③。发展现代林业产业是促进农民增收，实现乡村产业兴旺、生态宜居、生活富裕的重要途径。

1. 推动林业多样化经营和规模化经营

如何把丰富的森林资源转化成农民脱贫致富的优势？除了要继续挖掘耕地精耕细作的潜力，还要面向整个国土资源动脑筋包括下气力做好做足 43 亿亩林地、8 亿亩可治理沙地和近 6 亿亩湿地的文章；山区现代林业产业发展要充分发挥生态优势，大力发展绿色富民产业和生态林业产业。积极发挥政府的引导作用，精心设计、科学谋划，制定林业生态产业发展规划，因地制宜发展木本粮油、特色经济林、林下经济、花卉苗木、竹产业、生物产业、沙产业、森林旅游休闲康养产业，加快产业转型升级，满足人民群众对优质绿色产品的需求。我国拥有野生动植物 3 万多种，其中任何一个物种的有效开发，都可能形成一个大产业；拥有木本粮油植物 100 多种，如果把适

---

① 《不负青山的时代回响——2021 年习近平总书记关心林草工作综述》，《中国绿色时报》2022 年 1 月 20 日。

② 习近平：《乡村振兴要靠产业，产业发展要有特色》，http：//www.hinews.cn/news/system/2018/04/13/031440013.shtml。

③ 《推进林业科技支撑乡村振兴》，《中国绿色时报》2018 年 7 月 16 日。

宜栽植木本粮油的林地全部利用起来，每年约可增加木本粮油产量 250 亿千克。因此，我国占国土面积 69% 的山区县，更应该靠山吃山，念好山字经，唱好林字戏①。按照山水林田湖草生命共同体的要求，优化林业生产力布局，以森林为主体，系统配置森林、湿地、沙区植被、野生动植物栖息地等生态空间，引导林业产业区域集聚、转型升级，加快构建林业发展新格局。加大对现代林业产业发展的资金、技术和人才等政策支持力度。发挥科技特派员在农村绿色发展中的支撑作用，强化现代林业产业发展支持。创新林业普惠金融产品，完善林业信贷担保、特色生态产品保险等制度，为林业生态产业化、资产化提供金融支持。整合林业科技资源，组建林业生态产业化技术联盟，构建林业科技推广机构、林业新型经营主体和社会力量共同参与的现代林业科技推广体系。强化人才队伍建设，加大林业生态产业专业人才的培育，尤其是林业碳汇、森林康养等森林生态产品设计、管理和营销方面等人才培养。创新人才激励机制，让专业的人才队伍能够真正下沉到林区、山区等林业生产经营一线，使农户在林业生态产业发展中能够得到有效的帮扶。

2. 积极拓展森林资源保护的公益性就业岗位

生产力是社会生产力与自然生产力相互作用的统一体，它不仅指社会生产力，还包括自然生产力。也就是说，自然生产力也是生产力。社会生产力是指人们适应自然、改造自然创造物质财富的能力，它主要包括人和物两大要素或劳动者、劳动资料和劳动对象三大要素。"人是生产力中最活跃的因素。发展生产力，既要见物又要见人，既要重视物质生产水平的提高又要重视人的素质的提高。"② 自然生产力是自然生态系统自我演化、孕育万物的能力，是社会生产力的基础和条件。自然界中的生态环境是劳动对象和劳动资料的基础和材料，因此是生产力直接的"构成要件"，保护环境就是保护生产力，保护林业资源，就是保护林业生产力。自然环境既是影响劳动者的重要因素，又是重要的生产资料或生产资料来源。自然生态多样性保护得越

---

① 张永利：《论林业在生态文明建设中的主体地位》，http：//www.forestry.gov.cn/2008－05－31。

② 《江泽民文选》第 2 卷，人民出版社，2006，第 254 页。

好，生态系统物质流动、能量转换、信息传递越顺畅，自然生态系统功能就越完善，自然生产力就越高。自然环境是各种生物存在和发展的空间，也是人类经济社会活动的载体。近年来，我国大力推进生态保护脱贫，通过将劳动能力的贫困人口吸纳为公益性岗位的护林员，实现就地就近就业增收，并积极通过林业重点生态修复工程任务和资金安排向贫困地区特别是深度贫困地区倾斜，全面加强森林草原防火、有害生物防治、自然保护区等基础设施建设，为当地贫困人口创造就业机会和岗位。近年来，国家林业和草原局针对林业草原重点工程区、重要生态功能区与深度贫困区高度耦合的实际，将贫困地区天然林全部纳入保护范围，将 2/3 以上的造林绿化任务安排到贫困地区，安排退耕还林近 3000 万亩，占全国总任务量的 81%，安排石漠化治理任务 279 万亩①。同时，统筹中央和地方资金，积极吸引金融和社会资本投入，重点支持生态扶贫。2019 年，全国各地区乡村护林员总人数为124.37 万人，其中建档立卡贫困人口生态护林员 75.67 万人，占乡村护林员总人数的 60.8%。我国在生态文明建设中推进了一系列的林业保护项目和工程建设，如天然林保护工程和生态公益林保护工程，同时为这些工程配备了大量的生态护林员。2019 年，我国共有生态护林员 209.34 万人，其中22 个贫困省份共安排生态护林员 188.74 万人，占全国生态护林员总数的90.2%。生态护林员中建档立卡贫困人口生态护林员 109.56 万人，占生态护林员总数的 52.3%，其中 22 个贫困省份的建档立卡贫困人口生态护林员占 99.3%②。因此，林业生态保护和修复工程对于林区人口摆脱贫困起到重要的支撑作用。

3. 发挥林业生态的溢出效应

森林生态产品具有很强的公共性特征，良好的生态环境已成为经济社会高质量、高发展不可或缺的生产要素。2014 年全国"两会"期间，习近平总书记在参加贵州代表团审议时，他针对像贵州这样经济相对落后但生态环

---

① 《我国林业产业增速放缓结构更趋合理》，《中国绿色时报》2019 年 6 月 14 日。
② 《中国林业和草原统计年鉴（2019）》，中国林业出版社，2020，第 9～20 页。

境优良的山区，强调要积极探索"两山"转化的路径，指出："绿水青山和金山银山决不是对立的，关键在人，关键在思路。为什么说绿水青山就是金山银山？'鱼逐水草而居，鸟择良木而栖。'如果其他各方面条件都具备，谁不愿意到绿水青山的地方来投资、来发展、来工作、来生活、来旅游？从这一意义上说，绿水青山既是自然财富，又是社会财富、经济财富。"① 当前我国山区、林区经济发展相对落后、农民收入水平总体还比较低，据统计分析显示，全国行政县森林覆盖率超过 50% 的有 858 个（国家重点林区县），416 个国家重点林区县（不包括产粮大县、油料大县）与 458 个产粮大县（不包括国家重点林区县、油料大县）的农村居民人均纯收入的差距从 2001 年的 1208 元持续拉大到 2019 年的 7368 元，人均公共支出差距从 2012 年的 113 元持续拉大到 2019 年的 2172 元，人均 GDP 差距从 1999 年的 801 元持续拉大到 2019 年的 6494 元。林区县是我国乡村全面振兴的重点和难点，也是农民群体性返贫的高风险区。要树立"大农业观""大食物观"，以山区县域为单元，开展山水林田湖草一体化治理，促进农、林、牧、副、渔协调发展，培育区域公用品牌，提升特色农产品竞争力；将区域特色文化和生态资源有机融合，积极发展全域旅游，推动林业碳汇交易等，不断探索多元化、市场化的山区生态产品价值实现路径，促进生态富民、绿色富民产业的健康、持续发展。

---

① 中共中央文献研究室编《习近平关于社会主义生态文明建设的论述摘编》，中央文献出版社，2017，第 23 页。

林改篇

| 第 | 三 | 章 |

武平：全国集体林权制度改革第一县

　　林业是国民经济中的基础性产业和公益性产业。然而，在过去一段时间，我国林业生产力发展严重受制于传统计划体制下所形成的林业生产关系，两者之间不平衡不协调的状况比较严重，诱发了林业工作的"三林"和"五难"问题。因此，地处福建西南部的武平县在全国率先开始了集体林权制度改革试点工作。2002年6月，习近平总书记在武平调研时对武平林改工作给予了充分肯定。由此，新一轮中国集体林权制度改革拉开了历史帷幕，林改实现了农村生产力的又一次大解放。武平作为"全国林改第一县"，从"五难"困境问题倒逼促改革，到化解"五新"难题主动作为抓改革，再到"高质量发展"目标引领推进综合改革，走出了"绿水青山就是金山银山"富美之路，孕育出"敢为人先，接力奋斗"的林改经验融入闽西红色文化。2022年是"十四五"时期的关键之年，站在实现第二个百年奋斗目标新起点上，回顾武平林改敢为人先的艰难探索、接力奋斗的创新经验，就是要传承改革精神、汲取前行力量，彰显林改时代价值。要让改革创新继续成为坚持生态优先、绿色发展，扎实推进共同富裕的振兴伟力和绿色动能。

一　全国林改第一声发令枪从武平响起

（一）破题"三林"攸关民生

　　新中国成立后，我国土改中改田不断推进，而改山止步不前。那个时期，我国普遍存在的林业方面有"五难"：造林难、防火难、保护难、技术推广难、干群关系处理难。农民常说："集体林干部林，群众收入等于零。"这句话并不夸张，事实确实如此。哪怕是重点林区的村，农民从林业得到的收入也微不足道。所以，农民称"村里面的林业收入是补不完的干部补贴，是花不完的干部接待，是办不完的'公益'事业"。曾经有一段时间涉林腐败案件频发，干群矛盾加深。由于林地权属不清，矛盾长期累积，产生了"林业弱、林区困、林农穷"的"三林"问题。正像习近平同志预判的那样，如果没有从根本上解决问题，矛盾总有一天会大爆发。必须破题"三林"，解民生攸关。林改一声春雷，应时而生。由习近平亲自抓起、主导推动的集体林权制度改革是一项自上而下与自下而上互动互促形成的林业经营管理体制的重大创新，关乎林业发展、林农增收、林区稳定和美丽中国的实现。2001 年发端于福建武平县的集体林权制度改革，被誉为"继家庭联产承包责任制后，中国农村又一场伟大革命"。从落实"四权"到"三个率先"再到"三个统一"，武平县为全国林改起到了探路子、树典型、作示范的重要作用，被誉为"全国林改第一县"。①

1. 矛盾累积，形势逼人

武平地处闽、粤、赣三省接合部，是全国南方集体林区县和福建省重点林业县，也是典型的"八山一水一分田"的山区县。全县土地面积 396 万亩，辖 17 个乡（镇、街道），户籍人口 40 万，林业用地面积 324.7 万亩，有林地面积 314.4 万亩，其中生态公益林面积 90 万亩，占林地面积的 28.6%；活立木蓄积量 2179 万立方米，森林覆盖率 79.7%。② 约有 90% 人口与林业发生关联。然而，"三林"问题在武平县尤为突出，已经到了非改革不可的地步。武平县万安镇捷文村，村部所在地距县城 10 千米，平均海拔 417 米，年均气温 21℃，多年年平均降水量 1717.1 毫米，气候宜人。全村辖 5 个村民小组，164 户 645 人。该村森林资源丰富，有山林 26763 亩，

---

① 胡熠：《从全国林改第一县看集体林权制度改革》，《福建行政学院学报》2018 年第 6 期。
② 《武平县集体林权制度改革工作情况汇报》，2017 年 7 月。

人均 46.2 亩，是万安镇人口最稀少、森林资源最丰富的村，盛产野生灵芝、红菇、金线莲等。然而 20 年前，该村却守着绿水青山过着穷日子。

2. 箭在弦上，一触即发

回望正处亚洲金融危机冲击之中的福建山区。1999 年 1 月 7 日，龙岩市委 1 号文件提出"深化林业经济体制改革"。当年 7 月，市林委在给市人大的《关于深化林业经济体制改革的报告》中，提出"林权改革"。这份连红头文件都算不上的报告，成了武平县开展集体林权制度改革的唯一依据。我国的"林权"包含"林地所有权和经营权、林木所有权和使用权"四项权利。2000 年，国家林业局推行换发全国统一式样的林权证，但此次"换证"仍只是对以往集体林再次确权为集体，产权问题上并未松动。2001 年 5 月，福建省林业厅组织开展换证试点，武平县被确定为试点县之一。"要试就试出点新东西来，最好要在产权制度上做点文章。"时任武平县委书记、现任福建省政协农业和农村委员会副主任严金静说。他讲的"试出点新东西"，就是许多林农一直想说却没敢说出来的——"把集体林权分到户"。当年 7 月的一个晚上，时任武平县万安镇捷文村党支部书记李永兴到邻村串门，恰好遇到县林业局和镇里干部讨论"到底选哪个村试这件事情"。这不正是整顿村里林业秩序的好机会嘛，李永兴当即向镇领导表态，捷文村愿意试点。不出李永兴所料，回到村一说分山、分林，村里全都同意，而且不到两个月，他们就根据县林业局和 5 个村民小组群众的意见，整理出了一套分配方案。2001 年 10 月，村委会制定了"集体林地、林木产权改革实施方案"，即为最早的集体林权制度改革方案，该方案把集体林均分到户。2001 年 12 月 30 日，第一本清清楚楚标注着"林地经营权、林木所有权和林木使用权归林农自己所有"的新式林权证在捷文村诞生了。

3. 先易后难，经受考验

林权分了，林权证也发了，然而无论对县委、县政府还是对李永兴而言，真正的考验其实才刚开始。李永兴急的是扛起守好这片青山的责任，所以得选个得力的搭档。他选中的是钟泰福。钟泰福以前也当过村干部，因为看不惯原来村两委的做法，干脆自己办了木材加工厂，一年收入七八万元。

"要当村主任，就得先把你的这个厂子关了。"虽说钟泰福并不参与乱砍滥伐，但村民盗伐的木材有不少就是在他这个厂加工后卖出去的。集体林统一经营时代，盗伐成风，如今把林子分下去，会不会更加刺激群众，真的"一夜砍光"？严金静的担心也是如此，而这也正是考验这场改革是否对路的关键问题。县委、县人大、县政府、县政协为此派出多批人马到捷文村和其他试点村调研，形成调查报告，几上几下，多次讨论。2002年4月，武平县委、县政府正式出台《关于深化集体林地林木产权制度改革的意见》。在既没有上级授权，也没法律依据，更没其他地方经验做法参考的情况下，武平"领跑"了第一步。万安镇捷文村成为全国林改策源地，也是全国第一本新版林权证的诞生地，这是"继家庭联产承包责任制后，中国农村的又一次伟大革命"。回顾历史，这场改革是现实问题的倒逼和政府引导出来的。

（二）民有所呼，我必有所为

1. 望眼欲穿盼分山

福建"八山一水一分田"。自古以来，福建人靠山吃山，有山有林的地方自古都很富庶，山林也被誉为"绿色的金库"。但新中国成立后直到20世纪八九十年代，福建很多地方反而变成了"靠山不能吃山"，端着金饭碗过着穷日子，这让老百姓怎么办呢？新中国成立之初的土改，福建人盼着"分山到户"，却没有盼到。当时土改主要是改田，改山却改不下去。"文化大革命"之后，林业实行"四固定"，其中之一是固定了集体林，所以老百姓盼着分山，也没盼到。到了80年代，林业"三定"稳定山权、林权，划定自留山，确定林业生产责任制，但是也没有搞彻底，那时候很多人有山无证或者有证无山。后来，两山并一山，逐渐演变成了"干部林"，使群众又一次失望。老百姓说："千年铁树开了花，田地回了家（指80年代家庭承包分田到户），何时铁树又开花，林地回到家。"可见，老百姓是多么急切地盼望林权制度改革。

2. 改革探索，勇于担当

那时搞林权制度改革是有政治风险的。然而习近平同志有胆量有魄力进行改革探索，来自他对形势的正确判断，来自他对土地政治属性的深刻理解，来自他的"民有所呼，我有所应"的勇于担当。林地问题是民心问题。之前的分山到户造成乱砍滥伐，现在搞分山到户有没有风险？林改之初，习近平同志反复思考这个问题。他认为，改革20年了，党的农村政策一直稳定向好，这给群众吃下了定心丸。农村干部素质提高了，经济发展了，农民生活水平提高了，这些都是规避风险的重要社会因素。只要政策制定得好，方法对头，就是有风险也是可控的。所以，习近平同志对推进这项改革是胸有成竹的。当时，相关干部也为习近平同志捏一把汗，分山到户是敏感的政治问题，作为年轻的省级领导，敢冒这个风险，只能说完全是出于"人民的利益高于一切"的政治使命情怀和担当作为的胆略。

干事担事，是干部的职责所在，也是价值所在。担当和作为是一体的，不作为就是不担当，有作为就要有担当。做事总是有风险的，天底下哪有那么多四平八稳、顺风顺水的事。正因为有风险，才需要担当。如果工作都那么好干，谁上去都能干，那还要什么担当呢？事物往往就是这样，越怕事越容易出事，越想绕道走矛盾就越堵着道。相反，只有豁得出去、敢闯敢干，下定"明知山有虎，偏向虎山行"的决心，真刀真枪干，矛盾和困难才可能得到解决。我在福建工作时，针对福建是林业大省、广大林农却守着"金山银山"过穷日子的状况，为解决产权归属不清等体制机制问题，推动实施了林权制度改革。当时，这项改革是有风险的，主要是20世纪80年代有些地方出现了乱砍滥伐的情况，中央暂停了分山到户工作。20多年过去了，还能不能分山到户，大家都拿不准。经过反复思考，我认为，林权改革关系老百姓切身利益，这个问题不解决，矛盾总有一天会爆发，还是越早解决越好，况且经济发展了、农民生活水平提高了，乱砍滥伐因素减少了，只要政策制定得好、方法对头，风险是可控的。决心下定后，我们抓住"山要怎么分""树要怎么砍""钱从哪里来""单家独户怎么办"这4个难题深入调研、反复论证，推出了有针对性的改革举措，形成了全国第一个省级林改文件。2008年中央10号文件全面吸收了福建林改经验。做事要有魄力，为官要有担当。凡是有利于党和人民的事，我们就要事不避难、义不逃责，大胆地干、坚决地干，正所谓"苟利国家生死以，岂因祸福避趋之"。干事业、抓改革，必然触动现有利益格局，动一些人的奶酪，以致引发一些争议。要干事，要改革，要解决矛盾，有些争议乃至责难是难免的，把石头扔进水里都会激起涟漪，更何况是想做成一番事业？因为怕争议而缩手缩脚，该干的也不干，这不是共产党人应有的态度。对来自各方面的争议，应该冷静对待、理性分析，如果认准了做的事是对的，实践也证明是对的，就不要打退堂鼓，哪怕背黑锅、遭骂名也义无反顾，同时要做好解疑释惑、凝聚共识的工作，最大程度争取理解和支持。如果别人的批评有合理之处，就要虚心接受、积极改进，使工作方案和政策措施更科学更完善。做事情，意志力、坚忍力、自制力很重要，胆略谋略很重要。很多事情坚持下来了、做成了，争议自然就烟消云散了。[①]

习近平同志对国情民心有着深刻洞察和思考。1998年4月21日，习近平同志在从福州到龙岩调研的路上，跟同行的同志畅谈土地关乎民心这个话题。他说，中国几千年的封建社会改朝换代都因土地问题而起，自古以来始终演绎着土地兼并和抑制兼并的历史发展过程。土地是农民的命根子。中国共产党靠着"打土豪分田地"凝聚了亿万民心，所以共产党夺取政权靠的是土地政策和百姓支持。他还说，领导干部必须有爱民之心，要做到"民有所呼，我有所应"，把老百姓的期盼作为自己的奋斗目标，把老百姓的呼声作为党员领导干部的神圣职责。我们一

---

① 习近平：《努力成为可堪大用能担重任的栋梁之才》，《求是》2022年第3期。

且对人民承诺了任何事情，就必须兑现。该做的事情不做，就违背了中国共产党的宗旨。[1]

当时武平县林业正陷入保护难、管理难、投入难、发展难、收益难的"五难"困境。保护难。武平森林资源丰富，家家户户都想占森林的"便宜"，林农偷偷到集体林上砍几棵树的事情时有发生。管理难。林农对林地没有处置和收益的权利，所以"隔岸观火""搭便车"的事情时常发生。投入难。林业发展周期性太强。马克思曾有精辟论述：林业投资"一次周转需要是 10 到 40 年，甚至更长的时间"[2]。在造林育林的初期需要对林地进行一定程度的投资，对于单个家庭而言风险太大，没有林业发展资金的投入，更没有相关的配套资金来源。发展难。林业投入不足，产业难以兴旺，林业产业发展无法得到有效保障，林地林木生产质量不高、林业产业发展动力不足，产业发展陷入停滞。收益难。在实行集体林统一经营的年代，林业部门制定好一个价格，向村里采购，俗称山价款，但是这笔钱大部分归为集体所有，分到农户手里之后，林农实际到手的收入并不多，农户从林地无法获得收益。

武平全县上下顶着巨大压力铺开了全县的林改工作，在全国"领跑"第一步。山分了，林权证发了，但没有上面的红头文件，发下去的证算不算数，分下来的山会不会被收回，武平干群的心始终不踏实，这可是像当年安徽小岗村分田到户一样的大事，当不成"先锋"就要成"先烈"。在集体林权制度改革最关键的时刻，在进则全胜、退则全败的十字路口，2002 年 6 月 21 日至 22 日，时任福建省长习近平到武平调研农村税改和林业改革工作。武平是距离省会福州最远的县城之一，那时高速公路还没有开通，从福州到武平单程需要走整整一天时间。这已是习近平就任省长两年多来第四次来到武平。第二天，习近平走村入户开始调研，并在城厢乡召开了基层干部

---

① 中共中央党校采访实录编辑室：《习近平在福建（下）》，中共中央党校出版社，2021，第 13 页。

② 胡熠、黎元生：《论生态资本经营与生态服务补偿机制构建》，《福建师范大学学报》（哲学社会科学版）2010 年第 4 期。

群众座谈会，作出了"集体林权制度改革要像家庭联产承包责任制那样，从山下转向山上"的重要指示，这一历史性决定为林改一锤定音，体现呼应林农需求的担当作为和勇气。

3. 青山绿水，发展根基

习近平同志在不同场合多次强调，既要注重林业的生态效益，也要注重林业的经济效益；要考虑林业产业化问题，真正把林业当成产业来办。福建是全国的林业大省，林业是福建的重要支柱产业。这些论述与习近平总书记提出的"机制活、产业优、百姓富、生态美"新福建发展要求是一脉相承的。[①]

习近平同志分管农村农业工作时，经常深入山区林区调研，十分了解福建林业面临的困难和群众的期盼，这促使他下决心推动林权制度改革。他曾指出，福建林业曾经辉煌过，随着形势的变化，各种矛盾的积累越来越多。如果不改革，总有一天矛盾会大爆发，必须首先在林业经营体制上动手术。林业生产力的发展既受技术、资金、劳动等生产要素的影响，也受林业生产关系的制约。因此，调整和优化林业生产关系，注重林农的物质利益，千方百计调动农民造林护林的积极性，是林业发展的内在动力。林业发展，林区百姓受益，青山绿水就是发展根基。2002 年 5 月，习近平同志专门找来省林业厅负责同志到办公室深谈了一次，谈话的主题就是集体林经营体制改革。他说："集体林本身就是村民集体共有的，应该还山于民、还权于民、还利于民。能不能把林地当成农田一样家庭承包到农户去？"负责同志当场表示："这个想法很好，这段时间主要花时间找省、市、县三级林业干部了解情况、征求意见，他们的共同意见，就是林业要发展必须做到山有其主、主有其权、权有其责、责有其利。武平县委县政府今年 4 月已经出台了关于林地林木产权制度改革的文件。"习近平同志说："好，我们近期抽时间到武平调研一下，先搞试点。"他还提醒："此事要慎重，因为 80 年代林业

---

① 中共中央党校采访实录编辑室：《习近平在福建（下）》，中共中央党校出版社，2021，第10 页。

'三定'时，有些地方出现了乱砍滥伐的局面，所以中央暂停分山到户。到现在，能不能分山到户，中央还没有明确的态度。我们只干不说，试完再说。"①

（三）分山到户使百姓受益

常言道：巧妇难为无米之炊。林地资源是林区的生产资料，但林农手中却没有属于自主经营的林地，一方面造成劳动力闲置，另一方面山林资源得不到发展保护。为实现耕者有其山，从"承包"到"均山分林"的跨越，武平率先闯出促进林业财产权利的公平性的制度创新。

1.率先探路，分山到户

武平县是全国最早推行林改试点的县，没有改革先例可资借鉴的经验。试点对于林改方案进行了各式探索，以各种形式将林木产权有偿转让到户或联合体，大致采取了招标转让、协议转让②、股份合资转让等形式。村集体实行均山这种形式，就是家家户户都有山。但是比较大的乡镇、村庄，农民不靠山来生活的村庄，有的农民除了自留山以外就没有分到责任山。③ 均山到户使耕者有其山，实现了林农的公平财产权利，成为以公平促进效率提升的起点。

2.山怎么分，百姓自主

武平县委、县政府组织的工作队于 2001 年 6 月蹲点捷文村开展集体林地林木产权改革工作试点。捷文村村民欢欣鼓舞，村小组会、村民代表会、全体村民会议，所有人都积极建言，几乎没有人缺席。会议讨论的焦点集中在"山要怎么分，山要由谁分"等林改方向性问题上。在广泛调查研究、充分尊重群众意愿的基础上，武平提出"山要平均分，山要群众

---

① 中共中央党校采访实录编辑室：《习近平在福建（下）》，中共中央党校出版社，2021，第 10～11 页。

② 协议转让即村委会根据评估结果，将山场林木作价后协议转让给农民经营，并签订转让合同。

③ 陈占贤：《记者调查——林农有干头村里有赚头》，《福建日报》2003 年 11 月 17 日。

自己分"的正确抉择，把集体山林按人口平均分配到户，破天荒的改革从捷文村率先开始。不到两个月，村里就根据县林业局和5个自然村群众的意见，整理出了一套分配方案："四权"中，林地所有权仍归集体所有，其他"三权"归林农；户户都要分，期限为50年；界线以当年集体林时每户的责任区为依据；村里的公益林一起分配，专门用于对新增人口和林地面积较小的人家进行"补瘦"；按山林肥瘦程度分为四个等级，每年每亩向村委会上交0.5元至1.5元的林地租金。之后，又用了不到两个月，村两委带着林业技术人员走遍全村每座山头，为全村164户人家勘定分界、勾画四至。

3. 平均分山、稳定林区

武平县以其"耕者有其山"的模式和先行先试的精神而得到认可。作为我国林改策源地，捷文村的集体林权制度改革公平分山、林区稳定，具有很强的先导性、典型性和示范性。武平林改经验由此逐步向全省、全国铺开，武平最早提出的"四权"等林改模式和工作机制被吸纳进中共中央、国务院2008年6月出台的《关于全面推进集体林权制度改革的意见》，成为国家林改举措。武平被誉为"全国林改第一县"。

4. 均山到户，联合管护

村民在林改后的合作采取联户管理。随着原集体统管山林部分转让到个体农户经营，为了应对森林火灾或偷砍盗伐林木等突发事故，降低山林管护风险，在林权发证以后，逐渐形成了联户管理的模式。根据互惠互利的原则，成立了护林防火协会。林农视山林如家产，自觉投入巡山护林，尤其是森林防火，一有风吹草动，全村男女老少都能做出快速反应。2003年地处边远的武平捷文村金屋坑发生一起火警，不到半小时全村出动了近百人，一举把山火扑灭了。以前山上的树都是公家的，能偷就偷，发生山林火灾也没人愿意去扑救。如今听说有人去偷砍树，就会有人出来制止。另外对于防火，大家都比较重视，如果谁不小心，烧到你的山，最起码需要赔。这样就不会乱来了。又如开路的事，农户组成一个联合体，他们自己组织协商，组成了资金自筹的联合体，全村大概有2/3的农户联起来了。另外的1/3是离村比较远联不到的，还没有联合管护。目前会员已发展到 122 户，管护面积达到 15000 多亩。①

联合体的存在实际上起到了村民间的桥梁纽带作用，特别在林业经营上并不能像耕地一样分得那么清楚，在管护、经营等环节上需要合作来克服分散化、碎片化经营带来的困难。目前，周边乡镇（如中赤乡、岩前镇等）出现了村民从广东引资合股经营山林的现象，吸收社会资本办林业，拓宽了社会办林业的范围。武平引导林农走"合作造林""联户经营"等多种形式造林的新路子，对于较为分散、面积小的林地，从便于种植管理的角度出发，由几户或十几户联合起来，采取统一炼山造林、统一管护、统一收益分配的方式联户造林。

二　武平持续深化集体林权制度改革

习近平总书记在纪念马克思诞辰 200 周年大会上的讲话指出："价值先进、思想解放，是一个社会活力的来源。"② 改革开放的实践表明，每一次生产力大发展都肇始于思想解放的伟力；只有突破思想樊篱、守正出新，我们才能蹄疾步稳地在中国特色社会主义道路上不断取得举世瞩目的成就。武平林改正是始于问题导向，顺应生产力发展与生产关系相适应的实践探索。林权改革从起步探索、扩大试点、持续深化，得到了广大群众的支持和参与，具有较强的生命力和成长性。

（一）林权配套改革持续推进

森林资源是振兴林区的重要基础资源，是林农赖以致富的宝贵生态资产，更是践行习近平生态文明思想、促进人与自然和谐共生现代化的重要承载。林业是绿色银行，只要不出现巨大灾害，每年都会不断地自然增长，是

---

① 黄建兴：《林权改革的核心是产权》，《中国林业产业》2006 年 6 月 16 日。
② 习近平：《在纪念马克思诞辰 200 周年大会上的讲话》，《人民日报》2018 年 5 月 5 日。

全球资本过剩下最好的避险投资领域。因此，利用资本过剩和产业过剩，急于找到投资客体和避险机会的有利条件来推进现在正在进行的第三次林权改革，仍以形成交易市场、引进外部资本作为改革内容，就有可能因这种宏观条件的改变而成为有效的制度安排。[①] 加之林业发展可吸纳大量劳动力，具有新时期各种矛盾加剧下维护稳定大局的正外部性。同时，森林生态系统的功能地位远比农田生态系统复杂，林改问题比起土改问题要更加复杂。分山到户仅仅是林改的第一步。实现生态效益、社会效益的有机统一，实现"生态美、百姓富"的有机统一，才是林改的核心目标和关键所在。随着改革的深入推进，武平林业发展的"评估难、担保难、收储难、流转难、贷款难"等"新五难"问题开始摆在党委政府和老百姓面前。"新五难"的突出问题在产权交易制度。要突破"新五难"问题，就必须持续推进配套改革。

1. 破解资金难题

分到山后，林农纷纷上山植树造林。上级下达的造林计划，远远跟不上群众的热情。例如，2003 年和 2004 年武平县两年造林计划数是 1.5 万亩，2005 年群众造林超过 4 万亩，2011 年更是超过 9 万亩。[②] 种树的钱从哪里来，成为制约林业发展的一个瓶颈问题。造林大户一般拥有二三百亩山林，一个造林季节，每户仅成本就在 10 万元以上。造林的钱哪里来。武平县提出了"担保贷款"新思路。2005 年，武平林业局成立了林权贷款担保公司——由县政府累计注资 240 万元，再由银行 5 倍放大贷款额度。然而操作了几年效果并不理想，只贷出 28 户。症结在于一旦发生贷款风险，金融机构和担保公司，都难以处置林木资产变现。2013 年，武平县再度创新，成立了林权收储担保中心，在全国率先开展林权直接抵押贷款。与前者不同的是，后者既能操作专业林木资产评估，也可提供林权流转服务。更关键的是，发生风险后可以将被抵押的林权进行收储，通过采伐或再次流转实现林木资产变现。有了风险资产处置能力，银行闻风跟进。2016 年，武平县成

---

① 温铁军：《我国集体林权制度三次改革解读》，http://finance. jrj. com. cn/opinion/2009/08/1207255758654. shtml.

② 胡熠主编《武平全国林改第一县乡村振兴之路》，社会科学文献出版社，2018。

立林权服务中心。中心在此前的森林资源资产评估、林权收储担保、林权流转交易功能的基础上，又整合了林业局、不动产登记局、合作银行资源，新增林业信息服务和林权抵押贷款服务，推行一站式服务，着力解决林权抵押贷款"五难"（评估难、担保难、收储难、流转难和贷款难）问题，打通林权融资"最后一公里"。林权服务中心缩短了林权贷款办理流程。原来林权贷款办理流程需要一个多月，而今只需在林农所在的乡镇林业站就可以通过电子平台将申请上传到林权服务中心，林农足不出户就可享受服务，贷款从审批到发放最多只需 7 天，大大降低了时间成本。

2. 破解转化难题

实际上随着分山到户，就如同当初分田到户一样，山林流转、规模经营、专业合作，同样是山林最终能变成"摇钱树"的不二选择。青山如何变金山。2013 年 7 月 25 日，武平在捷文村举行林权直接抵押贷款开贷典礼，50 多岁的村支书钟泰福与其他 5 位林农，第一批与中国邮政储蓄银行武平支行签订了林权直接抵押贷款协议，得到了 4 万至 10 万元不等的贷款，实现资源变资产、资产变资本。2017 年 7 月，武平又在全国推出"普惠金融·惠林卡"金融新产品，作为可复制的经验向全国推广。福建还率先在全国推出贷款期限长达 15～30 年、月息在 6‰ 以下、具备第三方支付功能的"林权支贷宝"。至 2022 年 3 月，全县累计发放林权抵押贷款 6.7 亿元，贷款余额 3.7 亿元；发放"惠林卡"7607 张，授信金额 8.48 亿元，用信金额 6.98 亿元；支持林业和林下经济贷款余额 13.84 亿元，同比增长 17.32%，高于全部贷款增幅 5.57 个百分点，真正为林农敲开了银行门，破解了转化难题。林权抵押贷款的便利性促使武平县充分发挥森林资源优势，发展多元化林下经济产业，武平百香果、象洞鸡、灵芝、富贵籽、绿茶等特色产业迅速发展。环梁野山"十五朵金花"之一的尧禄村以生态宜居为导向，致力于建设美丽宜居乡村，走出了一条生态引领、产业为本、生活富裕的乡村振兴之路。同样，林改后的云寨村，生态环境大为改善，向往好山好水的游客纷至沓来。依托优质森林生态资源，当地林农探索"不砍树也致富"新路子，引入旅游业态，全村创办 32 户"森林人家"，从业人员 350

多人，每户森林人家年均纯收入超过 20 万元。此间有森林，致富新人家。在武平，经过多年培育，"森林人家"俨然成为森林生态旅游的当家产品，为"全国林改第一县"提供了生态产品价值实现的新路径，武平建成了全省最大的"森林人家"集聚区，目前全县创办 100 家"森林人家"，总数居全省首位。与此同时，武平深入推进"首批国家全域旅游示范区"建设，大力培育"六要素"旅游经营主体，创新开发"六氧"产品，推动文旅融合加快发展。2020 年，全县接待游客 280 万人次，实现旅游收入 29 亿元，全域旅游"武平路径"越走越宽广。

3. 破解流转难题

捷文村村民李美元是早年全村第一个去广东打工的年轻人，不但赚了一些钱，而且练就了对市场敏锐的嗅觉。2006 年，李美元在闯荡十多年后回到了老家，"种树也一定能致富！"这一年，武平县农民人均纯收入增幅连续第三年高于城镇居民。但李美元的估计又过于乐观了，在此之后连续 5 年，武平农民人均纯收入增幅再度低速徘徊。不过这倒给了李美元机遇：他连续 6 次成功流转本村其他村民的山林，再加上自己手上的，总共近 700 亩，是捷文村的第二大户，林业生产释放出规模效应。像这样的大户，捷文村共有 7 户，平均林地规模五六百亩。当初林改时，捷文村 164 户，平均每户 125 亩，如今这 7 户所拥有的可采伐林地面积，占到全村1/4以上。靠林吃饭的户数越来越少，平均种植规模越来越大，资金足且专业性强，他们成为林改后诞生的新型林业经营主体。随着新型经营主体的涌现，2011 年至 2016 年，武平农民人均纯收入增幅再度连续超越城镇居民，最高一年增幅高出城镇居民 5 个百分点。2013 年 10 月，国家林业局农村林业改革发展司领导到武平调研林改工作，对武平率先探索发展林下经济的做法给予充分肯定；同年 10 月，武平县被确定为首批"国家林下经济示范基地"；2017 年 9 月，武平县又被确定为"国家集体林业综合改革试验示范区"。作为福建省 23 个扶贫开发工作重点县之一的武平，以"国家林下经济示范基地"建设为抓手，结合精准扶贫，安排专项扶持资金，重点扶持林下经济经营单位及贫困户发展林下经济，并通过"政府引导、种养结合，创建基地、培育特色，拓宽路子、精准到户"，再次率先在全国探索"兴林"扶贫模式。① 2016 年，武平县扶贫办获评"全国扶贫系统先进集体"，成为福建省唯一获此殊荣的单位。2019 年 6 月，省委、省政府批复武平县正式退出了省级扶贫开发工作重点县。2020 年 8 月，武平 5 个市级的贫困乡镇全部脱贫摘帽。至此，武平大踏步走上了脱贫奔小康的幸福之路。

（二）全面深化改革，化解矛盾

1. 面临新情况

目前，武平县林业经营中出现一些新情况新矛盾，制约着森林保护和林业经济发展以及林农增收、县域经济社会全面发展。一是林权期限与采伐期延长的矛盾。根据现有的采伐政策，一般杉木、马尾松主伐年龄延长，导致当年林农的生产投入无法按照预定期限得到有效回报。更为严重的是，主伐年龄延长后，致使林农无法在其所种植林地的林权期限或承包合同限制内获得采伐许可，而当林木到达主伐年龄时，林地已经不属于造林时的林农，林木权归属容易发生矛盾，林农十多年的经营可能受影响，使其对营造林前景失去信心。二是营林生产力与现实需求的矛盾。林业生产周期长，管护投入高，工作强度大。更多的农村青年选择了非林农就业。目前，武平县的林业生产主要靠 50 岁左右的中老年劳动力。他们整体文化素质偏低，劳动能力和水平有限，不利于林业生产技术的推广和应用，营林服务已经出现了比较明显的断层。三是林权流转限制与盘活林业资产的矛盾。林地有效流转是实现林业规模经营、集约经营的重要途径，也是深化林权制度改革的基本目标。林权流转的程序复杂、材料繁多，从流转前的审核批准到流转后的经营利用都设置一定的限制条件，复杂的流转过程，增加了林地流转的交易成本，加之农户自身知识水平、经济条件等限制，使得林农在流转问题上时常望而却步。因此，一些林业大户为了实现规模经营，不得不采取林地私下流

---

① 胡熠主编《武平全国林改第一县乡村振兴之路》，社会科学文献出版社，2018。

转的行为，这种行为影响了林地交易市场价格机制的实现，阻碍了林地流转。四是管理新政策与传统造林炼山的矛盾。造林之前的炼山是我国南方地区营林的重要方式之一。近年来，省里出台了一系列关于绿色营林、科学营林的政策措施，提倡不炼山造林。武平县林业局积极响应不炼山造林政策，但在这一政策执行过程中，存在一些问题。目前情况下，尚无能力大规模用大型设备代替用火来清理山场，大面积造林地用手工清理，劳力和时间都是大问题，用化学除草剂又会造成环境污染；不能炼山，不仅大大增加了造林成本，又降低了清理效果；人工清理而没有炼山的林地，不仅会遗留大量的杂草杂木，影响林木的种植，而且杂草杂木腐烂，容易滋生虫和白蚁灾害，严重影响造林后林木的生长。五是采伐限制与营林需求的矛盾。现行全面暂停采伐天然阔叶林的政策，导致树种过于单一，林木病虫害增多，不利于林木生长，也不利于林木质量的提高。同时，杉木抚育采伐的指标也受到了一定程度的限制。杉木一般种植密度为 200～240 株/亩，通过 3 年抚育后，在第十年左右，需要间伐，间伐后即可收回部分成本。但是抚育间伐指标受限制，抚育间伐困难。一方面，农户无法通过抚育间伐收回成本，使得造林资金链断层，农户营林生产步履维艰；另一方面，间伐是营林生产的重要环节，指标受限制，林木质量难以提升。

2. 解铃还须系铃人

"问题和解决问题的手段同时产生。"[1] 正所谓 "发展出题目，改革做文章"。[2] 通过全面深化改革，推进工作机制创新。现代林业产业链长、经营要素复杂、时空约束性强，这使武平面临全面深化改革的新要求新考验。20年来，武平林改探索，充分尊重农民的意愿，创造出许多好的经验做法，许多举措在福建乃至全国都是首创，开辟了山绿、业兴、民富的多赢格局。当下，仍然要靠改革解决面临的新问题，改革永远在路上。武平要继续按照习近平总书记指示要求，从最广大人民群众的根本利益出发，继续为美丽武平

---

① 《马克思恩格斯全集》（第 44 卷），人民出版社，2001，第 107 页。

② 《依靠改革应对变局拓展新局》，《人民日报》2020 年 7 月 14 日。

建设增添改革动力、发展活力。

（三）深化林改，厚植绿色根基

1. 青山常在，绿水长流

武平根据森林的不同发展需求，采取不同的管理方式，特别注重生态公益林和重点区位商品林改革。

生态公益林改革。一是进行生态公益林承包管护试点。为保护生态公益林森林资源，在生态公益林承包管护中，武平对生态公益林管护体制改革依法进行，规定要求林木权属不得转让、林权性质不得改变，管护责任明确、承包合同严密、生态林承包管护条件和程序严格执行。二是护林员管理。武平县对生态公益林护林员管理制度改革，改变过往护林员只"护"的职能。新的护林员同时拥有生态护林员、扑火队员、林业技术人员三重身份。按照乡镇公开选拔、林业站管理、村级监督模式，并严格考核确保"山有人管、林有人护、火有人防、责有人担"。专人专岗加强了生态公益林保护，促进生态公益林持续生长。三是重点区位商品林改革。2015 年，武平作为全省确立的 7 个试点县之一，开展重点生态区位商品林赎买工作，以有利于保护重点生态区位的森林资源和生态环境作为出发点，在自愿和公开的基础上，遵循起源优先、树种优先、价格优先、区位优先的"四优先"原则，开展重点区位林地的保护，率先探索商品林赎买，在保障农户收益的前提下，让重点区位商品林更加突出其生态效应。

2. 打通绿色发展新通道

进一步完善林业产权、融资、产业、技术、政策五大支撑体系，破解产权不够健全、规模经营不强、社会资本"进山入林"难等制约性突出问题，加快打通"两山"转化通道。一是构建规模经营体系。对林权流转交易、抵押登记、担保收储等实行一体化管理、一站式服务，大力发展以"林业经营大户＋基地""林业专业合作社＋基地＋农户"的新型林业经营主体发展模式，建立"林地变股权、林农当股东、收益有分红"的股份合作利益联结运行机制。二是继续创新普惠金融产品。进一步健全政林银保协同机制，创新开发符合林业经营特点的"短期＋长期"金融产品、"抵押＋信用"担保方式、"抵押＋保险"业务等模式。盘活林农资产，破解林农造林阶段和发展林下经济融资难问题，实现资源变资产、资产变资金。三是搭建社会服务平台。逐步健全县、乡、村三级林权服务和管理网络，加强基层林权管理服务中心、乡镇林业工作站等林业公共服务机构能力建设，大力推行一站式、全程代理服务模式，提高服务的精准性、有效性和及时性。利用新科技新农机发展林下经济。助力"林＋果＋药＋养"等新模式。绿色是武平的永恒底色。受益于天然生态与集体林权制度改革，武平森林覆盖率保持在 79.7%。如今的武平，林改再出发，点绿成金成为现实。通过加大资金扶持和技术服务力度，引导林农做足林下经济文章，武平共建设规模大、效益好、示范带动能力强的林下经济示范基地 189 个、新型林业经营主体 131家，林下经济经营总面积 150.12 万亩。2020 年，实现林业总产值 79.88 亿元，同比增长 7.8%。

（四）持续创新，提供发展引擎

林业在建设美丽武平和实现人与自然和谐共生方面具有不可替代的作用。新时代新发展阶段武平林业发展、县域经济社会发展面临新机遇新挑战。高质量发展现代林业是一篇关系山区发展的大文章。涉及人与自然、保护与发展、政府与市场等的复杂系统工程。高质量现代林业就是要建设生态林业、民生林业、法治林业、科技林业、开放林业"五位一体"的现代大林业。应是充分利用信息技术、新兴科技、开放发展的大林业。必然成为科技强国的推动者，重要的旅游产业承载。也是第一、二、三产业融合发展的大产业。需要全链条整合发展，集各方面之智力，通过生态、产业、旅游、康养等多线性多要素融合，走出一条生态立县、产业兴旺，推进新阶段林业现代化发展之路。

1. 创新林业综合服务供给

例如，武平拥有国家级自然保护区——梁野山。保护区建设依然要考虑人民的生活水平提高的问题，单独依靠地方政府的财政支持是远远不够的，百姓的收入从哪里来？今后怎么提高？保护区人与自然和谐共生面临十分具体的问题。一要创新保护区参与式管理模式，利用梁野山保护区内"森林人家"目前取得的先发优势，在保护区的缓冲区和实验区继续探索依靠森林人家等形式的生态旅游，将绿水青山转变为金山银山。二要改革森林采伐指标制度。在生态环境保护目标下，林木主伐年龄和采伐指标需要管控，但不能"一刀切"。应该根据林木的实际生长情况进行适当调节。建立平衡经济效益和生态效益的采伐制度。既注重采伐指标的科学性，又关照采伐指标的灵活性。对于流转或承包快到期且无法继续经营的林地，给予林农充分的自主权，降低林农的经营风险，满足林农资金周转需求。

2. 完善林地流转，降低交易成本

一要完善现有林地流转平台的建设，建立集信息发布、市场交易、林权登记、中介服务、法律政策咨询于一体的资源流转的要素市场，实现流转信息化、网络化、高效化，提高农户对林地的投入和集约化经营水平。实现林地的规模化经营，发挥林业生产的规模经济效应。二要探索灵活造林方式。对待炼山造林不能"一刀切"。要严格制定炼山的标准条件和审批制度，使炼山造林真正纳入法治化轨道，对于可以使用炼山手段的，要进行科学精细管理，特别注重炼山时期的选择，要规范、有序地进行炼山。三要建立健全森林抚育制度。做好森林抚育的监测工作。对现有森林资源进行清查，科学地收集森林资源数据，并及时进行动态调整，评估分析。提高抚育补助标准，分类指导、分类补助、激励到户。发挥营林服务组织的规模化、专业化优势，实现集约化生产。

3. 优化林业投融资环境

一要探索金融合作形式，吸引民间资本参与林业发展。尝试新的村集体合作形式，以小组或村为单位成立林业发展基金，林农以相应的森林资源作为抵押物向基金贷款。或引入农村信用社、政府作为第三方合作单位，逐步在林业发展参与者之间建立信任合作机制。二要建立森林生态效应补偿基金制度。如，捷文村是"全国林改策源地"，以公益林为主，要想在新的阶段继续实现"百姓富、生态美"的目标，可探索建立森林生态效应补偿基金制度，多渠道筹集资金进行补偿。利用武平近年来经济高速发展的资金优势与全国林改会议之后的政策优势，建设森林生态效应补偿基金制度。第一，政府主导的财政投入，提高森林生态公益林等林地的补贴，调动林农的育林、护林积极性。第二，遵循"谁受益，谁补偿"的原则，从其他高污染、高排放的行业收取部分资金，拓宽资金来源。第三，探索下游地区对上游地区的补偿方式，完善森林生态补偿金的来源渠道。三要健全森林保险制度。周期长、回报慢、风险高是制约林业经营发展的重要因素，也是许多商业保险业务不愿意覆盖山林保险的原因。可利用政策性保险，健全森林保险制度。扩大保险的范围，从单一的火灾险扩大到自然灾害、病虫害等方面，增加林农的风险抵抗能力。针对经济林经营的保险问题，引入商业保险公司进行定点试行，对部分经营状况较好的林地进行经济林保险尝试。

4. 弘扬林改经验，涵养生态文化

弘扬林改经验，践行两山理念。继续发扬敢为人先的创新和探索精神，正确处理经济与环境的关系，强化保护生态环境就是保护生产力、改善生态环境就是发展生产力的理念。让贫困地区的土地、劳动力、资产、自然风光等要素活起来，让资源变资产、资金变股金、农民变股东，让绿水青山变金山银山。2017 年，武平创建福建省首个县域省级高新区，致力打造产业发展高质量、产城融合高水平、科技创新高效益的产业新城、科技新区。以此为载体，武平以"高"立意、以"新"作笔，主动融入闽西南协同发展区和粤港澳大湾区，做承接高新技术转移的"桥头堡""拦河坝""蓄水池"，成为粤商的理想投资县市，实现了县域产业转型升级的创新发展。为绘就碧水蓝天，武平着力转变发展方式，突出以新型显示为重点的首位信息产业产业链招商，大力发展绿色经济、低碳经济。做精做美城区、做优做特景区、做大做强园区，深化城区、景区、园区"三区联动"，促进生产、生活、生态"三生融合"。28 千米长的环城快速通道建成通车，城市核心区面积扩展为 28 平方千米，景城联结、产城融合、城乡一体，成为武平城市建设一大特色。栽好梧桐树，引得凤凰来。2020 年，武平新签约 85 个项目，总投资

42.7 亿元；新开工 48 个项目，总投资 37.1 亿元；新竣工投产 31 个项目，总投资 18.02 亿元。在新签约项目中，有 52 个来自粤港澳大湾区，占比 49.3%；有 42 个属于以新型显示为重点的信息产业，占比 49.4%。2020 年，"1 + 4" 先进制造业实现产值 189 亿元，同比增长 3.5%，总量占规模以上工业企业总产值的 90.6%。

涵养生态文化，强化法律意识。武平林改 20 年，让群山变"绿山"、林农捧"金山"、发展有"靠山"，这一过程也使人们更深切地认识自然、尊重自然，涵养客家生态文化。同时严格遵守法律意识。有序地开展生产经营活动，筑牢生态安全底线。加强森林经营技术培训。对一线的林业服务人员进行技术培训，统一森林抚育技术标准和要求。进行森林生态旅游培训，普及林业机械化技术的使用，提高林业生产的效率。

三 武平集体林权制度改革的绩效评价

森林是陆地生态系统的主要组成部分，关系国家生态安全，同时也是推动经济发展的重要源泉，实现林业可持续发展无疑是促进环境保护和经济协调发展的战略重点，是推进乡村振兴的重要抓手。林改举措重塑了农村生产关系，做到了自上而下与自下而上的改革方式有机统一，农民利益、集体利益和国家利益的有机统一，生态效益、经济效益和社会效益的有机统一。在武平 2630 平方千米的山水之间，实现了生态环境改善和农民脱贫致富协调发展，推动绿色发展和生态文明建设。为描述评价武平林改在增加社会福利、促进经济增长和改善生态环境等方面发挥的作用，全面反映武平林改实现的效益，本章采用多指标综合评价的方法来构建综合效益评价指标体系。

（一）指标体系的构建

1. 评价的目的

新一轮集体林权制度改革的总体目标是"资源增长、农民增收、生态良好、林区和谐"。因此，有必要建立可靠的集体林权制度改革综合效益评价体系，用于综合分析武平林改成效。集体林权制度改革综合效益评价指标体系应考虑到林改推进中涉及的主要方面，建立以经济效益、社会效益、生态效益为核心的集体林权制度改革综合效益评价指标体系。其目的就是使武平林改工作中的各方受益主体能够更好地认识到集体林权制度改革工作的意义及效果，了解集体林权制度改革工作对所在区域经济、社会、环境等方面所带来的影响，同时还可以为武平林改未来的发展指明方向，促进集体林权制度改革工作的良性发展。

2. 评价的原则

指标体系的建立用于反映集体林权改革评价的整体变化情况，是进行武平林改综合效益评价的前提，为了科学、合理地构建武平林改综合效益评价体系，本章遵循以下原则构建指标体系。

（1）系统性原则

林权改革工作的意义不仅在林业内部，而且是关乎整个农村乃至整个经济社会。为了全面客观地反映武平林改的综合效益，在评价指标体系构建过程中，应遵循系统性原则。即不仅要重视集体林权制度改革对于区域经济发展的促进作用，亦不能忽略集体林权制度改革对于区域居民生活质量改善及生态环境保护等的长远效益。因此，在评价指标选取时，需注意体现武平林改与经济、社会、生态等方面的相互融合，达到准确客观判断武平林改综合效益的目的。

（2）科学性原则

指标体系是否科学客观，关系到武平林改综合效益评价结果的合理性和有效性。因此，必须抓住集体林权制度改革的主要方面和本质特征，选取突出反映集体林权制度改革绩效的主要指标，增加评价结果的可信度。并通过科学的测算方法，客观真实地表达武平林改的内涵本质、运行模式、机制特点，准确地反映武平林改产生的综合效益。

（3）可操作性原则

对于武平林改进行综合效益评价，其目的是测度武平林改带来的实际效益分配情况，更好地指导后续集体林权制度改革工作的推进，使林改带来的效益得到更合理的分配，进而实现社会总福利的增加。因此在武平林改综合效益评价指标选取时应考虑评价指标数据的可获得性及难易程度，需选取具有可操作性具有现实价值意义的指标，以提高评价体系运行的可行性和普适性。

（4）动态性原则

林业的特点决定了其部分效益价值的大小短期内就可进行准确的量化评价，如经济效益中的林业总产值、林业投资等，但有些效益价值的大小需要通过一定时间的发展方可进行研究，因此在评价指标选取过程中应充分考虑武平林改各项效益在长期的发展进程中相互影响，选取具有一定弹性且能够反映不同时期的特点的评价指标。

（5）定量与定性相结合的原则

武平林改综合效益涵盖方面较广，其评价指标由定量指标与定性指标组合而成。为了更加准确地体现武平林改的综合效益，达到定性准确、量化合理的目的，在评价指标选取时应秉持定量指标与定性指标相结合的原则。

3. 评价指标体系的构建

武平林改的综合效益主要从林改的目标——社会、经济、环境的视角进行综合评价。指标作为评价综合效益的工具，其作用越来越重要。指标体系反映的是集体林权制度改革可持续健康发展的基本要素，也是反映参与武平林改的利益相关者利益协调平衡的过程。

目标层、准则层和指标层是一个评价体系基本框架的要求。其中，目标层通常只有一个元素，即指标体系的总体目标，其余每一层因素受上一层次因素支配。准则层也称为判断层，包括要实现目标层所需考虑的方面。指标层则是准则层中各维度的具体指标。本章以武平林改的"综合效益"为目标层，以经济效益、社会效益和生态效益为准则层，以与经济、社会和生态相关的共15项具体的效益评价指标为指标层，对武平林改的综合效益进行评价研究。

（二）评价指标的内涵

集体林权制度改革是一场以明晰林地使用权和林木所有权、放活经营权、落实处置权、保障收益权为主要内容的综合改革，是贯彻落实科学发展观的生动实践，不仅关系到林业，也关系到整个农村发展，乃至整个经济和社会的发展。根据集体林权制度改革工作的内容、目标以及评价原则，本章构建了包括经济效益、社会效益和生态效益三个部分的武平林改综合效益评价体系。

表 3 - 1   武平集体林权制度改革的综合效益评价体系

目标层	准则层	指标层		指标属性
综合效益	生态效益	森林覆盖率与蓄积量		+
		林业碳储量		+
		空气质量		+
		水土流失治理	水土保持价值	+
			水质净化成本	−
		生物多样性维持		+
	经济效益	林业总产值		+
		林业产业结构		+
		竹产业发展	竹材产量	+
			竹笋干产量	+
		森林资源保护	森林火灾受害面积	−
	社会效益	干群关系	涉林纠纷调处数	+
		林业扶贫		+
		新增就业岗位		+
		林农人均收入		+

1. 生态效益指标

改善生态环境、促进资源增长是集体林权制度改革的一个重要目标，对生态环境效益的评价也是集体林权改革绩效评价的一个重要内容和方面。林业生产具有正的外部性，与其他产业相比生态效益更为明显。森林资源具有保护物种多样性、稳定生态环境、保障社会经济可持续发展的作用。因此，选取以下五个指标来反映集体林权改革对武平生态环境的贡献及影响，具体为森林覆盖率与蓄积量、林业碳储量、空气质量、水土流失治理、生物多样性维持。

森林覆盖率与蓄积量，用于反映森林数量与质量，是森林生态效益最直接的表现途径，最典型的测度指标；林业碳储量，反映了森林的固碳能力，是降低大气 CO_2 浓度和抑制全球变暖趋势的重要途径，也是林地生态效益的重要组成部分；空气质量，主要体现是森林净化空气、改善空气质量的生态功能；水土流失治理，森林具有保持水土的重要生态功能，一定程度上体现了集体林权制度改革后地方林业发展水平的现状，从水土保持价值和水质净化成本两个方面来体现；生物多样性维持，是区域生态环境保持平衡程度的一个主要指标。

2. 经济效益指标

实现林业经济增长是林业可持续发展的基础和根本，同时也是集体林权制度改革的目标之一，更是评价集体林权改革成效的重要维度之一。集体林权改革的经济效益主要包括改革本身带来的政策效果、集体林权改革所引起的林业生产投入和产出指标等相关因素，用以考察集体林权改革是否真正达到了明晰产权、提高林业生产效益的目的。基于此，本文选择以下四个指标来反映集体林权改革对武平经济发展的贡献及影响，具体为：林业总产值、林业产业结构、竹产业发展、森林资源保护。

林业总产值，主要反映林业经济总体发展情况，是衡量集体林权制度改革经济效益的重要指标；林业产业结构，反映林业产业间的比例关系，是评判林业经济发展水平的重要指标；竹产业发展，竹业经济是福建林业经济的重要组成部分，选取竹材产量和竹笋干产量作为描述竹业发展情况的测度指标；森林资源保护，通过森林火灾受害面积来体现，反映集体林权制度改革后农民森林资源保护的意识变化带来经济价值变化。

3. 社会效益指标

促进林区和谐是集体林权改革的主要目标之一，因此，对社会效益的评价是集体林权改革绩效评价的重要内容。集体林权制度改革明确了确保农民平等享权，确保农民得实惠，确保农民知情权、参与权和决策权等基本原则。因此，以林农利益为出发点，本文选择以下四个指标来反映集体林权改革对武平社会和谐的贡献及影响，具体为：干群关系、林业扶贫、新增就业岗位、林农人均收入。

干群关系，主要反映集体林权改革过程中村干部与林农关系的好坏，衡量了集体林权制度改革对社会稳定影响程度以及维护社会稳定的能力水平，通过涉林纠纷调处数来体现；林业扶贫，是反映集体林权改革能否给农户带来生活希望的重要指标；新增就业岗位，反映林业吸纳劳动力的状况；林农人均收入，反映集体林权制度改革后，区域林业经济发展对农户致富影响的情况。

（三）林改综合效益的测度

1. 武平集体林权制度改革的生态效益

（1）森林数量与质量的双增长

林改催生好生态，林木蓄积量比林改前增多了1.4倍。武平县生态环境质量因森林覆盖率高、生物多样性丰富、生态系统稳定而居全省第二位。自实施林改以来，武平县森林总蓄积量逐年增加，天然林得到了良好保护，森林蓄积量持续上涨，与此同时人工林森林蓄积量也在缓慢增加，总体森林资源更加丰富，森林质量持续提升。

（2）空气净化和碳汇价值的双提升

首先，林业碳汇价值量持续增长。森林是绿色、可再生的碳储存库，森林生态系统的高质量发展在碳中和过程中发挥着巨大且不可替代的作用。生态系统固碳功能是指自然生态系统吸收大气中的二氧化碳合成有机质，从而将碳固定在植物或土壤中的功能。该功能有利于降低大气中的二氧化碳浓度，减缓温室效应。生态系统的固碳功能，对降低减排压力具有重要意义。

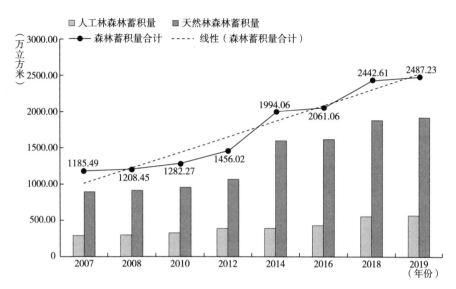

图 3-1 武平县森林蓄积量（天然林和人工林）历年变化情况

通过对武平县重要年份的数据测算，选用二氧化碳固定量作为生态系统固碳功能的评价指标，我们发现武平县经过 20 年的林权改革，其所带来的碳汇效益也是递增明显，具体的碳汇价值量增长趋势如图 3-2 所示。

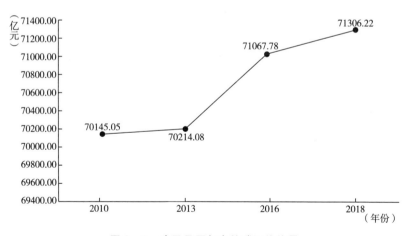

图 3-2 武平县历年森林碳汇价值量

经过测算，武平县的森林碳汇价值量在 2010 年为 70145.05 亿元，2013 年为 70214.08 亿元，2016 年为 71067.78 亿元，2018 年为 71306.22 亿元，

可以看出森林碳汇价值也是在逐年递增的。

其次，空气质量持续改善，森林供氧价值持续增加。2002～2017年，武平共完成植树造林71.5万亩，超过林改前25年造林面积的总和，森林覆盖率达77.88%，林木蓄积量2061万立方米，全县空气质量优良天数达99.7%，环境空气综合指数为2.27，负氧离子含量3000～4500个/立方厘米，成为2017年全国第19个、福建省首个"中国天然氧吧"。当地生态系统的氧气提供价值如图3-3所示。

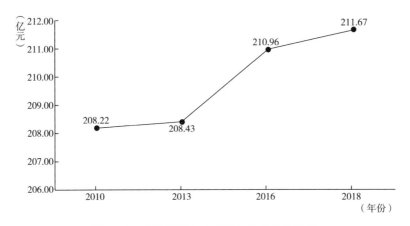

图3-3 武平县历年森林供氧价值变化情况

经过测算，森林供养价值在2010年为208.22亿元，2013年为208.43亿元，2016年为210.96亿元，2018年为211.67亿元，总体上可以看到随着森林面积扩大，森林供氧的价值也越来越高。

（3）森林生态功能间接效益的价值越发突出

土壤保持功能是生态系统（如森林、草地等）通过林冠层、枯落物、根系等各个层次保护土壤、削减降雨侵蚀力，增加土壤抗蚀性，减少水土流失，保持土壤的功能。选用土壤保持量，即生态系统减少的土壤侵蚀量（用潜在土壤侵蚀量与实际土壤侵蚀量的差值测度）作为生态系统水土保持功能的评价指标，其价值量的核算为运用替代成本法（即污染物的处理成本）核算减少面源污染的价值。其价值量如图3-4所示。

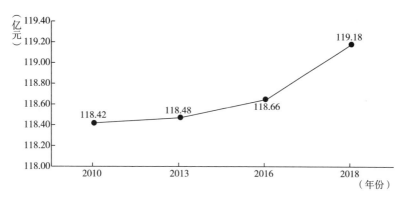

图3-4　武平县历年水土保持价值变动情况

从图3-4中可以看出，水土保持价值在2010年为118.42亿元，2013年为118.48亿元，2016年为118.66亿元，2018年为119.18亿元，可以看出水土保持的价值呈逐年递增趋势。

在林改的过程中，武平县对于废水废气的排放在逐渐减少，其所带来的生态效益十分明显，生态环境压力逐步减弱，其治理废水、废气所耗费的成本如图3-5所示。

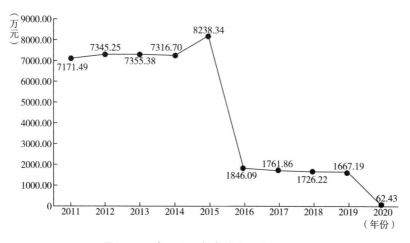

图3-5　武平县历年森林净化水质成本

（4）实现了生物多样性的有效保护

物种多样性是生物多样性最主要的结构和功能单位，可以为生态系统演

替与生物净化提供必需的物种与遗传资源，是人类生存和发展的基础。物种
保育服务是指生态系统为珍稀濒危动植物物种提供生存和繁衍的场所，从而
对其起到保育效果的作用和价值。林改后武平生物多样性保护的物种保育价
值变化情况如图3－6所示。

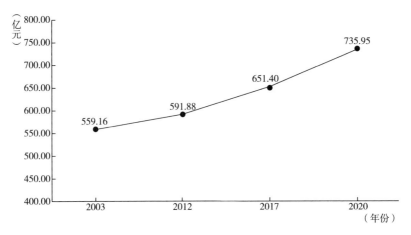

图 3 － 6　武平县历年物种保育价值变化情况

武平县拥有梁野山国家级自然保护区、中山河国家湿地公园、南坊森林
公园3个省级以上保护地、12个县级自然保护小区。梁野山国家级自然保
护区属于森林生态系统类型的自然保护地，1999年2月根据福建省人民政
府（闽政〔1999〕文31号）批准成立省级保护区，2003年6月经国务院批
准正式升级为国家级自然保护区，面积14365公顷。中山河国家湿地公园
2015年开展试点，2017年通过验收，面积1529.3公顷。武平南坊森林公园
2012年批准为省级森林公园，公园总面积840.53公顷。12个县级自然保护
小区于1995年至2017年间先后成立。目前全县自然保护区（含保护小区
2400公顷）面积18907公顷，比考核目标任务18835公顷多72公顷。湿地保
有量2903.78公顷，比考核目标值2860公顷多43.78公顷。全县野生动物有
232科2313种，含云豹、穿山甲、小灵猫等45种国家重点保护野生动物；高
等植物有263科1880种，含银杏、南方红豆杉、黑桫椤等19种国家重点保护
野生植物。全县国家重点保护野生动植物都得到了保护，保护率为100%。

2. 经济效益

集体林权制度改革打通了"两山"转化通道，林业成为县域经济发展的"绿色引擎"，林下经济和森林旅游的大力发展，促进武平经济总量不断壮大。

（1）林业生产总值逐年攀升

产业兴旺是山区、林区振兴的基础。集体林权制度改革以"分山到户"撬动农户耕山育林的积极性，利用生态优势、资源优势不断发展林下种植、林下养殖、林产品采集加工、森林景观开发等林下经济模式，林业产业不断发展壮大，实现从单一的林木生产加工向木材深加工、林化产品深加工、林下经济、森林旅游综合发展转变，走出了一条"不砍树也致富"的产业发展道路。据统计，近年来林业总产值逐年增加，发展良好。从林改出发，林业产业的迅猛发展有力地推动了武平经济总量不断壮大。2008 年武平县地区生产总值突破 50 亿元，2012 年突破 100 亿元，2018 年突破 200 亿元，2021 年地区生产总值达 286.75 亿元，地区经济总量是 2001 年林改前的15.1 倍，年均增长 10.4%。

就林业而言，武平县实现 2021 年全年林业总产值 85.37 亿元，同比增长 6.9%，这与林改后武平县大力扶持发展的林下经济和森林旅游有很大关系（见图 3-7）。

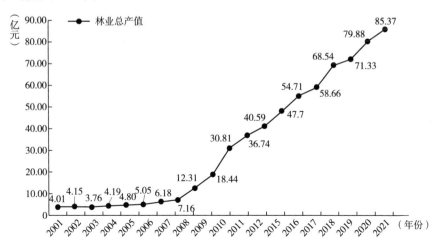

图 3-7　武平县历年林业总产值变化

一方面，武平坚持"不砍树也致富"的发展思路，大力扶持林下经济产业发展。以2021年为例，武平林下经济经营面积达到156.3万亩，实现产值40.22亿元（见图3-8），其中紫灵芝、富贵籽等林下经济产业发展迅猛，2021年新增林下紫灵芝种植5450亩，累计达19717亩，实现产值1.1亿元。新增富贵籽种植面积200亩，累计达8900亩，实现产值4.17亿元。

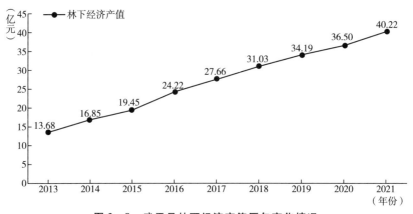

图3-8 武平县林下经济产值历年变化情况

另一方面，武平坚持探索生态产品价值实现的有效形式，大力发展森林旅游和森林康养产业，带动当地旅游产业蓬勃发展。2020年，全县累计接待游客280万人次，旅游收入29亿元。2020年新增森林人家20家，总数100家，占全省的11%，继续保持全省第一。推进武夷山国家森林步道建设和配套设施完善，获评"省级森林康养小镇"。2021年森林景观旅游（含森林旅游、森林人家）接待游客295.6万人次，实现森林旅游总收入12.75亿元（见图3-9）。

（2）林业产业结构不断优化

产业结构的优化是一个地区产业能够健康、可持续、高质量发展的核心指标。近年来，武平林业产业规模不断扩大，产业结构逐步优化，第一产业和第二产业稳中有进，第三产业加速成长。三次产业结构从2016年的35：59：6调整为2020年的31：47：22，第一产业比重下降4个百分点，第三

图 3 - 9 武平县历年森林旅游接待人次与旅游总收入变化情况

产业比重分别提升 16.0 个百分点。

表明林业总产值大幅增加的同时，第三产业增长速度明显快于林业总产值增大速度，现代林业经营已转变为以非开发性利用为主的生态产业化经营模式。

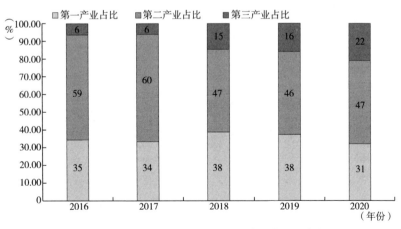

图 3 - 10 武平县林业一、二、三产结构占比变化

（3）竹产业实现高质量发展

相较于木材而言，竹子生长周期短、产业融合度深、经济带动能力强，发展竹业对促进县域经济增长、农民增收具有重要的意义。武平县竹业资源丰富，林改后，武平县持续实施现代竹业重点县项目，积极引导群众大力发展"绿山富民"竹业工程。近年来，武平县累计完成竹林抚育 50345 亩、竹林机耕道路建设与维修 386.06 千米、喷灌设施蓄水池 37 个（蓄水量 1576 立方米、灌溉面积 7517 亩）、加工厂 9 座、丰产竹林基地 99740 亩（其中 2021 年新增 2000 亩）、竹农培训 6 期 260 人次，项目总投资 2437.42 万元，其中省财政补助资金 1121.6 万元，县级投资 7.5 万元，竹农自筹 1308.32 万元。通过现代竹业重点县项目的实施，武平县竹农经营管理能力有较大提高，为竹产业发展奠定了基础。

为贯彻落实习近平总书记关于"把小竹子做成大产业"的重要指示精神，落实国家和省关于加快推进竹产业高质量发展的要求，武平还对全县 10 个竹业发展重点村、4 个示范户和 1 个示范片开展竹业集约经营，并实施中低产竹林改造、高产高效竹林建设，促进竹笋产量增加。截至 2020 年，武平竹材年产量达 1733 万根，竹笋干年产量 995 吨。

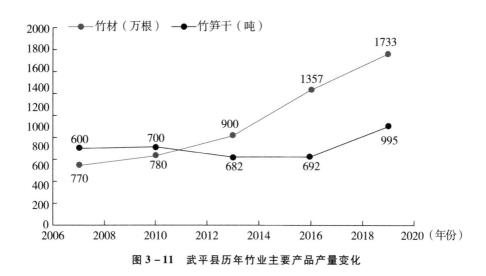

图 3 - 11　武平县历年竹业主要产品产量变化

（4）助力脱贫攻坚，群众获得感持续提升

实施林改以来，武平县结合当地林业资源丰富、生态环境优异等特色，在政府推动主导下，兴林扶贫，借林发展，大力发展特色种植、养殖等林下产业，带领全县农民致富，并在发展林下经济、乡村旅游，推进激励性产业扶贫等方面取得了显著成效。林改为武平带来了翻天覆地的变化，纳入最低生活保障的农村居民人数和贫困人口逐年下降，并在2019年6月武平县实现贫困人口全部脱贫。

集体林改增加了就业岗位，为农村剩余劳动力提供了多样化的就业途径。武平县通过开展"春风行动"等公共就业服务专项活动，促进6100多名贫困人口实现就业。此外，实施新型经营主体带动，建立农企利益联结机制，共引导26家龙头企业、67家专业合作社和124家家庭农场，帮扶带动4978户贫困户脱贫，户均年增收3500元以上。2020年林业加工企业吸纳就业人数达17108人，林业龙头企业吸纳就业人数5768人，全县花卉苗木种植从业人员1.85万人。

集体林改增加了林农收入，缩小了城乡收入差距。自2001年实施林权制度改革政策以来，林农收入有了大幅度的增长，主要在于一方面通过林业税费改革，降低木竹税费，确保了林农的收益权；另一方面改革推动了林业产业迅猛发展，林地林木大幅升值，成了林农增收的重要来源。从林改出发，武平人民生活全面改善，收入不断提高。2020年城镇居民人均可支配收入37837元，是2001年的5.8倍，年平均增长9.7%；农村居民人均可支配收入19244元，是2001年的6.7倍，年均增长10.6%。以捷文村为例，这些年来，捷文村发生着巨大的变化，林木蓄积量从2001年的10.3万立方米增长到19.3万立方米，林下经济方兴未艾，绿色经济活力无穷，青山添绿的同时实现了林农增收，农民人均纯收入从2001年的1600元增长至2021年的28860元，增长了17倍。

3. 社会效益

集体林改减少了林权冲突，密切了干群关系。

（1）有效减少林权冲突，农村社会保持稳定

国家干部和地方干部能否及时、正确处理山林纠纷是关系集体林权制

度改革成功与否的重要环节，这一指标衡量了集体林权制度改革对社会稳定影响程度以及维护社会稳定的能力水平。林改前，由于集体林地权属不明确，区域林地纠纷案件时有发生，严重影响了地方社会和谐发展。林改后，农民成为山林真正的主人，集体林权明确，产权纠纷显著减少，武平县认真做好涉林纠纷排查调处和民情收集处理工作，全县涉林纠纷、涉林信访案件逐年下降。林改后，累计林权纠纷21起0.61万亩，调处21起（2017年以前12起，2017年9起）；林地承包经营纠纷24起0.54万亩，调处24起（2017年6起，2018年6起，2019年2起，2020年3起，2021年4起，见图3－12）。调查数据显示，全县安全感满意度指数稳步提升，2020年全县群众安全感满意度高达99.58%，居全省第一；群众满意率98.54%，居全市第一。

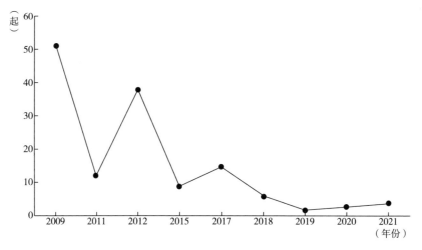

图3－12 武平县涉林纠纷调处数量变化情况

（2）激发了护林积极性，防火成效明显

森林火灾是森林最具有毁灭性的危害因素。集体林改后，武平在防控森林火灾进而进行森林资源保护方面采取了积极的举措。武平县建立森林防火工作新机制，落实行政领导负责制、森林防火责任追究制度，强化森林防火目标责任制，建立多层次、多渠道、多主体的防火投入新机制，全面推进森林防火、生物防火林带建设、森林消防队建设等各项工作，森林综合保险实现天然商品林和生态公益林、人工林全覆盖。

2018 年出台《武平县生态公益林、天然商品林管护监管方案》，建立森林辅警和护林员日常监管、年度考核、县级督察等制度，进一步加强了全县生态公益林和天然商品林的保护和管理，全县新配备森林辅警 33 名、护林员 458 名，完成对所有护林员的第一轮培训，构筑起全县森林资源管护的立体防线。2018 年共查处各类破坏森林资源行政案件 329 起，结案 329 起，立刑事案件 84 起，移送 60 起 83 人。2019 年共查处各类破坏森林资源行政案件 203 起，刑事案件立案 64 起，没收非法所得 7.24 万元，罚款 203.93 万元，没收木材 175.30 立方米。2021 年从严从重打击破坏森林资源违法犯罪行为，全面推进森林防火、林业有害生物防治等工作，森林综合保险实现全覆盖，全年组织护林员巡查 11241 人次，排查火灾隐患 151 处，查处违章用火 37 起。

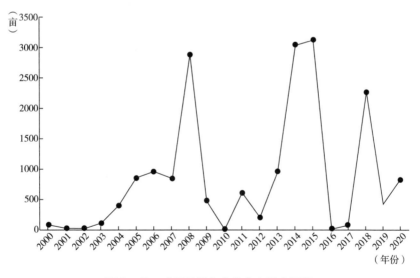

图 3 - 13　武平县历年森林火灾受害面积

4. 小结：武平县集体林权制度改革的综合效益

武平林改的效益主要体现在经济、社会和生态价值等多个维度。从经济价值来看，武平经济总量不断壮大，2012 年突破 100 亿元、2018 年突破 200 亿元，2021 年地区生产总值 286.75 亿元，经济总量是林改前的 15.1 倍，年均增长 10.4%。其中，2021 年全年林业总产值 85.37 亿元，同比增长 7.8%；全县累计接待游客 280 万人次，旅游收入 29 亿元；新增森林人家 20 家，总数 100 家，占全省的 11%，继续保持全省第一。推进武夷山国家森林步道建设和配套设施完善，获评"省级森林康养小镇"。2021 年森林景观旅游（含森林旅游、森林人家）接待游客 295.6 万人次，实现森林旅游总收入 12.75 亿元。以林业产业为依托，武平产业结构不断优化。第二产业、第三产业比重不断提升，形成了"以二促一带三"的良好发展格局，三次产业结构从 2001 年的 40.7：25.9：33.4 调整为 2021 年的 13.8：40.7：45.5。受益于经济总量的提高和产业的蓬勃发展，武平县的财政实力也不断增强，2021 年财政总收入达 15.58 亿元，是 2001 年的 14.8 倍。

从社会价值来看，武平林改 20 年始终贯彻"以人民为中心"的改革理念，坚持改革为了人民、改革依靠人民、改革服务人民的发展理念，由于山权、林权变得清晰，林权冲突与纠纷显著减少，干群关系更加密切，维持了山区、林区社会的稳定，巩固了党在农村的执政基础。与此同时，武平的城乡居民收入水平均显著提升，城乡收入差距持续缩小。2021 年城镇居民人均可支配收入 41255 元，是 2001 年的 6.3 倍；农村居民人均可支配收入 21674 元，是 2001 年的 7.6 倍。纳入最低生活保障的农村居民人数和贫困人口逐年下降。2019 年 6 月武平县实现贫困人口全部脱贫。以捷文村为例，林改前后发生了巨大变化，林木蓄积量从 2001 年的 10.3 万立方米增长到 19.3 万立方米，林下经济方兴未艾，绿色经济活力无穷，青山添绿的同时实现了林农增收，农民人均纯收入增长了近 17 倍。林改后，农民成为山林真正的主人，集体林权明确，产权纠纷显著减少，激发了护林积极性，防火成效明显。武平县认真做好涉林纠纷排查调处和民情收集处理工作，全县涉林纠纷、涉林信访案件逐年下降。由于山权、林权变得清晰，林权冲突与纠纷显著减少，干群关系更加密切，维持了山区、林区社会的稳定，巩固了党在农村的执政基础。调查数据显示：全县安全感满意度指数稳步提升，2020年全县群众安全感满意度高达 99.58%，居全省第一；群众满意率 98.54%，居全市第一。

从生态价值来看，通过践行绿色发展理念，武平林改实现了生态的高颜值，空气质量持续改善，森林供氧价值持续增加。2002～2017 年，武平共完成植树造林 71.5 万亩，超过林改前 25 年造林面积的总和，森林覆盖率达 77.88%，林木蓄积量 2061 万立方米，全县空气质量优良天数比例达 99.7%，环境空气综合指数为 2.27，负氧离子含量 3000～4500 个/厘米^3，成为 2017 年全国第 19 个、福建省首个"中国天然氧吧"。武平县经过 20 年的林权改革，森林蓄积量的大幅提升，其所带来的碳汇效益递增明显，为实现碳中和的长远目标提供了有力的支撑。在林改的过程中，武平县对于废水废气的排放也在逐渐减少，其所带来的生态效益十分明显，生态环境压力逐步减弱，同时，由于森林净化空气、涵养水源的生态功能的发挥，空气中供养价值持续提高，以此为依托发展的森林旅游业蓬勃发展，森林生态效益的间接价值在武平林改过程中得以生动实践。此外，林改催生了好生态，由于保护了良好的生态环境，武平的生物多样性得到了有效的保护，其价值更是不可估量。武平县拥有面积 14365 公顷的梁野山国家级自然保护区，面积 1529.3 公顷的中山河国家湿地公园以及 840.53 公顷南坊国有林场 3 个省级以上保护地、12 个县级自然保护小区。目前全县自然保护区（含保护小区 2400 公顷）面积 18907 公顷，比考核目标任务 18835 公顷多 72 公顷。湿地保有量 2903.78 公顷，比考核目标值 2860 公顷多 43.78 公顷。全县国家重点保护野生动植物都得到保护，保护率为 100%。武平生态环境质量因森林覆盖率高、生物多样性好、生态系统稳定而居全省第二位。

四　集体林权制度改革的武平经验

武平县林改 20 年来的成功实践，是践行习近平生态文明思想的生动实践，形成值得复制和推广的宝贵经验和创新模式。民有所呼、我有所为的勇于担当、孜孜探求，丰富了我国改革开放的基层经验和方法体系。知之愈明，则行之愈笃。武平经验总结起来：一是改革的顶层设计与地方探索互动；二是林业改革纵深与综合改革的互联；三是动员性改革与主动性改革的互促；四是问题导向改革与目标牵引改革互补。改革开放已经进入深水区的今天，如果各领域改革不配套，各方面改革措施相互牵扯，甚至相互抵触，全面深化改革就很难推进下去，即使勉强推进，效果也会打折扣。武平样板恰恰整体上系统性地形成了改革合力，使各项改革措施在政策取向上相互配合、在实施过程中相互促进、在改革成效上相得益彰，深度发生化学反应、产生同频共振效果。产生改革、发展、稳定的强化效应。人不负青山，青山定不负人。美丽武平正承载历史，开创新未来。

（一）始终坚持党的领导

从国内外发展的历史与现实、理论与实践看，进入后工业化时期，后进地区赶超发展摆脱路径依赖、发挥后发优势，必须顺应时代潮流持续不断的改革开放与创新，以相对比较优势参与区域分工并实现比较优势的交换，才有可能实现后来居上、生机勃发。可以说武平模式便是这种崛起的样板。

1. 坚定改革目标方向

人民是改革的出发点、落脚点和依靠力量。武平林改20年，一路走来始终以人民为中心，以人民对美好生活的向往作为奋斗目标。以人民为中心的发展思想体现在武平林改和经济社会发展改革的全过程、各方面。切实做到老百姓关心什么、期盼什么，改革就抓住什么、推进什么，体现在抓林改、抓增收、补民生短板、社会治安、精神文化生活等方面。通过改革给人民群众带来更多获得感、幸福感和安全感。不断提高领导、谋划、推动、落实改革的能力和水平，切实做到人民有所呼、改革有所应。

2. 为了人民，依靠人民

任何一项制度的建立都必须有一定的社会基础。林改通过产权制度改革保障林农的经济权利；通过基层治理的社会改革保障林农的社会权利。在此基础上，通过基层民主、保障政治权利，引导最广泛的政治建设、经济建设、社会建设、文化建设和生态文明建设。虽然发展的不同阶段性不同类型的变革过程存在一定的次序，但是，它们并非就有绝对的先后之分，而是一个相互杂糅或者相互融合的过程。改革开放在认识和实践上的每一次突破和发展，无不来自人民群众的实践和智慧。改革要依靠人民群众的支持和参与。改革为了人民，改革也要依靠人民。

武平集体林地、林木产权改革工作领导小组一直由武平县委书记担任，各乡镇、林业部门相应成立领导与办事机构，形成一级抓一级的工作责任网。武平从实际出发制定了《武平县村级林权改革考核办法》，而捷文村经村民代表大会通过了《村深化林地、林木产权改革实施方案》。工作队队员和农户一起深入林区，做到每一块山、每一片林心中有数。针对"三定"时期的历史遗留问题，以及"自留山"政策，以国家法律法规和政策为依据，公开地指导辖区内开展明晰产权与林权换发证工作，充满尊重群众的承包意愿，对群众满意的林地历史划分，给予维护和支持。各级林业部门充分结合武平林权改革实际工作，对档案资料进行了科学管理，做到妥善保管、存档有序，查找方便，并相应启动了"自留山""林权证骑缝章""林权证注销专用章"等一系列印章，保障工作留痕，有迹可循。武平县委、县政府始终把让老百姓真正受益作为改革的目标。把人民群众的根本利益作为改革的出发点和落脚点。利用各类宣传手段，消除民众误解，调动群众积极性。由村民大会讨论制定有关利益、租用费用分配等方案，最终决定将资金主要用于分工、偿还债务、投资和森林管护。所有的决定经村民代表签字确认并公示。武平县正确处理好了国家、集体、林农三者的利益，充分发挥政府主导作用，依靠群众民主决策的关系，尊重承包经营者的选择，引导发展适度规模经营。

3. 人人参与，利益共享

考察武平集体林权均山到户的制度创新过程发现，农民的山林权的理性表达和运用效果，可以为后续林改提供来自主体动机的视角，避免自上而下政策设计的信息不对称而造成的扭曲、误读。总的来说，林改前的集体林制度安排多是国家主导的制度变迁，频繁的政策变动没有给农民以稳定的产权预期，缺乏农民的真正支持配合，也欠缺对林业发展内生需求的考虑。正如斯科特所言，"我们永远不能假设地方实践与国家理论是一致的"。历史反复证明，林地制度安排离不开农民的支持，只有尊重农民的意愿，找到国家利益与农民利益的均衡点，这样的制度设计和安排才能获得成功。

武平坚持以人民为中心的绿色发展之路，也是自上而下的改革与自下而上的改革并重推进之路。让老百姓真正受益，感受到实实在在的改革成效，就能取信于民并凝聚民心，引导广大干部群众共同为改革想招、一起为改革发力。林权改革以来，建立完善以农村村民委员会、城市居民委员会和企业职工代表大会为主要内容的基层民主体系，地方政府创新和基层政治管理创新探索，加强对权力的制约与平衡，推进政治廉洁，提升了政府公信力；调整政府与社会的关系，促进社会组织的健康发展，增强了社会动员力；促进公民文化的形成与发展，培育了公民的参与能力。提高公民的权利与义务意识、自主与平等意识，培养公民的民主意识与民主作风，从而形成促进武平改革开放创新发展的同心圆、聚合力。一切为了人民是全面深化改革的出发点和落脚点。突破一些过去认为不可能突破的关口，也解决了一些多年来想解决但一直没有很好解决的问题，向人民交出了一份沉甸甸的民生成绩单：一切为了人民，是中国共产党的立党"初心"。武平改革之路任重而道远，但改革的"人民"本质决定了它具有光明的前景。

（二）坚定推进改革创新

咬定青山不放松。武平从林改起航，推进林业综合开发、产业多线性发展，在促进城乡区域协调发展，促进经济社会协调发展，促进新型工业化、信息化、城镇化、农业现代化同步发展中，执着于综合创新，推进机制变革。

1."四有"改革，率先破题

武平林改在稳定"谁造谁有""责任山"等制度的前提下，在林地所有权不变，仍归国家、集体所有的背景下，商品林实行所有权和使用权分离，林木的所有权与经营权落实到户，根据不同的经营方式，农户可租赁林地，时长期限也各有差异，以便最大限度地调动农户的积极性。对村委会统一经营的用材林、经济林、薪炭林及宜林荒地荒山进行改革，维护林权所有者合法权益，实现"山有其主、主有其权、权有其责、责有其利"的目标。

2.三大机制，持续发力

一是创新经营机制。武平率先提出"山要平均分、山要群众自己分"的林改方案；明确所有权、放活经营权、落实处置权、保障收益权，允许林农在不改变林地用途的前提下，依法对其所拥有的林地承包经营权和林木所有权以转包、出租、转让、抵押以及股份合作等形式进行处理。二是创新服务机制。武平县重点关注林业科技服务，实施人才培养工程，突出林业科技服务队伍的理论素养和技术优势，通过林业科技服务云平台，不断提升科技在林业产业发展过程中的影响力，解决了生态建设和林业产业发展过程中的许多问题。除此之外，武平县在林权纠纷调解和执法、林业管理模式等方面，因地制宜、与时俱进，不断创新探索现代林业发展之路。三是创新监督机制。为确保集体林权制度改革的质量，运用听取汇报、政策法规执行检查、林权登记发证质量检查、村民访谈等方式以及改革面积完成率、林权申请登记指标、林权发（换）证指标，林权证发（换）工作质量指标，林权改革质量等指标作为村集体林权制度改革检查验收的重要衡量工具，保障改革工作落实到位。

3.敢为人先，接力奋斗

在深化林改过程中，我国各地涌现出很多创新探索的典型。地方实践是完善国家顶层设计的一个重要基础。因为只有地方探索实践后，政策才有生命力，这是我国制定政策的重要依据。我国第三轮林改启动以来，各个地方做了大量的探索，2015年国务院林改领导小组在全国确定包括福建在内的四个省份作为综合试点，① 这些试点提供了很多经验。通过对这些经验的总结、提炼和深化，进行推广之后，一方面减少走弯路、减少改革成本；另一方面，有利于林改的稳步和快速推进，更好地造福人民群众。习近平新时代中国特色社会主义思想是当代马克思主义，是新时代中国特色社会主义现代化建设的重要指导思想和根本遵循。武平立足新发展阶段、贯彻新发展理念、构建新发展格局，进一步激发改革创新精神，牢牢把握创新驱动力这一关键，深化改革增活力，内生驱动聚合力，区域竞争提效力，践行生态文明思想，筑牢绿色发展战略定力。

近年来，武平县认真贯彻落实习近平生态文明思想，主动融入碳达峰、碳中和国家战略和福建省绿色金融改革试验区建设，积极探索生态产品价值实现路径，在全国率先推出"普惠金融·惠林卡"、开设福建省首个林业金融区块链融资综合服务平台等系列创新举措，为福建省、全国林业改革工作做了大量的探索，起到了重要作用。

（三）持续建设生态文明

武平县践行绿色发展理念，坚定不移深入实施"融入两区、生态立县、产业兴城、旅游富民"县域发展战略，从林改出发，做优生态立县文章，走出了一条生态环境高颜值、经济发展高素质、乡村振兴高水平的高质量绿色发展之路。从"全国林改策源地"到"全国林下经济示范基地"，武平获得"全国文明城市""国家生态文明建设示范县""首批国家全域旅游示范区"等一系列荣誉。如今的武平，绿色发展理念已深入血脉，"两山"实践成果喜人。武平林改改出来好生态，绿色底蕴奠定了全面振兴之基、新兴之能和人民的美好幸福生活。

1. 整体设计，规划先行

武平着力推动区域生态发展新格局，加快谋划乡村振兴新篇章，从城乡经济一体化发展空间布局考虑，落实实施县域经济"一心一环两廊"战略

---

① 国家深化林业综合改革四个试点省份为江苏省、安徽省、福建省和青海省。

布局。武平把绿色发展理念贯穿产业发展和城乡建设始终，2018 年聚力开展"项目服务年"活动。实施"精准应对"经济新常态理念，全力落实"四个一批"重点工业企业规模与效益倍增计划，实施好 100 个年度计划投资 80 亿元以上的重点项目。仅 2018 年上半年就建成生态型建材企业、重点循环经济企业 20 多家，[①] 并以龙头企业示范带动，持续推进工业提质增效，加快培育生态产业集群。坚定不移走生态立县、绿色崛起科学发展之路，激活绿色新动能。促进传统产业转型发展，是近年来武平县大力实施绿色生态发展战略的一个侧影。注重资源循环利用，建成利用煤矸石生产空心砖等新型建材企业数十家，以及以动物粪便为原材料制造有机肥等重点循环经济企业 20 多家；通过福建塔牌、紫金矿业等龙头企业示范带动，持续推进工业提质增效，加快培育产业集群。同时大力整治生猪养殖业、固体废弃物、城乡垃圾污染，加强环保基层基础建设；围绕创建全国县级文明城市和全国园林县城，着力推进宜居宜业宜游城市建设；在坚持有效保护的前提下，有序推进环梁野山城乡一体发展试验区、中山河国家湿地公园等建设，使绿色武平日益发展为"机制活、产业优、百姓富、生态美"的新武平。

2. 三维融合，并联推进

围绕高质量加速度发展要求，武平坚定不移走"生态立县·绿色崛起"科学发展之路，将绿色发展理念融入经济社会建设各领域，激活强大发展新动能，并联推进"三维"融合（"产城融合、城乡融合、三生融合"）。生态优势转化为经济优势是我国当前重大的理论与实践课题。深化认识，立足社会经济自然复合生态系统，打造自然、文化与区位等多元融合生态优势。优先发展和依托生态经济公共服务平台，将生态优势持续转化为本地与周边地区的经济优势，提高产业竞争力和宜居环境吸引力等。加快推进重点区域流域生态经济区的规划建设，加速绿色崛起，将武平县作为贯彻"两个加快"战略的生态经济改革发展综合试点，探索总结推广武平模式，打造闽

---

① 胡熠主编《武平全国林改第一县乡村振兴之路》，社会科学文献出版社，2018。

西山区生态经济建设的重要火车头。

3. 厚植绿色，擦亮名片

中山河国家湿地公园千鹭湖湿地，绿树掩映下，白鹭蹁跹，游客徜徉其中，呈现一派人与自然和谐相融的美丽景象。这里是鸟类的天堂，也是武平着力打造的一张"国字号"绿色生态名片，2018 年 7 月开园后已吸引游客76.7 万人次。为不断厚植绿色发展优势，武平县持续深化林改，坚守生态红线，综合施策，统筹实施山水林田湖草整治，开展"清新水域""洁净蓝天""清洁土壤""绿满青山"四大保卫战，守护好天蓝、水绿、地净、气新的生态家园。多元治理，共治共享。为持续打好生态环境保护攻坚战，武平加大自然生态修复和环境保护力度，通过"拆、转、治、清、管"，推进水流域环境综合整治。2017 年以来，全县累计关闭拆除禁养区或排放不达标猪舍 146 万平方米，完成水土流失综合治理 223.92 平方千米；安排落实生态补偿资金 1993.2 万元，新增城区污水管网 12.5 千米、完成县域生活污水处理厂二期及提标改造项目、水土流失综合治理面积超 3 万亩。14 条省控小流域断面水质均达到或优于 Ⅲ 类水质标准，县域集中式生活饮用水源地水质优良比例 100%。共投入约 1.4 亿元开展象洞溪流域水环境综合整治和处明溪、岩前溪流域水环境综合整治，生猪养殖业污染十年顽疾一朝扫除。同时，规划建设生态功能小区，构建县域中心城市、特色小镇和美丽乡村三级城镇体系，把森林搬到城市，将城市延伸到乡村，打造宜居宜业宜旅的生态家园。2017 年 9 月，武平获评福建省首个"中国天然氧吧"，城区空气质量优良天数比例达到 100%，持续在全省、全市保持前列。① 串点成链育出"十五朵金花"。驱车城厢镇"四季田园·农旅小镇"，沿着一条全长 4000多米的景观道路开启生态之旅，碧水潺潺、鲜花斗艳、农田披绿……梁野山下的美丽画卷在眼前徐徐展开。武平坚持以绿色生态为底色，把大力发展森林旅游作为变绿水青山为金山银山的生动实践。

---

① 《福建武平：林改第一县绿色再出发》，《中国县域经济报》2021 年 7 月 22 日。

（四）坚持人与自然和谐共生

马克思的自然生产力的思想和理论认为客观的自然界有一种自然力量对人类的生存和发展发生着直接或间接的影响。这些自然力量的总和就是自然生产力。马克思的自然生产力理论对新时代中国特色社会主义生态文明建设具有重要理论启示和现代实践价值。人与自然和谐共生是人类可持续发展的目标追求。工业的发展已经造成了生产力与自然力之间的对立，自然力与生产力的协调被打破而引发了生态危机，无时无刻不在影响着人类未来的生存情况，决定着世界未来的走向，因此自然力的重要性，就要求我们正确看待生态文明，认识生态文明建设在中国特色社会主义建设事业中的重要作用，坚持生态优先、绿色发展，保护自然生产力、创造生态财富，建设人与自然和谐共生的现代化。

1. 目标引领，高质量发展

拥有丰富的林业资源的武平，是全国南方重点林区县之一，过去许多林业经营者直接到武平采购林木。但因缺乏第二、第三产业的支撑，武平林业长期处于林业产业金字塔的"底部"。武平林改 20 年，盘活了万重山，闯出了致富路，甩掉了贫困帽。《武平经济社会统计公报》表明，全县 GDP 由 2001 年的 18.07 亿元到 2020 年的 273.38 亿元。人均 GDP 由 2001 年的 5476 元增加到 2020 年的 98337 元。武平积极探索林业产业链整体发展提升。武平县捷文村作为"全国林改策源地"，农村居民人均可支配收入由林改前的 1600 多元增加到 2020 年的 25008 元，其中林业收入占 42.1%。这充分印证了习近平总书记的"森林是水库、钱库、粮库"的前瞻认识和战略谋划。近几年来，随着挡风岭万亩合作经营基地、梁野仙蜜养蜂合作社、云礁森林人家等森林衍生产业的建成与发展，武平不断丰富林业产业框架内容，探索出一条林业产业化、产业生态化的高质量发展新路。同时，为我国落后山区县域赶超发展打造了"武平样板"。

2. 生态文明，千年大计

建设生态文明是关系人民福祉、关乎民族未来的千年大计，是实现中华民族伟大复兴的重要战略任务。林业是生态文明的主体，林业发展水平决定了生态文明建设的成效。武平"林改"带来巨大生态效应，森林资源增长显著。林改以来，武平县造林面积 84 万亩，年均造林面积翻番，森林覆盖率达 79.7%，造林主体已经由过往的林业部门转变为 90% 以上是林农和各类新型经营主体造林，"来武平·我'氧'你"已经成为武平绿色旅行的一张名片，武平的"林改"经验，已经使其成为我国生态文明建设的排头兵，对于新时代不断加强生态文明建设至关重要。2018 年 1 月 15 日，习近平总书记对捷文村群众来信作出重要指示："得知通过集体林权制度改革，村里的林子变密了，乡亲们的腰包变鼓了，贫困户们也都脱贫了，感到很高兴。希望大家继续埋头苦干，保护好绿水青山，发展好林下经济、乡村旅游，把村庄建设得更加美丽，让日子越过越红火。"① 从产权不清到明确"四权"，从林业产业到林下经济，从百姓富到生态美，从产权改革到配套改革，从林农增收到兴林扶贫，武平始终如一、久久为功地推进这五大转变，使今天的武平产业更加兴旺、生态更加宜居、治理更加有效、乡风更加文明、生活更加富裕，走上人与自然和谐共生的现代化新征程。

3. 人与自然和谐共生

武平"林改"始终坚持党的领导，确立"真正使百姓受益"的改革导向，逐步深化集体林权制度改革。人与自然和谐共生，首先需要实现人的生存价值，必须确保百姓最根本的经济利益和发展。在调动林农生产积极性、保证生态效应实现的同时，深化集体林权制度改革，切实解决林业回报周期过长、生产成本过高等问题，保障农民的根本收益。在过去，守着绿水青山却难以发家致富，捷文村一度还是全镇唯一的贫困村。如今，捷文村是"全国林改策源地"，生态环境良好，森林资源丰富，先后被评为国家森林乡村、全国乡村旅游重点村、全国民主法治示范村，入选全国森林旅游扶贫典型案例。捷文村始终坚持党建引领，充分发挥基层党组织的战斗堡垒作用。成立以党员为主体的村民理事会和信访评理员队伍等，

---

① 武平县人民政府官网，http://www.wp.gov.cn/zjwp/wpgk/jzyg/。

激发广大村民参与乡村振兴和乡村治理的积极性。积极探索"党支部＋公司＋合作社＋基地＋农户"模式，先后打造紫灵芝、富贵籽、百香果等林下特色种养基地 6 个，成立专业合作社 4 家、村级公司 1 家。近年来，捷文村大力推动林下经济发展，全村种植有机灵芝近 3000 亩，被评为省级"一村一品"（灵芝）示范村，让林改的绿色品牌真正变成"金"字招牌。推动捷文村产业经济发展和农民收入增加，实现稳定脱贫致富，为实现全面乡村振兴打下了良好的基础。目前，正在加快推进全国林下经济示范基地科教馆、紫灵芝全产业链、林下养蜂带动贫困户脱贫示范基地、森林魔法研学基地和森林特色景观带等"五个一"项目建设。在做好林下经济的同时，发展乡村旅游，把捷文村打造成宜居、宜业、宜旅的美丽乡村。

"两山"理念是区域经济进入高质量发展轨道的重要推力，体现高质量发展的深刻理论内涵，绿色即发展、发展必绿色。从绿色发展评价看可以发现，武平经济发展之路具有以下两大特征：一是绿色基础厚实但发展并不平衡，经济全球化和全方位开放背景中，武平的绿色转化存在一定程度的短板和制约；二是经济发展与生态环境存在低开发度的不协调现象，绿色与经济要协调，两者单一的方面都难以持续。武平深化林权制度改革面临新要求、新挑战和新机遇。林业生态保护与实现林业经济效益的矛盾仍需进一步化解；深化林业经营体制改革、推进林业规模经营仍需突破政策性约束；林权流转改革的力度必须进一步加大；林业投融资渠道还需要更加宽畅。武平先后被评为全国集体林权制度改革先进典型县、全国绿化模范县、国家集体林业综合改革试验示范区。武平"林改"的一次次大胆尝试与突破对新时代进一步深化集体林权制度改革具有深远影响。进入"十四五"时期，武平"林改"再出发，综合改革闯新路。在县域高质量发展的目标引领下，武平再次踏上改革新征程。人不负青山，青山定不负人。让深入践行习近平生态文明思想的武平实践结出美丽之花、财富硕果，奋力谱写人与自然和谐共生现代化的武平新篇章。

案例

乡村振兴·美丽捷文

绿水青山就是金山银山。在"全国林改策源地"捷文村，敢为人先的干部群众再次大胆探路绿色发展。生态环境良好、森林资源丰富是捷文村的主要优势，如何在更好地保护森林资源的同时更好地发展，实施乡村振兴、建设美丽捷文成了捷文村村两委的新目标新方向。

规划先行，乡村兴旺。规划是城镇的"魂"，是发展的"纲"，是建设的蓝图和管理的依据。通过"一景、两带、三基地"的规划布局，捷文村经过三年努力打造成省级乡村旅游特色村，远近闻名的改革村、小康村、富裕村，全国有名、全省全市有位的乡村振兴示范村。

目前，武平林下经济示范基地科教馆（我有青山主题馆）项目、紫灵芝种加销产业链、森林特色景观带、森林研学营地、黄金果育种基地均已建成。一条从县城通往捷文村的崭新宽阔的公路，宛如一根纽带连通了村民和幸福的未来。

林下经济，引出致富路。捷文村共有 164 户人家，人均拥有森林面积 46.2 亩。"我们继续践行好'绿水青山就是金山银山'理念，管护好、经营好绿色山林，发展好林下经济，积极做好'林'文章。"捷文村党支部书记李财林说。近年来，立足林改实践，捷文村以"敢为人先、接力奋斗"的林改首创精神为引领，持续探索推进林业配套改革，创造性地实现了在全国率先开展林权抵押贷款、探索重点生态区位商品林赎买和探索兴林扶贫和普惠金融·惠林卡金融新产品，有效破解林业发展深层次矛盾，将荒山育成绿山，让农民捧上金山，让发展有了靠山。深受"穷山沟"艰辛磨难的捷文村村民切身认识到，"靠山吃山，并不一定要走'造林－砍伐'老路"。捷文村两委大胆闯试，盯准林下经济，带领村民成立合作社，探索"党支部＋合作社＋基地＋农户"的模式，把"一菌、两花、三药、四色"产业作为捷文村的林下特色产业，实现生态效益和经济效益双赢，先后打造紫灵芝、富贵籽等林下特色种养基地 6 个，成立专业合作社 4 家、村级公司 1 家。除种植紫灵芝外，还发展阔叶树育苗、养蜂、种花、栽种中草药……

纸短情长，嘱托殷切。2018 年 1 月，习近平总书记对武平县万安镇捷文村群众来信作出重要指示："希望大家继续埋头苦干，保护好绿水青山，发展好林下经济、乡村旅游，把村庄建设得更加美丽，让日子越过越红火。"① 殷切的嘱托，加快了捷文村乡村振兴的步伐；亲切的关怀，化为乡亲们建设美好家园的不竭动力。如今，作为"全国林改策源地"的这个美丽村庄的村民在奔向全面小康路上收获了满满幸福。截至 2020 年，捷文村森林覆盖率由 2001 年的 78% 增长至 84.2%；林木蓄积量由 2001 年的 10.3 万立方米增长至 19.3 万立方米；捷文水库周边开展重点生态区位商品林赎买超过 1 万亩；村财政收入由不足 1 万元增加至 45 万元，增加了 44 倍；村民人均可支配收入由 2001 年的 1600 元增加到 2020 年的 25008 元，增长了近 15 倍。

乡村旅游，全村奔小康。捷文村被确定为武平县乡村振兴县级示范点。为早日把蓝图变成现实，村两委已发动全体村民投身乡村振兴行动。林药、林菌、林禽，还有林花、林蜂、林畜，如今，捷文村已形成多样化、规模化林下种养格局。2020 年，捷文村人均可支配收入超 2 万元，其中发展林下经济收入就约占一半。然而，捷文人并不满足于此，特别是习近平总书记对捷文村群众来信作出重要指示后，他们更是把"具有林业特色的乡村生态旅游名村"作为新目标。走过举办了"元初客家欢"乡村春晚的森林特色小镇文化广场，走在全国第一条对外开放的国家森林步道，一股森林旅游之风扑面而来。"森林旅游节、徒步大赛、摄影大赛、攀岩户外拓展……"捷文村党支部书记李财林对在村里开展过的各类活动如数家珍，"做旅游就是做人气，从官方带团向民间组团转变，是我们要努力的一个方向"。武夷山森林步道是国家五条森林步道之一，其中梁野山捷文段是武夷山森林步道最南端起步点，梁野山捷文段位于"全国林改策源地"——捷文村。为贯彻落实习近平总书记对捷文村群众来信重要指示精神，保护好绿水青山，发展好林下经济、乡村旅游，武平县重点打造首条以森林自然景观、红色战斗旧

---

① 武平县人民政府官网，http://www.wp.gov.cn/zjwp/wpgk/jzyg/。

在村里醒目位置印刻的习近平总书记对捷文村群众来信作出的重要指示

捷文村村口

址、旧官场古道等相结合的森林步道。该步道全长 22 千米，共形成了五个环线，于 2020 年上半年建设完成并对外开放。为进一步完善该段步道基础设施、提升步道景观、便利游客休闲游玩，武平县林业局启动实施了国家森林步道梁野山捷文段景观设施提升工程，通过种植美化彩化树种，竖立线路位置导览牌，设立生态休息亭、观景亭、休息凳子等，着力推动打造国家森林步道梁野山捷文段景区，为助力捷文村建设成为全国有名、全省全市有位的乡村旅游示范村创造条件，让广大村民和游客在"悠生活、森呼吸"中

广场里的武平林改历程"树墙"

全国第一条对外开放的国家森林步道

享受林改和生态文明建设成果。徒步武夷山国家森林步道武平梁野山捷文段，一路穿越翠竹林、甜槠林、鸟语林等特色森林，脚踩柔软的土路，处处感受到大地母亲的温柔。这条步道两旁布满茂林修竹，当地村民介绍，集体林权制度改革的 20 年来，捷文村没有发生一起乱砍滥伐案件，也没有发生过一起森林火灾，群众安居乐业，林区秩序井然，干群关系和谐。当前，他们正朝着"习近平生态文明思想的宣教阵地，美丽乡村、林下经济、森林旅游的示范基地"阔步前进。

|第|四|章|

集体林权制度改革从福建走向全国

2008 年，在总结福建、江西等省集体林区林权改革经验的基础上，我国出台了《中共中央 国务院关于全面推进集体林权制度改革的意见》，标志着集体林权制度改革已由地方性试点上升为国家层面的政策。该文件指出要用 5 年左右的时间，基本完成明晰产权、承包到户的改革任务，在此基础上通过深化改革、完善政策、健全服务、规范管理，形成我国集体林业的良性发展机制，实现资源增长、农民增收、生态良好、林区和谐的改革目标。2016 年，国务院办公厅出台《关于完善集体林权制度的意见》，对我国集体林业的改革发展进行了再部署。实践证明，集体林权制度改革是一场尊重民意、顺意民心的改革，其改革成效得到了广大群众的充分肯定。进入新发展阶段，如何积极稳妥推进集体林权制度创新，探索完善生态产品价值实现机制，力争实现新的突破，各地区在实践中持续探索，取得了一些新的突破和经验。

一 集体林权制度改革在福建接续探索和实践

早在福建宁德工作时，习近平同志就深刻认识到林业改革的重要性，深刻认识到利益关系在林业改革中的核心地位。1989 年 4 月，宁德地区行署制定出台《关于发展我区林业生产若干问题的意见》，特别规定"凡权属无争议的集体荒山、荒地由集体统一组织开发，也允许各种形式的联合体承包

119

开发经营，山权不变，承包者享有经营使用权；各种形式的承包造林，林权谁造谁有，合造共有，从种到收，产权不变"。为稳定现有林权，"祖宗山"林权不变，坚持"谁造谁有"的原则，由村委会与林主签订补充协议，安定民心。由此可见，习近平同志对林业产权稳定高度重视，十分强调产权稳定对完善林业责任制的重要性，指出"要坚持'谁造、谁有、谁受益'这一机制长期不变，要坚持可以转让的原则。在山权不变的前提下，允许和鼓励跨地区联合开发"。

福建集体林权制度改革从酝酿策划到试点再到全面推广，都是习近平同志倾心倾力，亲自抓起、亲自推动的。习近平同志提出的集体林权制度改革重点关注和考虑的是"山要怎么分""树要怎么砍""钱从哪里来""单家独户怎么办"这四个关键问题，体现了集体林权制度改革顶层设计的理念，把握了集体林权制度改革的方向，为集体林权制度改革在福建取得成功、在全国平稳开展提供了根本遵循和实践指南①。2003 年福建省人民政府颁布了《福建省人民政府关于推进集体林权制度改革的意见》，开展了以"明晰所有权、放活经营权、落实处置权、确保收益权"为主要内容的集体林权制度改革，标志着福建集体林权制度改革由原来的局部试点转向全面推广的新阶段。

党的十八大以来，习近平总书记多次对集体林权制度改革工作作出重要指示、批示，要求积极稳妥推进集体林权制度创新，探索林业生态产品价值实现。2017 年 5 月，福建省贯彻中央关于福建林改的指示精神，以建设国家生态文明试验区为契机，深入总结经验，不断开拓创新，继续深化集体林权制度改革，更好实现生态美、百姓富的有机统一。福建省林业局提出福建林业要主动融入新福建建设、实施乡村振兴战略、全方位高质量发展超越"三个大局"，全力推进深化改革、绿化美化、资源保护、产业升级"四项行动"，打造林业生态高颜值、林业产业高素质、林区群众高收入的新时代

---

① 中共中央党校采访实录编辑室：《习近平在福建》（下），中共中央党校出版社，2021，第10 页。

"三高"林业的"343"林业发展新思路，把深化集体林权制度改革作为首要任务加以推进①。

2021年3月，习近平总书记在福建三明市沙县调研时再次强调，要坚持正确改革方向，尊重群众首创精神，积极稳妥推进集体林权制度创新，探索完善生态产品价值实现机制，力争实现新的突破。这就要求在新发展阶段，林业发展和集体林权制度改革要积极探索推广绿水青山转化为金山银山的路径，探索扎实推动共同富裕的新路。2021年6月，福建省委十届十二次全会审议通过了《关于学习贯彻习近平总书记来闽考察重要讲话精神，谱写全面建设社会主义现代化国家福建篇章的决定》，提出了积极稳妥推进集体林权制度创新的要求。为进一步深化集体林权制度改革，加快推进林业高质量发展，2021年10月福建省委全面深化改革委员会发布了《关于深化集体林权制度改革推进林业高质量发展的意见》。福建推进集体林权制度改革20年来，各级各有关部门始终沿着习近平总书记当年为福建集体林权制度改革指明的前进方向，不断探索创新、先行先试，健全完善集体林业发展体制机制，有效激发了广大林农造林、育林、护林的积极性，解放和发展了农村生产力，成就了绿水青山，丰盈了金山银山，富裕了万千林农。进入新发展阶段，福建省深入学习贯彻习近平生态文明思想，紧密结合率先推进碳达峰碳中和工作，发挥林改策源地优势，深化森林资源管理、林地规模经营、林业金融创新、林业产业融合发展、林业碳汇等重点改革，完善生态产品价值实现机制，不断促进林业生态高颜值、林业产业高素质、林区群众高收入，加快生态省建设、乡村全面振兴和实现共同富裕。福建省在重点生态区位商品林赎买改革、普惠林业金融、林票制、森林生态银行等方面的9项深化集体林权制度改革做法作为国家生态文明试验区建设的经验成果推广到全国，为全国集体林权制度改革探路子、出经验、作示范，成为全国集体林权制度改革的标杆。

---

① 朱建华：《唤醒青山——中国深化林改的"福建破冰"》，《福建日报》2021年4月22日。

（一）巩固集体林业基本经营制度

家庭承包经营是我国农村基本经营制度，也是党在农村工作的政治基石。像农地家庭承包经营制度一样，林地家庭承包经营有利于林地所有权与承包权的分离，是社会主义市场经济条件下林地集体所有制的有效经营方式。由福建开始的新一轮集体林业改革与过去多次进行的林业改革最大的不同就是触及了产权制度的改革创新。习近平同志指出："多少次的改革为什么成效不大，因为都只在管护责任制上兜圈子，没有触及产权，就不会触动林农的心。"① 在习近平同志的指导下，福建形成了"明晰所有权、放活经营权、落实处置权、保障收益权"的以产权改革为核心的集体林经营体制改革创新模式。2006 年，福建省集体林权制度改革已完成了以明晰产权为核心的主体改革任务，实现了"山定权、树定根、人定心"，建立"归属清晰、权责明确、保护严格、流转顺畅"的现代林业产权制度。

进入新发展阶段，福建持续推进稳定集体林地承包制度的体制机制创新。

1. 全面推进集体林地"三权分置"

在坚持林地集体所有权的前提下，通过家庭承包取得林地承包经营权的农户，可以保留承包权，将林地经营权对外流转，进一步放活林业经营。福建三明市以沙县为试点，制定林地经营权流转登记管理办法，在全省率先核发林地经营权证，赋予林地实际经营者在林木采伐审批、征地青苗补偿、经营权抵押登记等权能。福建省率先创新推进重点生态区位商品林赎买等改革试点，破解了重点生态区位生态保护与林权所有者利益之间的矛盾，使农户造林的合法收益得到维护，福建省级财政累计投入 2.89 亿元，全省共完成改革面积 38.6 万亩，南平市成为全省第一个实现重点生态区位商品林赎买改革全覆盖的地级市，累计完成赎买改革 15.54 万亩②。积极创新自然保护

---

① 中共中央党校采访实录编辑室：《习近平在福建（下）》，中共中央党校出版社，2021，第 15 页。

② 刘建波：《福建集体林改持续先行先试》，《中国绿色时报》2021 年 3 月 24 日。

地补偿机制，在全国首创山林所有权归村民、经营管理权归国家公园的"毛竹林地役权管理"和"景观资源两权分离管理"，为国家在集体林区、重点旅游区域创新自然保护地补偿闯出了一条宝贵的新路①。

2. 规范登记与流转

针对林权登记办证费用高、程序复杂等问题，福建省制定林权类不动产登记管理操作规范，简化登记办证程序，加快林地经营权凭证发放。完善不动产登记信息管理系统，加强林权登记和林业管理工作衔接，建立信息共享机制，实现林权审批、交易和登记信息实时互通共享。明确农村集体经济组织统一经营的林地、家庭承包和以其他方式承包的林地，依法流转和再流转林地经营权期限5年（含5年）以上的，受让方可依据流转合同，向不动产登记部门申请发放林地经营权凭证。

3. 探索开展进城落户农民集体林地承包权依法自愿有偿退出试点

保障进城落户农民对集体林地所享有的各项合法权能，强调进城落户农民的集体林地承包权依法自愿有偿退出，必须是在依法依规、充分协商、自愿有偿的前提下开展。

4. 落实处置权

针对林业采伐政策受限、处置权难落实等问题，福建省持续创新人工商品林林木采伐管理制度，适度放宽采伐限制、简化审批手续，进一步落实林农对林木的处置权。在坚持森林采伐限额管理和许可制度基础上，实施林木采伐告知承诺制，有效简化伐区设计等审批程序。三明市创新林木采伐管理制度，探索实施承诺制林木采伐管理、放宽中幼林抚育间伐年龄限制等措施，出台《三明市告知承诺制林木采伐管理办法（试行）》，明确对申请人申请采伐林木蓄积不超过30立方米的，实行告知承诺方式审核发放林木采伐许可证。不再要求申请人提交伐区调查设计材料，只需出具采伐承诺书，明确采伐地点、树种、方式、数量、更新造林等简要内容，并自愿承担相应责任的，即可申请办理林木采伐许可证。

---

① 朱建华：《唤醒青山——中国深化林改的"福建破冰"》，《福建日报》2021年4月22日。

5. 强化林权纠纷调处

将集体林地承包经营纠纷调处工作纳入政府年度平安建设考评内容，加大依法调处力度。集体林地承包经营纠纷调处事关群众利益、事关农村稳定，对于集体林权改革中出现的各类林权纠纷，要求各地相关部门要加以重视，要加大调处力度。

（二）持续完善集体林业规模经营机制

随着我国社会经济的持续发展和新型城镇化的快速推进，农村劳动力非农非林就业机会的增加，分山到户、分林到户所产生的林地细碎化带来了林地经营的高成本、低收益，使得不少林地出现抛荒或低效经营的情况。为提高集体林业经营效率，为社会大众提供更多、更好的木质、非木质林产品以及生态服务产品，迫切需要在稳定集体林业基本经营制度，保障农户家庭林地承包权的基础上，加快推进林地经营权流转，赋予林地经营权更多的权能，吸引社会力量经营林业，促进林地适度规模经营。为此，福建省持续深化集体林权改革，不断完善集体林业适度规模经营机制。

1. 推动建立规范有序的林权交易市场，完善林权流转管理制度，促进林地林木有序流转

要求各地推动建立规范有序的林权交易市场，完善林权流转管理制度，促进林地林木有序流转。在坚持林地集体所有权、稳定承包权的基础上，在全省成立了66个县级林权流转服务中心，通过市场促进集体林地优化整合，做大经营规模。2020年，全省林权流转面积达104.9万亩。

鼓励和引导林权所有者采取转包、出租、合作、入股等方式流转林地经营权和林木所有权，支持林权流入方与林农建立紧密的利益联结机制，促进适度规模经营。福建省尤溪县探索创新林改模式，大胆探索股份合作造林模式，村集体以林地所有权入股、村民以资金入股的模式，提高林地质量与经营效益。沙县不断完善利益联结机制，扩大林业规模效应，推广专业化经营，继续鼓励乡镇、村集体、村民小组将山林51%的股权转让给国有林场，由其根据森林经营方案实施科学管理，提高亩蓄积量。

2. 持续开展新型林业经营主体标准化建设

福建省每年从省级林业专项资金中安排 2000 万元对符合条件的林业专业合作社、家庭林场、股份林场等主体进行扶持。积极引导林农合作组建林业专业合作社、家庭（股份）林场等经营主体，扎实开展新型林业经营主体标准化建设，示范带动新型林业经营主体发展，促进林业规模化经营。2021 年，福建全省共培育新型林业经营主体 5955 家，经营面积近 1300 万亩①。

3. 深化国有林场改革，发挥国有林场的带动作用

鼓励国有林场、龙头企业与村集体及其成员合作经营，引导各类生产经营主体开展联合、合作经营，吸引社会资本投资发展林业，有效提高林业经营水平和收益。沙县近年来探索推行"四共一体"的林地改革新模式，即村集体同国有林场共享林地股权、共同经营村集体林场、共同开展资本化运作、共享林地收益，对村里已有林木进行评估定价，国有林场按估价占股 51%，村集体占股 49%，村内分配占比为集体 30%，个人 70%②。国有林场投入生产资金对所有山场进行全程管理。在推行"四共一体"新模式的基础上，三明市创新开展"合作经营、量化权益、自由流转、保底分红"的"林票制"改革试点，引导国有林场与村集体经济组织及其成员合作经营，并制发可流转、可质押的林票，实现多方共赢。三明市已在 12 个县（市、区）163 个村试点，面积 11.3 万亩，制发林票总额 1.1 亿元，惠及村民 1.4 万户，实现了国家、集体、个人三方共赢③。

4. 大力培育林业社会化服务组织

福建全省各地针对林业经营的各个环节加大力度扶持资源培育、森林管护、林木采伐、病虫害防治、调查评估等林业社会化服务组织发展，提升社会化服务覆盖面，为广大林农发展林业提供方便快捷的服务。根据调研数据

① 《福建林改：促进生态美百姓富》，《人民日报》（海外版）2021 年 4 月 19 日。
② 《福建省沙县：深化林改点绿金，三管齐下助振兴》，https://www.forestry.gov.cn/main/102/20200522/101001664852291.html。
③ 巫瑞万：《三明全面推进全国林业改革发展综合试点市建设》，《三明日报》2021 年 9 月 14 日。

显示，截至 2020 年 12 月，福建省进行工商登记的营造林服务组织合计 18098 家，其中登记注册为公司的组织 14527 家，占营造林服务组织总量的 80.27%。

（三）健全林业生态补偿机制

健全林业生态补偿机制是我国深化生态补偿体制改革的重要内容。2016 年 6 月，中央全面深化改革领导小组第二十五次会议批准福建建设首个国家生态文明试验区，开展生态文明体制改革综合试验，其中的一项重要任务就是建立多元化的生态保护补偿机制，完善森林生态保护补偿机制。2021 年 9 月，中共中央办公厅、国务院办公厅印发的《关于深化生态保护补偿制度改革的意见》指出，健全公益林补偿标准动态调整机制，鼓励地方结合实际探索对公益林实施差异化补偿。完善天然林保护制度，加强天然林资源保护管理。按照生态空间功能，实施纵横结合的综合补偿制度，促进生态受益地区与保护地区利益共享。按照"谁受益 谁补偿"的原则，通过市场化、多元化方式，促进生态保护者利益得到有效补偿，激发全社会参与生态保护的积极性。

福建省在国家生态文明试验区建设中先行先试，探索出一批可复制、可推广的有效模式，引领带动全国生态文明体制改革。

1. 探索实施分类分级分档补偿办法

根据中央补偿政策及省、市、县（区）级财力情况，稳步提高森林生态效益补偿和天然林停伐管护补助标准，调动林农护林积极性。

2. 完善流域生态保护补偿机制

按照"谁受益谁补偿"原则，落实好江河下游地区对上游地区森林生态效益补偿政策，调动上游地区保护森林资源积极性。修订完善福建省重点流域生态保护补偿管理办法，加大补偿力度，资金筹措与地方财力、保护责任、受益程度等挂钩，资金分配以改善流域水环境质量和促进上游欠发达地区发展为导向，全面建立覆盖全省、统一规范的全流域生态保护补偿机制。鼓励受益地区与保护生态地区、流域下游与上游通过资金补偿、对口协作、产业转移、人才培训、共建园区等方式加大横向生态保护补偿实施力度。

3. 深化重点生态区位森林赎买改革

对于实行限制采伐措施的重点生态区位商品林，采取财政、社会投入等方式筹集资金予以赎买，切实维护林权所有者的合法权益。福建每年从省级林业专项资金中安排 5000 万元用于深化重点生态区位森林赎买等改革，计划到 2025 年全省新增赎买森林面积 25 万亩。在赎买基础上，探索收储、置换、改造提升、租赁和入股等多种形式的改革措施。三明永安市探索赎买重点生态区位商品林，成立社会化、非营利性的永安市生态文明建设志愿者协会，赎买重点生态区位商品林 4.5 万亩。率先探索用金融资金回购天然林，以村集体为主体，开展公益林补偿与天然林补助的收益权质押贷款回购天然林试点，目前已回购天然林 1530 亩。

4. 开展湿地生态保护补偿试点

明确补偿对象、范围、标准等，探索建立湿地生态保护补偿制度，进一步完善生态补偿机制。

（四）健全林业碳汇发展机制

福建省是全国最绿的省份，森林面积高达 1.15 亿亩，覆盖率达 66.80%，连续 42 年居全国首位。森林具有吸收并储存二氧化碳的重要固碳功能，每年吸收的二氧化碳约占整个陆地生态系统的 2/3。福建宝贵的森林资源成了不可多得的绿色宝藏。福建已经将碳达峰、碳中和纳入生态省建设整体布局，持续开展林业碳汇交易试点，研究林业碳汇交易规则和操作办法，探索林业碳汇交易模式。

1. 完善林业碳汇交易制度

探索建立福建林业碳中和交易中心，制定大型活动碳中和实施办法，建立碳排放抵消机制，鼓励各地积极探索林业碳汇场外交易模式，引导机关、企事业单位、社会团体购买林业碳汇或营造碳中和林，推动碳中和行动。

2. 培育具有林业碳汇项目审定核证资质的本区域机构

针对福建省尚无具有林业碳汇项目审定核证资质机构的问题，推动培育相关机构，促进福建省林业碳汇发展。

3. 提升林业碳汇能力

福建采取植树造林、森林经营和灾害防治等固碳减排措施提升林业碳汇能力，开展"森林停止商业性采伐"等林业碳汇项目方法学研究，鼓励国有林场、林业企业等经营主体强化森林经营，提高森林质量，提升森林生态系统固碳能力，参与碳汇交易。

4. 支持各地开展林业碳汇项目方法学研究，探索适应福建省林情和发展形势的林业碳汇项目方法学

从省级林业专项资金中安排 1000 万元用于 20 个县（市、区）、国有林场等开展林业碳中和试点建设，完成建设面积 50 万亩以上，新增森林植被碳汇量 50 万吨以上[①]。

在实践中，福建各地大胆创新、勇于开拓，形成了许多具有创新性的林业碳汇发展机制。三明市创新推出林业碳票制度。所谓林业碳票，是将三明市行政区域内权属清晰的林地、林木，依据《三明林业碳票碳减排量计量方法》，经第三方机构监测核算、专家审查、林业主管部门审定、生态环境主管部门备案签发的碳减排量而制发的具有收益权的凭证，赋予交易、质押、兑现、抵消等权能，单位为吨（以二氧化碳当量衡量）。推进林业碳票制度创新是为了进一步探索完善森林生态产品价值转化机制，努力把绿水青山建得更美，把金山银山做得更大，在生态保护与经济发展相互促进上走出一条生态优先、绿色发展的新路子。碳票的探索旨在破解生态产品价值实现过程中难度量、难抵押、难交易、难变现的问题。

沙县创新"公司 + 林农"林业碳汇开发模式，鼓励集体、个人将林业碳汇开发权委托给两山公司，统一整合和打包生成林业碳汇项目；创新林业"碳票开发贷""碳票质押贷"等林业碳汇金融产品，加大对生态产品经营开发主体中长期贷款支持力度。永安市率先开展减少森林采伐的碳汇林业，

---

① 福建省委全面深化改革委员会：《关于深化集体林权制度改革推进林业高质量发展的意见》，2021 年 10 月 14 日。

设立福建省首个碳汇专项基金，实施 VCS 林业碳汇项目，售碳 26.5 万吨。

2021 年 4 月 26 日，全国首单林业碳汇指数保险在福建龙岩新罗区试点落地，将为新罗区林业产业提供 2000 万元碳汇损失风险保障。由于引发森林碳汇能力减弱的灾害因素繁多，不同地域森林碳汇能力也有所不同，同时，森林碳汇能力与计量看不见摸不着，一旦发生损失，很难准确核定其富余价值损失，因此，林业碳汇指数保险是财险企业解决林业碳汇世界难题的一次积极大胆的探索，在全国尚属首创，具有广泛和深远意义。

（五）创新林业投融资机制

在分山到户解决了权属之后，林权价值盘活就成为集体林权制度改革的重中之重。在林业经营目标由追求林木市场价值转向追求森林生态服务价值的生态文明建设进程中，如何让绿水青山变成金山银山，怎样以金融力量积极助力林权改革、推动生态优势转化为发展优势，就成为林业投融资机制创新的重要目标。福建省在林业投融资机制创新的实践探索中，用金融思维、互联网思维、商品思维来推动林业价值转换，通过创新金融产品，探索林权价值证券化改革之路，推动林业资源变资产变资本，探索践行"两山"转化的有效实现途径。

1. 持续推进林业金融产品创新

2004 年，三明永安市率先开始了林权配套改革，并成立了全国第一家林业要素市场。这让林农在确权分山后，第一次实现了将自有林木所有权和林地使用权通过抵押获得贷款的可能。此后，以林权抵押贷款为主要内容的林业融资改革，由三明开始向全省推广。林权抵押贷款在很长一段时间内，有效缓解了林农的资金困境，但林地价值评估难、林权流转处置难等问题，使得银行部门开展林权抵押贷款存在后顾之忧，让林权抵押贷款陷入停滞困境。通过持续的制度和机制创新，构建起健全的资产评估、森林保险、林权监管、收购处置、收储兜底"五位一体"的林权抵押风险防控机制，为银行开展林业金融产品创新解除了后顾之忧。

为有效盘活集体林权改革后一家一户零散分散的林权，2017 年三明市政府与三明农商银行合作推出普惠小林农的金融改革产品"福林贷"。中国银监会、国家林业局、国土资源部联合发文《关于推进林权抵押贷款有关工作的通知》，一度将"福林贷"作为可复制、可推广的做法向全国推介。2019年，三明市继续创新推出林业金融产品，对需要贷款的村民建档立卡，提供纯信用金融产品"振兴贷"，利率几乎打了五折。三明市沙县将"福林贷"等林业金融产品升级为"福林·抵押贷"和"福林·林票贷"，贷款期限从最长15年延长至最长30年，林业贷款年化利率降低1/3，进一步扩大林权类贷款规模。永安市率先探索林票质押贷款，创新推出绿色金融产品"林票贷"，目前已向一个村17户农户授信贷款163万元。尤溪县在全国率先实施商品林林权按揭贷款、探索以油茶林为抵押物的"油林贷"，大力推广林票制改革和"福林贷""快农贷"等金融产品。

福建龙岩市推出了"惠林卡""兴林贷"等系列普惠林业金融产品，探索开展林权虚拟营业厅、惠林e站等线上林业金融服务，推广武平林业金融区块链服务平台运作模式。

随着集体林权制度改革的持续深化，福建金融机构也不断创新推出符合林业生产特点的期限长、利率低、手续简便的林业金融产品，探索开展公益林补偿、天然林停伐管护补助、林业碳汇收益权质押贷款和林地经营权抵押贷款，为林业发展提供有力的金融支持。福建每年从省级林业专项资金中安排不少于1000万元用于贴息。

2. 南平"森林生态银行"模式创新

随着集体林权制度改革的推进和"均山到户"政策的实施，在激发林农积极性的同时，也导致了林权的分散，森林资源难以聚合、资源资产难以变现、社会化资本难以引进等问题凸显。为了有效破解生态资源的价值实现难题，福建省南平市顺昌县在全国首创"森林生态银行"，借鉴商业银行"分散化输入、整体化输出"模式，搭建资源开发运营管理平台，将分散、零碎的林业资源规模化、集约化整合，由国有林场等专业化运营增值，让林农获得长期持续稳定的收益，从而打通资源变资产变资本的通道，实现森林增绿、林农增收、集体增财的多方共赢，探索出一条把生态资源优势转化为经济发展优势的生态产品价值实现路径。这项改革最大的优势是方便了林农，尤其是方便了没有能力经营的贫困户。林农、合作社等林业经营主体仅需凭身份证、林权凭证，即可将林木资源存入"森林生态银行"，获得相应的服务与收益。2021 年，顺昌县的"森林生态银行"已导入林业资源面积7.62 万亩，其中赎买商品林 6.04 万亩，股份合作、林地租赁 1.58 万亩，办理林权担保业务 272 笔，发放林权抵押贷款 2.2 亿元，成功交易了福建第一笔林业碳汇改革项目，前期 15.55 万吨碳汇量成交金额 288.3 万元。"森林生态银行"被自然资源部列为典型案例，向全国推广①。

3. 创新林票制度

集体林地实行家庭承包经营后，出现了林地"碎片化"问题，每家农户经营面积较小，多为 30～50 亩。林地的分散和细碎化，不利于林业经营管理，特别是林农普遍缺技术、缺资金、缺管理，导致更新造林成活率不高、中幼林抚育不到位、林分质量下降，个别地方甚至出现林地抛荒现象，且林农个人所有林木的处置权也无法得到保障，现行的森林质量精准提升、造林和抚育等补助对象，基本上要求为国有或国有控股单位，林农个体难以享受补助政策。为解决这些问题，提高集体林经营效率，2019 年底，三明市在全国率先开展以合作经营、量化权益、市场交易、保底分红为主要内容的林票制度改革试点，改变了以往只能用林权证流转的做法，加快了林权流转，有效解决了林业难融资、林权难流转、资源难变现、林分质量难提高、各方难共赢等问题。

2019 年 11 月，经过多方调研、反复讨论，并经三明市政府领导同意，印发了《三明市林票管理办法（试行）》。2020 年 4 月，根据试点反馈的意见建议，进一步完善修订了《三明市林票管理办法（试行第二版）》，将林票分为股权型和债权型两类，明确股权型林票和债权型林票的含义。同时，做好林票制度改革的相关政策解读，拟定《林票改革宣传提纲》，制定《三明林票基本操作流程》，规范操作程序。

---

① 《唤醒绿水青山 丰盈金山银山》，《闽北日报》2021 年 10 月 28 日。

林票由国有林场发放，国有林场与村集体共同出资经营集体林场，投资份额按股计算，村民也可认购。持有林票的村民，可随时在农村产权交易中心挂牌交易，价格以市场为准，国有林场承诺按年单利3%对林票进行兜底，以此保障村民权益。

4.建立林权收储担保机制

福建省山多林多，森林资源丰富，全省森林的生态服务总价值超过1.2万亿元，是名副其实的"绿色银行"。但由于林木生长周期长，抵押林木管理和贷款出险后处置难，制约了林权抵押贷款的拓展。为此，福建省在深化集体林权制度改革过程中，大力推进林权收储担保机构建设，为林权抵押贷款提供收储担保服务，化解金融风险，使银行放贷放心了，林农贷款省心了，从而加速森林资源资本化进程，促进了林业和林区经济社会发展。

林权收储机构提前参与林权抵押贷款评估或对评估全程进行跟踪，有效提高评估的准确度和公信力。对于参与评估的林权抵押贷款，林权收储机构提供担保服务，签订《收储协议书》，一旦出险，由林权收储机构按照《收储协议书》约定，先行还本付息，对出险林权进行收储，变被动兜底为主动服务，化解金融风险。同时，大力推进森林综合保险，探索将抵押林权委托第三方监管，引导资产管理机构参与处置出险林权，建立资产评估、森林保险、林权监管、快速处置、收储兜底"五位一体"的风险防控体系，有力化解林业金融风险。

二 全国集体林权制度改革稳步推进

我国集体林地28.93亿亩，占全国林地面积的60%，集体林经营涉及1亿多农户近5亿农村人口[①]。集体林既是我国农村广大农民重要的生产资料，又是重要的生态屏障和林产品供给基地。集体林业改革发展对保障国家

---

① 《关于集体林权制度改革》，http：//www.forestry.gov.cn/main/6088/20210304/192124056605977.html。

木材和木本粮油安全、应对气候变化、巩固和拓展脱贫攻坚成果、实现乡村振兴和共同富裕等具有重要的现实意义。

中央高度重视集体林权制度改革。在总结各地试点经验的基础上，2008年中共中央、国务院出台了《关于全面推进集体林权制度改革的意见》，在集体林区全面开展以"明晰产权、勘界发证、放活经营权、落实处置权、保障收益权、落实责任"为主要任务的集体林权制度改革，并要求"用5年左右时间，基本完成明晰产权、承包到户的改革任务。在此基础上，通过深化改革，完善政策，健全服务，规范管理，逐步形成集体林业的良性发展机制，实现资源增长、农民增收、生态良好、林区和谐的目标"。为巩固和扩大集体林权制度改革成果，2016年，国务院办公厅印发了《关于完善集体林权制度的意见》，对集体林权制度改革进行了再部署，要求进一步明晰产权、加强林权权益保护、放活生产经营自主权，构建现代林业产权制度。2018年，国家林业和草原局出台《关于进一步放活集体林经营权的意见》，指出推行集体林地所有权、承包权、经营权的三权分置运行机制，落实所有权，稳定承包权，放活经营权，充分发挥"三权"的功能和整体效用，是深入推进集体林权制度改革的重要内容，放活林地经营权是其核心要义。截至2016年底，中国大陆地区除上海和西藏以外的29个省（自治区、直辖市）已确权林地面积27.05亿亩，累计发放林权证面积26.41亿亩，占已确权面积的97.63%，集体林权改革后，9000多万农户拿到林权证，户均拥有近10万元森林资源资产，全面落实了农民家庭承包经营权[①]。

（一）启动集体林业综合改革试验区工作

为深入贯彻落实习近平总书记对集体林权制度改革的重要指示批示精神，推进集体林业改革发展，2018年国家林业和草原局启动了第二轮集体林业综合改革试验区工作，在山西省晋城市、吉林省通化市、安徽省宣城市、福建省三明市、江西省抚州市和四川省成都市启动了全国林业改革发展

---

① 张建龙：《中国集体林权制度改革》，中国林业出版社，2018。

综合试点。集体林业综合改革着力在完善集体林权制度、创新林业经营方式、探索生态产品价值实现机制、推动林业产业高质量发展、建立健全林业支持政策、优化集体林业管理服务等方面开展探索创新，创新一批可复制、可推广的典型模式，为深化林改、促进发展探路子、做示范，更好地实现生态美百姓富的有机统一。

典型模式一：安徽省旌德县探索生态资源受益权制度①。安徽省旌德县积极探索"两山"转化路径，以旌阳镇柳溪村、蔡家桥镇华川村为试点开展工作，打通兴林富民新通道。2021年8月10日，旌德县旌阳镇柳溪村"两山银行"正式挂牌成立，这是安徽省成立的首家"两山银行"，同时先行先试首发《生态资源受益权证》。依托试点村股份经济合作社运行"两山银行"，农户将零散低效的山场等生态资源入股存入村股份经济合作社，村股份经济合作社发给农户《生态资源受益权证》，农户的生态资源变成"两山银行"的固定存款。村股份经济合作社通过自营或招标经营取得收益，农户获得租金和分红等财产性收益，即"存入"绿水青山，"取出"金山银山，实现"两山"转化。通过颁发《生态资源受益权证》，赋予生态资源入股村股份经济合作社的林农以合法证明，实现了林地所有权、承包权、经营权"三权分置"和林权证、经营权证、受益权证"三证保障"，深化了"三变"（资源变资产、资金变股金、农民变股东）改革。

典型模式二：浙江省完善林权抵质押贷款制度②。浙江省深化金融体制改革，强化支撑保障，以林业改革为驱动、银林合作为手段，创新开展林权抵押贷款和公益林补偿收益权质押贷款，让青山变成绿色银行，盘活大量沉睡的森林资产，在山区美丽乡村建设、农户精准帮扶等方面发挥了积极作用。截至2020年底，全省林权抵押贷款余额突破100亿元，林权质押贷款余额3亿多元，为山区农户增收致富、经济薄弱村发展提供了重要保障。该

---

① 国家林业和草原局：《林业改革发展典型案例（第二批）》，http：//www.forestry.gov.cn/html/main/main_ 5461/20211130153112051769532/file/20211130153142007553078.pdf。

② 国家林业和草原局：《林业改革发展典型案例（第二批）》，http：//www.forestry.gov.cn/html/main/main_ 5461/20211130153112051769532/file/20211130153142007553078.pdf。

模式特点如下。一是建立目标考核机制。为了把工作落到实处，林权抵押贷款增量扩面工作被列入了"森林浙江"考核指标。二是完善林权抵押贷款相关政策。着力挖掘林权权能，扩大抵（质）押范围，重点是明确森林资源资产抵（质）押不仅仅局限于物权抵押，还包括收益权质押；完善贷款和贴息管理，主要是对贷款对象与借款人、贷款期限与利率、贴息对象与范围、贴息标准与期限、结算年度与承办银行、贷款管理与贴息申请、贴息资金拨付与发放等贷款和贴息的各要素、流程作出规定；鼓励开展风险补偿等政策助力乡村振兴，对为林农贷款提供担保等优质服务的农村（股份）经济合作社，给予风险补偿等政策激励。三是深化银林担合作。深化林业部门与金融机构的战略合作；鼓励各类担保公司和惠农担保合作社开展与银行间的战略合作。四是优化服务管理。从深化林权制度改革着手，开启了一站式优化服务。各县依托县级林权管理中心、林权交易中心、森林资源资产评估（咨询）机构，为林权抵押贷款业务提供配套服务。

典型模式三：山西省实施公益林补偿收益权质押贷款制度①。山西全省公益林比重大，受采伐和开发利用的限制，大部分无法直接以其林木或林地的价值进行抵押融资，导致大量公益林成为难以盘活的"沉睡"资产。为解决这一难题，山西省探索开展了公益林补偿收益权质押贷款工作，指导各试点市县在权属证明、质押登记、账户监管等方面大胆创新，逐步探索出一套适应省情、高效便捷的运行机制。2019 年 11 月 19 日，山西省银保监局、省林草局、中国人民银行太原中心支行、省财政厅联合印发《山西省公益林补偿收益权质押贷款工作暂行办法》。贷款对象为合法持有林权证、林权类不动产权证书或林地经营权流转证、林权流转合同鉴证的中国公民或企（事）业法人。符合条件的自然人、法人可持公益林补偿收益权证明、履约承诺书及银行要求的其他相关材料向贷款银行申请办理。贷款额度依据申请人生产经营及产业发展等所需资金和公益林补偿收益权质押年限及金额确

---

① 国家林业和草原局：《林业改革发展典型案例（第二批）》，http://www.forestry.gov.cn/html/main/main_5461/20211130153112051769532/file/20211130153142007553078.pdf。

定，最高不超过年度公益林补偿收益的 15 倍，重点支持借款人开展林草相关生产经营。贷款期限根据贷款用途、借款人的实际还款能力和公益林补偿收益权质押年限确定。贷款利率优惠由贷款银行根据借款期限、用途、风险状况等综合确定，符合条件的可向林业主管部门申请财政贴息。

典型模式四：重庆市建立森林覆盖率指标交易机制①。重庆市积极探索绿水青山转化为金山银山的路径，建立地区间横向生态补偿机制，2018 年 10 月印发了《重庆市实施横向生态补偿提高森林覆盖率工作方案（试行）》，以 2022 年全市森林覆盖率提升到 55% 左右作为约束性指标，对各区县进行统一考核，明确各区县政府的主体责任。同时，考虑到各区县自然条件、发展定位、生产生活生态空间差异，尤其部分区县国土绿化空间有限等实际，探索建立基于森林覆盖率指标交易的生态产品价值实现机制，即对于完成森林覆盖率尽责目标值确有困难的区县，允许其向森林覆盖率高出目标值的区县购买森林面积指标，用于本地区森林覆盖率尽责目标值的计算，形成区域间生态保护与经济社会发展的良性循环。构建基于森林覆盖率指标的交易平台，对达到森林覆盖率目标值确有实际困难的区县，允许其在市域内向森林覆盖率已超过目标值的区县购买森林面积指标，计入本区县森林覆盖率，但出售方扣除出售的森林面积后，其森林覆盖率不得低于 60%。需购买森林面积指标的区县与拟出售森林面积指标的区县进行沟通，根据森林所在位置、质量、造林及管护成本等因素，协商确认森林面积指标价格，原则上不低于每亩 1000 元；同时购买方还需要从购买之时起支付森林管护经费，原则上不低于每年每亩 100 元，管护年限原则上不少于 15 年，管护经费可以分年度或分 3～5 次集中支付。交易双方对购买指标的面积、位置、价格、管护及支付进度等达成一致后，在重庆市林业局见证下签订购买森林面积指标的协议。交易的森林面积指标仅用于各区县森林覆盖率目标值计算，不与林地、林木所有权等权利挂钩，也不与各级造林任务、资金补助挂钩。

---

① 国家林业和草原局：《林业改革发展典型案例（第二批）》，http：//www.forestry.gov.cn/html/main/main_5461/20211130153112051769532/file/20211130153142007553078.pdf。

（二）全面持续深化集体林权改革

改革永远在路上。深化集体林权制度改革要以激发农民发展林业生产经营的内生动力为导向，以实现生态效益、经济效益和社会效益多赢为方向，以促进山区林区共同富裕为目标，以健全现代集体林权制度、建立集体林科学经营管理制度为基础，以改革促发展、发展推进改革为主线，以完善林业支持保护政策为保障，推进林业高质量发展，核心是要建立以人民为中心的生态保护观，打通绿水青山转化为金山银山的通道，实现生态和经济协调发展，让林区充满活力，实现乡村振兴和共同富裕。

1. 健全现代集体林权制度

加快探索集体林地"三权分置"办法，坚持稳定承包权、放活经营权、落实处置权、保障收益权，切实保障承包农户的各项权能。创新政策解决林业生产经营与合同期限不配套的问题，赋予自留山与承包林地同等的流转和抵押权，能盘活3亿多亩的自留山。完善森林采伐管理制度，探索实施林木采伐告知承诺制，将林木采伐权真正赋予林业经营主体。强化集体林产权权能保护，构建政府守信机制，让林农等市场主体敢于投资林业。

2. 建立集体林科学经营管理制度

按照森林分类经营管理、保护优先、注重效率和效益的原则，以推动森林可持续经营为参照，探索实施优化调整林地分类经营区划、合理利用公益林、集约经营商品林的改革政策，为生态和经济协调发展奠定物质基础。着力解决集体林权制度改革后"单家独户怎么办，钱从哪里来"的集体林经营问题，大力培育新型林业经营主体，构建利益联结机制促进小农户与现代林业的有机衔接。

3. 创新森林生态产品价值实现途径

大力推行生态产业化、产业生态化，充分发挥森林生态产品的地域优势，培育传统的特色林业产业，大力发展林业碳汇经济新型产业，完善生态补偿机制，推动森林生态效益转变为经济效益和社会效益。

4.优化集体林业管理服务体系

随着集体林业出现新情况、肩负新使命，对林业治理体系和治理能力提出了新要求，通过优化林业行政管理、发展社会化服务、强化林业科技服务来满足社会对林业的多样化需求。

5.完善集体林业政策支持体系

针对林区欠发达现状、扶持林业产业政策少、实现共同富裕难的特点，着重从基础设施建设、财税、金融等方面提出了针对性的重大改革举措，极大地改善了林区发展环境，增强了发展活力，帮助提供生态产品的林区振兴。

三　集体林权制度改革助力县域生态文明建设

多年来，我国集体林权制度改革是按照社会主义市场经济体制的要求，在坚持集体所有制不变的前提下，围绕"落实林地集体所有权、稳定农户承包权、放活林地经营权，依法保障林权权利人合法权益"等内容，不断创新人工商品林林木采伐管理制度，适度放宽采伐限制、简化审批手续，进一步落实林农对林木的处置权；因地制宜创设地役权，完善林权市场化交易，探索市场化、多元化生态产品价值实现机制等，统筹推进林业资源保护和林业产业发展，为林区县域生态文明建设奠定了坚实的制度基础。

（一）激活集体农民植树造林内在动力

集体林权制度改革使得农户以家庭承包方式获得了集体林地的承包经营权，同时也使农户负有造林绿化与经营森林的责任义务。集体林权制度改革明晰了农户家庭对集体林地、林木的产权，实现了"山定权、树定根、人定心"，同时通过一系列的配套改革构建了较为完善的集体林业支持保护政策体系，极大地激发和调动了农户造林、护林的积极性。从我国集体林区的特殊区情来看，林业兴，农民就富，而林业兴需产业兴。近年来，随着生态公益林补助标准的逐步提高、重点区位商品林赎买政策的实施，以及林下经济的发展，林业产品多元化、市场化的价值实现机制日趋完善，推动林区农民收入稳步增长。《集体林权制度改革监测报告（2018）》的数据显示，全国7个林权改革典型省份调研农户造林所占比例总体呈现上升态势，2017年农户营造林面积246.21万亩，占当年营造林面积的56.52%，比2009年增长35.3%[①]。集体林权制度改革使生态得到有效恢复、森林资源得到有效管护、乡村实现绿化美化，为生态文明建设提供了重要的资源保障。

生态环境投入不是无谓投入、无效投入，而是关系经济社会高质量发展、可持续发展的基础性、战略性投入。把生态保护好，把生态优势发挥出来，才能实现高质量发展[②]。我国集体林区经济发展总体处于较低水平，林区生态环境投入相对不足。要持续深化集体林权制度改革，启动集体林区林业基础设施建设工程、建立国家重点林区县与特殊困难地区发展规划和政策衔接机制、将森林纳入能源资源节约和综合利用及循环经济政策规划实施、实施中央财政国家重点林区县奖补政策等重大举措，支持林业大省大市大县把林业作为支柱产业来培育和扶持，做好林业产业化这篇大文章，加快构建林区农户和全社会共同保护生态、建设生态、合理开发利用生态资源的内生机制，实现林业产业持续发展和乡村生态振兴的良性循环。"让提供生态产品和提供农产品、工业产品、服务产品的地区同步基本实现现代化，人民群众享有基本相当的生活水平。"[③]

（二）提升集体林业产业化经营水平

全国集体林地28.93亿亩，占全国林地面积的59.59%，森林蓄积69.87亿立方米，占全国森林总蓄积量的40.96%。集体林是林区农民脱贫致富的重要生产资料，全国已确权集体林地27.04亿亩，涉及2600多个县、

[①] 国家林业和草原局"集体林权制度改革监测"项目组：《集体林权制度改革监测报告（2018）》，中国林业出版社，2019。

[②] 《把生态环境投入作为基础性战略性投入》，https://sd.dzwww.com/sdnews/202011/t20201116_7044938.htm。

[③] 中共中央办公厅、国务院办公厅：《关于建立健全生态产品价值实现机制的意见》，2021年4月。

1 亿多农户 5 亿多农民，与"老、少、边、穷"地区高度重叠，吸纳了 4000 多万农民就业，解决了 1000 多万贫困人口，也是巩固和拓展脱贫攻坚成果的重要物质基础。我国集体林权制度改革的重要内容是放活林地经营权，鼓励通过林地流转推动林业规模化经营、产业化经营。然而，过去一定时期，有些地方政府对林业功能定位出现了偏差，在管理政策上以生态保护为主，忽视了林业产业功能，导致林地经营权保护不到位，商品林采伐指标受到严格控制，挫伤了林业经营者的积极性，导致社会资本、金融资本不敢、不愿意投资经营林业，进而造成林业效益低下、林区农民就业增收困难、林区发展缓慢等问题。据全国林改监测，林区农民来自林业的收入由最高峰年份 2016 年的 2607 元下降到 2019 年的 1891 元，社会资本也在不断离场，林区农民守着"绿水青山"过贫穷日子。因此，我国集体林权制度的基本方向就是要按照生态惠民、生态利民、生态为民的要求，不断进行改革创新，让乡村的各类要素活起来，通过制度保障农民的各项权益。习近平总书记指出："现在，许多贫困地区一说穷，就说穷在了山高沟深偏远。其实，不妨换个角度看，这些地方要想富，恰恰要在山水上做文章。要通过改革创新，让贫困地区的土地、劳动力、资产、自然风光等要素活起来，让资源变资产、资金变股金、农民变股东，让绿水青山变金山银山，带动贫困人口增收。"[1] 要通过持续深化集体林权制度改革将林权保护纳入营商环境考核评价体系、探索集体林地地役权制度、创新政府与林业经营者共同保护生态模式、实施林地林木资源开发利用负面清单管理制度等措施，促进地方政府约束行政行为保护林权，引导采取市场化方式对林权权利人给予合理补偿，严格保护林权营造社会和金融资本敢于、愿意投资经营林业的良好氛围；加快推进农村集体资产股份权能改革，赋予农民更多财产权利，明晰产权归属，完善各项权能，激活农村各类生产要素潜能，建立符合市场经济要求的农村集体经济运营新机制，依托林地林木增加农民财产性、经营性收

---

[1] 中共中央文献研究室编《习近平关于社会主义生态文明建设论述摘编》，中央文献出版社，2017，第 30 页。

益，构建"生态美"和"百姓富"相统一的生态文明建设新机制，推进林业高质量发展、林区振兴和共同富裕。

（三）促进集体林业碳汇市场化交易

当前我国生态文明建设进入以降碳为重点战略方向、推动减污降碳协同增效、促进经济社会发展全面绿色转型、实现生态环境质量改善由量变到质变的关键时期。坚持不懈推动绿色低碳发展，深入打好污染防治攻坚战，提升生态系统质量和稳定性，积极推动林业碳汇可持续发展，是提高生态环境领域治理现代化的重要内容。截至 2020 年底，我国的森林植被总碳储量已达 92 亿吨，发展森林固碳已成为我国推动减缓气候变化的重要举措。林业碳汇必将在实现碳达峰目标与碳中和愿景过程中发挥重要作用。因此，立足新发展阶段，推动林业碳汇可持续发展，对于完善森林生态产品价值实现机制，促进现代林业绿色低碳发展，进而加快实现"双碳"目标具有重要的现实意义。

可交易的产权制度是经济活动的基石，"清楚的权利界定是市场交易的先决条件"[①]。林地和林木权属清晰是集体林业碳汇项目实施的必要前提条件，集体林权制度改革和林地"三权分置"有利于明确林业碳汇产权的归属。由于林业碳汇权比传统林权有着更为广泛的权利属性，相比于其他林权权利束显得更为复杂化，因此需为林业碳汇等生态产品产权提供具体明确的所有权界定。我国集体林权制度改革已进入深化阶段，以法律形式明确林业碳汇以及林业碳汇产权的法律属性，明确表达林地产权与林业碳汇产权的权属关系，以法律形式赋予林业碳汇供给增益者权利，提高其参与林业碳汇供给动力，促进森林生态产品的有效供给。随着集体林权制度改革不断深化，以农民林业专业合作社、林业专业大户、家庭林场以及林业产业化龙头企业为主体的新型林业经营主体不断涌现，成为集体林区林业生产经营活动的主

---

① Ronald Coase，"The Federal Communications Commission"，*Journal of Law and Economics*，1959（10）：39.

要力量和林业碳汇供给的主要潜在力量。通过深化集体林权制度改革，在培育新型林业经营主体中大力培养林业碳汇领域的专业技术人才，培育一批以新型林业经营主体为主的林业碳汇供给主体。充分发挥新型林业经营主体整合林业资源、发展林业适度规模经营、调节分配林业收益与风险的主导作用，鼓励其通过森林经营管理、造林再造林、护林防火和森林病虫害防治等方式参与林业碳汇项目建设与经营。探索将碳汇林与林下经济有机融合并建立共同经营、共享收益的多元化利益联结机制，推进现代林业产业链和价值链的拓展，为林业碳汇可持续发展奠定了重要的基础。

实践篇

| 第 | 五 | 章 |

大力发展县域生态经济体系

党的十九大报告指出，建设生态文明是中华民族永续发展的千年大计，必须树立和践行"绿水青山就是金山银山"的理念。贯彻落实"两山"理念的关键是建立健全生态产品价值实现机制，实现资源要素价值保值与增值，从而促进经济社会绿色发展和人与自然和谐共生。2021年4月，中共中央办公厅、国务院办公厅印发了《关于建立健全生态产品价值实现机制的意见》。这是首次以文件的形式对"生态产品价值转化"进行制度化表述，旨在探索形成生态资源保护与开发的长效机制。武平独特的地理位置和自然环境，使其成为重要的红色摇篮和绿色资源聚集地，因此深厚的红色文化底蕴和丰富的绿色资源已成为武平独特的优势。近年来，武平县依托其良好生态环境所衍生出的生态产品，通过构建生态产业化和产业生态化的生态经济体系，探索出多元化的生态产品价值实现路径。

一　良好生态环境是武平最大的财富和优势

（一）良好生态环境是自然财富、经济财富和社会财富

良好生态环境不仅为满足人类和其他生物的生存提供自然资源，也为人类的发展提供必要的物质基础和精神满足。

1. 良好生态环境是自然财富

良好生态环境是自然财富，是指良好生态环境为满足人类和其他生物的

生存提供了自然资源。良好生态环境具有消纳废物、维持生命、调节平衡等方面的生态功能，而这正是人类和其他生物赖以生存所需要的。正如挪威哲学家阿恩·纳斯所指出的，非人类生态环境具有自身的内在价值，该价值独立于人的价值之外，与内在价值相对应的工具性价值是指满足人类期望的生态环境有用性。因此良好生态环境是自然财富不仅是对人类而言，也是对其他生物而言。例如，森林作为一种自然财富，不仅能够直接给人类提供生存所需的木材，还能够提供更多的生态服务，如吸收二氧化碳、防风固沙、稳定气候等，而这对人类和其他生物的生存都是极其有利的。

2. 良好生态环境蕴藏巨大的经济价值

良好生态环境是经济财富，是指良好的生态环境蕴藏巨大的经济价值。马克思的劳动价值论认为，只有凝结了人类劳动并且用于交换的商品才具有价值，离开了人的劳动，就无所谓商品价值问题[①]。因此，良好生态环境的经济价值是物化在良好生态环境中的社会必要劳动的体现，良好生态环境的经济价值量则是投入补偿、保护和建设具有一定使用价值的生态环境全部劳动形成的价值量。根据马克思的劳动价值论，良好生态环境之所以可以形成巨大的经济价值，是因为：良好生态环境为人类的经济活动提供了重要前提，即良好的生态环境产生了大量的基础原材料、少量的半成品和极少的成品。这些直接来源于良好生态环境的成品占经济总量的比例较小，或多或少需要人类劳动的加入。一方面，与人类的劳动价值相比，良好生态环境所蕴藏的经济价值是巨大的，并且由于某些资源不可再生，随着这些资源的减少，其市场价格可能超过人类的劳动价值；另一方面，良好生态环境所蕴藏的经济价值的实现需要人类的劳动，没有人类劳动，良好生态环境所蕴藏的经济价值的实现不可能大规模进行。此外，还可以从稀缺性理解良好生态环境的巨大经济价值。随着经济活动的发展和科技的进步，原来对经济活动几乎没有特殊意义的良好生态环境成为经济活动中的稀缺资源。由于优良生态环境的稀缺，良好生态环境的经济价值会随着生态资源匮乏和生态环境的恶

---

① 转引自李铁映《关于劳动价值论的读书笔记》，《中国社会科学》2003年第1期。

化而大大增加，因此稀缺的优良生态环境具有的经济价值不言而喻。通过对良好生态环境所蕴藏经济价值的分析可知，我们要重视对良好生态环境的保护，保护生态环境所带来的收益是经济活动的中心和重要驱动力。良好生态环境所蕴含的巨大经济价值对人类社会的发展和进步有着极大的推动作用，无论是政府、企业还是个人，都应重视对良好生态环境所蕴藏经济价值的保护与开发。

3. 良好生态环境是社会财富

良好生态环境是社会财富，是指良好生态环境具有审美价值。所谓审美价值，指的是审美对象对审美主体的形式感、目的性的满足，也就是客体对于主体在审美方面的意义[①]。良好生态环境除了以物质的形式满足人类需求，比如良好生态环境提供的水、食物等，还能以意识的形式满足人类的精神需求，即审美价值，比如美丽的风景、深刻的精神洗礼等。良好生态环境的审美价值就是良好生态环境作为审美对象对人类审美的意义。我们之所以认为良好生态环境是美的，因为它们没有被污染和破坏，它们是纯净的、绿色的、完好的。特别是在环境危机愈演愈烈的今天，人们更加追求良好生态环境所产生的审美价值[②]。良好生态环境具有的审美价值还与其经济价值密切相关。人们认为良好的生态环境具有审美价值，生态环境的美建立在其没有被污染和破坏的基础上，这使得我们改善生活环境有着不可估量的经济价值。例如，自然景观所提供的美感功能非常重要，因此位于湖畔、海滨的住宅价格更高。再如，随着收入的增加，人们对于到具有优美生态环境地区旅游的需求也随之增加。

（二）武平蕴藏丰富的绿色生态资源

第一，武平山多林密。一方面，武平山区面积较大、山峰众多。武平山岭面积占县域土地总面积的 53.34%，丘陵占 33.9%，盆地及湿地占

---

① 罗瑜：《生态财富与绿色发展方式研究》，人民出版社，2021。
② 程相占、李鹿鸣：《生态美学如何推进美学原理研究——以审美价值与生态价值的关系为讨论中心》，《社会科学战线》2020 年第 10 期。

12.69%。武平县总的地形是西北多山，东南多谷地。境内海拔在1000米以上的山峰有40多座，500～1000米的山峰70多座，500米以下的丘陵遍布全县。这些山岭成为南北气流的屏障，造成南北气候的差异，影响着河流的流向，进而造就了武平丰富的自然资源。另一方面，武平森林资源丰富。2020年，全县森林覆盖率达到79.7%，比全省森林覆盖率（66.8%）高12.9个百分点，比全市森林覆盖率（79.39%）高0.31个百分点；全县林木蓄积量2487.2万立方米，占全市林木蓄积量的比重高达18.15%，是龙岩市各县（市、区）中林木蓄积量最为丰富的地区。

第二，武平县空气质量优良，是五星级的天然氧吧。正是由于武平山多、水清、林密，使得山川湖泊成了武平的轮廓，绿水青山成了武平的底色，四季常青的武平成了一个超级天然氧吧。

其一，武平县空气质量优良。从表5-1可以看出，2018～2020年在龙岩市的各县（市、区）中，武平县空气质量综合指数是最低的，即武平县空气质量是最好的。其二，武平县空气质量全省领先。表5-2展示了2018～2020年福建全省58个县级市空气质量综合指数的分位点。可以看出，2018～2020年武平县空气质量综合指数均排在全省县域空气质量综合指数的25%分位点以内，特别是在2019年，武平县空气质量综合指数排在全省县域空气质量综合指数的10%分位点以内。这表明在全省范围内武平县空气质量处于领先的位置。

表5-1 2018～2020年龙岩市各县（市、区）空气质量综合指数

县（市、区）	2018年	2019年	2020年
武平县	2.32	2.09	1.99
连城县	2.41	2.28	2.18
上杭县	2.50	2.54	2.19
长汀县	2.53	2.27	2.04
永定区	2.65	2.54	2.31
漳平市	3.03	2.62	2.45

注：福建省生态环境厅并未测度新罗区的空气质量综合指数。

表 5 - 2　2018～2020 年福建省 58 个县级市空气质量综合指数的分位点

分位点	2018 年	2019 年	2020 年
1%	2.06	1.90	1.79
5%	2.12	2.09	1.84
10%	2.27	2.13	1.90
25%	2.47	2.32	2.04
50%	2.84	2.555	2.315
75%	3.06	2.81	2.53
90%	3.34	3.11	2.72
95%	3.53	3.2	2.82

其二，武平县是实至名归的五星级天然氧吧。武平县地处北纬 25 度，是世界公认的黄金气候生态带，负氧离子含量平均 3500 个/立方厘米，是世界卫生组织规定的"空气清新"标准（1000～1500 个/厘米³）的 3 倍。2017 年 9 月 11 日，由中国气象服务协会印发的 2017 年度"中国天然氧吧"创建活动结果的公告中赫然出现了"福建省武平县"。武平县凭借气候独特、生态优质、自然风光秀丽、人文景观多样、休闲旅游四季皆宜等诸多特点，获得 2017 年全国 19 个"中国天然氧吧"称号之一，也是福建省首个获此称号的地区。近年来，武平县借助中国天然氧吧品牌打造"来武平，我氧你"地区旅游 IP，并以此为依托在推广营销、政策支持、招商引资、乡村振兴等方面表现突出，取得良好成效。2020 年"中国天然氧吧"创建活动发布会在云南省哈尼族彝族自治州弥勒市举行。会上，《2020 中国天然氧吧绿皮书》正式发布，其中武平县在综合效益指数 Top20 和社会效益指数 Top10 等主要指标榜单中荣登榜首。

（三）生态产品价值实现是"两山"转化的关键环节

既然武平深厚的红色文化底蕴和丰富的绿色生态资源构成了武平独特的优势，那么如何将这一巨大优势转化为经济持续发展的动力呢？以生态产品价值实现为实践抓手的"两山"理念为解决这一问题指明了方向。

1. 生态产品价值实现是生态文明建设的核心内容

第一，生态产品价值实现是"两山"理念的精髓。"我们既要绿水青山，也要金山银山，宁要绿水青山，不要金山银山，而且绿水青山就是金山银山。"[①] 绿水青山和金山银山不是对立的，关键在于如何将绿水青山转化为金山银山。保护修复生态就是保护自然价值和增值自然资本。将生态环境优势转化成经济社会发展优势，需要找到切合各地实际的生态产品价值实现途径，只有这样才能将绿水青山转化为金山银山。因此，生态产品价值实现是绿水青山转化为金山银山的关键。

第二，生态产品价值实现是绿色发展的应有之义。绿色发展是绿色与发展的统一，即既要绿色又要发展。党的十九届五中全会明确提出，推动绿色发展，促进经济社会发展全面绿色转型，建立生态产品价值实现机制。当前，我国经济社会发展和生态环境保护的矛盾仍然比较突出。同时，由于缺乏有效的价值实现途径，生态产品被无序、低价、过度使用的现象还很普遍。在全面建成小康社会后的新发展阶段，通过建立健全生态产品价值实现机制，可以促进绿色发展，可以为老百姓提供更多优质的生态产品，满足人民群众日益增长的优美生态环境需要。

第三，生态产品价值实现是生态文明建设的关键所在。生态文明建设是关系中华民族永续发展的根本大计，是一场涉及生产方式、生活方式、思维方式和价值观念的革命性变革。生态文明建设的难点在于如何处理好发展与保护的关系。拥有优质生态产品的区域多为山区、林区以及江河源头区，通常也是经济欠发达地区。这些区域如果为了发展经济、摆脱贫困而随意开发自然资源，就容易破坏生态环境。而推进生态产品价值实现，可以将生态环境的保护修复成本真正内部化，实现生态环境保护与经济发展的互促共进。因此，健全生态产品价值实现机制是生态文明建设的关键所在。

[①] 《习近平在哈萨克斯坦纳扎尔巴耶夫大学发表演讲》（2013 年 9 月 7 日），《人民日报》2013 年 9 月 8 日。

2. 生态产品价值实现的三类基本模式

生态产品可分为物质供给类产品、文化服务类产品和调节服务类产品三种类型。生态产品价值实现，是通过多种政策工具的干预真实反映生态产品的价值，通过已有或新建的交易机制进行交易，实现外部性的内部化，建立"绿水青山"向"金山银山"转化的长效机制。为了实现多样化的生态产品价值，需要根据不同的生态产品建立不同的生态产品价值实现路径，建立健全生态产品价值实现机制（见表5-3）。

表5-3 生态产品价值实现的三类基本模式

生态产品类型	具体表现形式	生态产品价值实现模式
物质供给类	有机农产品、中草药等	通过提升环境质量，将生态价值附着于农产品、工业品中，并转化为可以直接市场交易的商品；通过生态品牌增值产品价值，提升生态产品价值转化效率
文化服务类	自然景观、精神体验等	在挖掘历史文化资源和环境整治的基础上发展红色旅游、生态旅游、生态康养等
调节服务类	水源涵养、维护生物多样性保护等	建立生态补偿机制，实施产权赋能、发展绿色金融等措施

模式一：依托丰富生态资源和优质环境，推动物质供给类生态产品价值实现。

物质类生态产品是自然生态系统提供的物质产品，比如有机农产品、中草药、原材料、清洁能源等，一般情况下，不需要特别处理可直接将生态产品的价值转化为可以直接市场交易的商品价值。生态资源同其他资源一样，是经济发展的重要基础，充分依托丰富生态资源，将其转化为经济发展的动力，是生态产品价值实现的重要途径。一方面，通过持续提升环境质量，将生态价值附着于农产品、工业品中，并转化为可以直接市场交易的商品。比如，武平依托优良的生态资源，大力发展水果、蔬菜、茶叶、食用菌、畜禽、花卉苗木、林竹、淡水鱼等农林产品的生产以及酒饮料的制造，大大增加了产品的附加值。另一方面，通过生态品牌增值生态产品价值，提升生态产品价值转化效率。比如，武平着力讲好品牌故事，将武平百香果、象洞鸡等特色产品融入"来武平·我'氧'你"县域生态内涵，立足"全国林改第一县"、福建省首个中国天然氧吧、百香果"福建特色农产品优势区"，着力打造武平百香果"氧吧里泡着长大"的百香果，"武平象洞鸡——氧吧里的跑步鸡"等品牌。

模式二：发展生态旅游和特色文化产业，深化文化服务类生态产品价值实现。

文化服务类生态产品是生态系统中体现文化服务功能价值的产品，包括生态旅游、自然景观、美学享受、精神体验等，可以附着于相关生态产业，转化为产权明晰、可直接交易的商品。文化服务类生态产品价值实现具体手段包括红色旅游、传统文化和生态结合的旅游、纯自然风光与扶贫结合的旅游、生态康养等。比如，武平把大力发展森林旅游作为变绿水青山为金山银山的生动实践，持续探索开发森林村庄、森林城市、森林运动、森林康养、森林探秘等一系列文旅康养产品。此外，通过挖掘乡村历史、民族文化资源和环境整治，为乡村旅游业发展打下良好基础，推动生态与文化、旅游深度融合，不断促进生态资产向生态资本的转变。比如，武平充分发掘乡村红色文化资源，实施武平红色革命旧址群维修保护工程三年行动计划，打造上湖、光彩等8个红色旅游村。

模式三：探索资源权益出让和生态补偿，促进调节服务类生态产品价值实现。

调节服务类生态产品是生态系统中体现生态调节服务功能价值的产品，包括水源涵养、水土保持、防风固沙、生物多样性保护、洪水调蓄等，由于其纯公共物品特性，在价值实现方面往往缺乏有效的市场化手段，一般难以找到具体载体来实现商品化。调节服务类生态产品价值实现具体手段包括生态补偿等政府赎买、以空间规划和用途管制促确权、绿色金融等。一是政府通过财政转移支付等方式，建立健全森林、草原、湿地、水流等领域和重点生态功能区的区域生态补偿，激励从事生态环境保护的单位和个人，也可由受益地区和生态保护地区政府通过协商或者按照市场规则进行补偿。比如，武平持续实施重点生态区位商品林赎买工作。二是通过产权赋能、赋利，使其成为可抵押、可融资的生态资产，将生态产品的非市场价值转化成市场价值，比如碳排放权、排污权、碳汇交易、水权交易等产品。三是针对生态产品的非排他性、非竞争性和难以界定受益主体等特征，引导和激励利益相关方对生态产品进行交易，实现资源和资金互补，包括绿色信贷、生态效益债券和生态银行等金融产品，土地承包经营权、农村集体资产所有权抵押融资模式等。比如，武平县鼓励企业和个人依法依规开展水权和林权等使用权抵押、产品订单质押等绿色信贷业务，探索"生态资产权益质押＋项目贷"模式。

二　积极探索生态产品价值实现路径

（一）探索林业生态补偿机制

森林具有涵养水源、净化空气、保护生物多样性等生态功能，是典型的公共产品，容易出现"搭便车"和"公地悲剧"的现象。而林业生态补偿可以利用经济手段和政策手段对森林破坏者征收一定费用，对森林保护者给予一定经济补偿，从而达到改善林业生态效益的目的。近年来，武平县积极探索林业生态补偿机制，率先在全国开展重点生态区位商品林赎买工作，优化林业金融服务，打造了林业生态补偿的"武平样板"。

1. 开展重点生态区位商品林赎买

第一，率先开展饮用水源林租赁工作。武平县重点生态区位商品林面积8.4万亩，主要包括环县城一重山、饮用水源保护区、汀江流域、永武高速公路、国道205线两侧一重山等重要生态区位。随着经济发展和生态区位发生变化，一些商品林被划入重点生态区位，禁止砍伐，林农守着满山的林木却不能砍伐变现，林农利益损失较大。为破解生态保护和林农利益间的矛盾，既要保护生态环境，也不能让林权所有者吃亏。武平县于2009年率先在全国开展重点生态区位商品林赎买工作，对国家级、省级生态公益林、重点生态区位商品林，按生态功能强弱，实行分类补助；将县城饮用水水库周边等近 4 万亩的重点生态区位商品林，以租赁的方式进行赎买，给予林农每年每亩 6.75 元的租金，并形成长效的补偿资金投入制度，为全省实施重点生态区位商品林赎买提供借鉴。

第二，被列为全省首批重点生态区位商品林赎买试点县，实现青山得绿、林农得利。在 2015 年被列为全省首批重点生态区位商品林赎买七个试点县之一后，武平县进一步将县城及乡镇饮用水源林、汀江流域、国省道高速公路一重山等列为赎买重点。通过赎买，让原本待砍伐的商品林，变身为清新福建的"绿色不动产"。一是强化组织领导。成立由县政府分管副县长任组长的武平县重点生态区位商品林赎买工作领导小组，各乡（镇）政府相应成立赎买工作领导小组。二是确定赎买基本原则。重点生态区位商品林赎买坚持有利于保护、自愿、公开、"四优先"原则。三是确定赎买形式、范围、价格。四是广泛宣传，提高认识。五是做好摸底、登记工作。六是深入调查，细化赎买初步方案。七是确定赎买、签订合同。八是林权登记流转，支付赎买资金。目前武平县已累计完成重点生态区位商品林赎买面积 3.8 万亩，实现了重点区位生态保护与林农获利双赢。

第三，探索赎买后重点生态区位商品林的管护模式，构筑多元保护体系。一是直接赎买山场的管护。林木签订转让协议后由县人民政府委托县国投公司（县天源林业有限公司）根据《武平县生态公益林护林员管理办法》进行管理。赎买后有关征占用林地中林木收益（林地补偿费归村集体）、经营利润等收入用于林地租金、保险、防火、管理人员和护林员工资等管护费用支出。赎买后林木划为生态公益林的，其补偿费主要作为护林员管护、森林防火等费用。未划为生态公益林的赎买山场，县财政按生态公益林管护资金标准核定并拨付给天源林业有限公司。二是租赁形式山场的管护。林权所有者与乡镇林业工作站签订租赁合同后，由各乡镇林业工作站委托村委会聘请护林员管护，林业工作站监督管理。

2. 优化林业金融服务

第一，率先建立"五位一体"林业金融服务体系。武平县发挥"全国林改第一县"的标杆作用，率先建立"五位一体"林业金融服务体系，有效解决林权抵押贷款遇到的"五难"（评估难、担保难、处置难、流转难和贷款难）问题。一是成立县级林权服务中心，实行林权抵押贷款评估、收储、担保、流转、贷款"五位一体"优质、高效、便民的"一站式"服务。二是建立县级林权流转管理服务平台，并延伸到各个乡镇；使用林权流转合同示范文本，有效防止合同不规范引起矛盾纠纷。三是实行线下窗口服务与线上简易评估服务并举。线上简易评估只需在网站输入简单的因子，如树种、树龄、平均高度、胸径等，林权信息管理系统即可自动计算出林权的大概价值。四是实行"全县林权一张图"，实现林权抵押、流转、变更等信息的即时更新和实时查询。建立全省首家林业村级担保合作社——武平县城厢镇园丁村村级担保合作社，并升级为武平恒信融资性担保有限公司，专注"农保农贷"业务。五是由入驻金融机构给予最高额度 30 万元的贷款支持，金额按森林资源评估价值 50% 以内确定，贷款期限 1～5 年，最长不超过承包林地期限。六是财政部门专门安排 2000 万元作为收储担保资本金，提供风险兜底。林农若不能到期归还贷款本息，县林业收储担保中心将按林农结欠银行贷款本息购买林权还贷。

第二，全国首创"普惠金融·惠林卡"金融新产品。武平在全国率先开展林权"直接抵押 + 收储担保"贷款模式、组建村级担保合作社基础上，持续探索和创新林业金融体制改革，在全国率先推出"普惠金融·惠林卡"金融新产品，重点实施深化林业发展"三个百分百"计划，即对持有林权证且符合建档条件的林农实现 100% 建档、对符合贷款条件且已建档的林农实现 100% 授信、对有发展项目且有资金需求的林农实现 100% 用信。重点推进天然林免评估直接抵押贷款、林权抵押贷款政府兜底收储机制，打通了林农融资的绿色通道。截至 2022 年 5 月，"惠林卡"已授信 7288 张，授信额度 6.92 亿元，用信 4.96 亿元，涉林贷款余额 20.26 亿元，为林业经营提供了更为便捷的资金保障。

第三，在全省率先开展林业金融区块链融资服务平台建设试点工作。2021 年 7 月，武平在全省率先开展林业金融区块链融资服务平台建设试点工作。该服务平台主要采取"林农线上提交需求，平台撮合成交，线下签约放款"的模式试运行。截至 2022 年 5 月，共有 10 家金融机构在服务平台上提供了信用、抵押、保证等多类别共 50 款贷款产品，797 户林农通过服务提交了融资申请，已成功对接 681 户，下达林农贷款 1.38 亿元。

第四，探索构建以"碳汇银行"为平台的林业碳汇和碳普惠激励机制。2022 年 3 月，武平县在全省率先发行首个低碳金融创新产品碳金卡。具体而言，由武平信用联社将个人低碳行为和金融产品有效衔接，通过运用"i 武平"服务平台的碳积分数据，依据碳积分高低确定授信额度和贷款利率，引导社会大众通过低碳生活、绿色出行、节能消费等方式实现碳积分价值化，贷款额度和利率均在相应基础碳积分上实现额度增加和利率降低。目前武平县已发行碳金卡 413 张，授信 4910 万元。碳金卡等"碳汇银行"专属信贷产品的创新可以为居民绿色消费、绿色生活、节能减排、林业碳汇等与个人碳汇有关活动提供特色的金融服务，是构建以"碳汇银行"为平台的林业碳汇和碳普惠激励机制的有效实现路径。

（二）大力发展区域品牌农业

随着环境污染问题日益严重和居民绿色意识日益觉醒，居民对食品的追求更加严格，必将优先选择无毒无害无污染的生态产品，选择具有"绿色"标识的商品，因此绿色和安全成为一种品牌。近年来，武平在农业发展中全力打造特色农产品品牌和县域农业品牌，推动农业绿色发展与融合发展，夯实农业高质量发展的基础。

1. 注重特色农产品品牌培育，扩大农业影响力

武平县引导经营主体积极开展农产品"三品一标"认证和农产品地理标识登记保护；通过举办"果王"赛、"茶王"赛、"鸡王"赛和采摘节，参加各类展会、赛事，承办福建省（武平）食用菌学术交流会暨紫灵芝文化节，开设"氧吧里的一果一鸡，品质迎'胃'来"专栏等举措提升武平百香果、象洞鸡、绿茶、紫灵芝、富贵籽、红掌的知名度和影响力。比如在武平百香果、象洞鸡、紫灵芝等区域公用品牌打造方面：一是持续推进品牌

培育。近年来，武平在打造出百香果、象洞鸡这两个区域公用品牌的基础上，开始培育打造中国紫灵芝之乡品牌，林下种植紫灵芝 19717 亩，已成为全国最大的紫灵芝生产基地，正在积极加快紫灵芝种加销全产业链建设。二是讲好品牌故事。武平将百香果、象洞鸡等特色产品融入"来武平·我'氧'你"县域生态内涵，把生态优势转化为发展优势，立足"全国林改第一县"、福建省首个中国天然氧吧、百香果"福建特色农产品优势区"，着力打造武平百香果"氧吧里泡着长大"的百香果，"武平象洞鸡——氧吧里的跑步鸡"品牌。三是实行五统一。坚持"统一品牌、统一标准、统一营销、统一价格、统一标识"原则，推进产业整合与品牌整合。四是借力媒体宣传。武平抓住百香果和象洞鸡摆上厦门金砖会议国宴餐桌，代言"福建味道"连续三年登陆央视 8 大频道成为国家品牌的有利契机进行多渠道宣传。武平象洞鸡借力《丰收中国：江苏溧阳 VS. 福建武平》和《乡村大舞台》等栏目进行宣传。同时制作特色农产品题材的微电影、微视频等在今日头条、腾讯网、抖音等各种新媒体进行投放，扩大了武平象洞鸡和百香果的知名度和影响力，成为名副其实的"网红果""网红鸡"，产品供不应求。

2. 大力推进国家农产品质量安全县创建，提升县域整体农业品牌影响力

2021 年 2 月，武平县被确定为第三批国家农产品质量安全县创建单位，成为全省本批 4 个创建县之一，是龙岩市第二个创建国家农产品质量安全县的单位。按照创建国家农产品质量安全县动员会部署安排，武平县抓紧抓实各项创建工作：一是加快推进农业标准化生产。推进水果、食用菌、畜禽省级优质农产品标准化示范基地建设，引导经营主体科学、规范、安全用药，严格执行农产品质量标准，提升农产品质量安全水平。二是推进食用农产品合格证制度与一品一码追溯制度并行。举办农产品质量安全、食用农产品合格证制度与一品一码追溯系统培训班，提升农业经营主体的农产品质量安全意识。三是强化农产品质量监测。落实省市监督抽检、风险监测，严格实行县乡农残快速检测日常监测，严禁农残超标行为。

3. 注重农业绿色发展，持续改善农业生态环境

一是积极推进畜禽粪污资源化利用项目。建设种养结合基地、智能监控

平台及有机肥厂，实现畜禽粪污的资源化、循环化利用。二是开展化肥减量增效工作。通过推广测土配方施肥、种植绿肥、推广有机肥、实施百香果有机肥替代化肥试点项目，化肥施用量年均减少2%以上。三是开展农药减量化行动。积极推广新型植保器械和高效低毒低残留的新农药，病虫害防治农药替代行动，农药施用量逐年下降，年均减少2.5%以上。四是实施茶园水土流失综合治理，做好耕地地力监测和大水面及重点养殖水域环境监测，促进农业的可持续健康发展。

4. 注重接二连三，推动三产深度融合

武平大力推动特色产业"接二连三"，依托特色产业发展农产品加工、休闲农业、乡村旅游、农村电子商务，促进一、二、三产业深入融合。一是大力发展农产品加工。积极向上争取农产品加工固定资产投资补助、现代农业产业园、农产品初加工和精深加工等农产品加工项目，农产品深加工企业加速发展，武平象洞鸡等活禽屠宰冷链物流及精深加工、武平优轩百香果深加工、福建臻富果汁食品有限公司果汁生产线项目等实现了农产品加工的快速转型升级，开发有果汁、果脯、糕点、速冻保鲜鸡、干蒸鸡等产品，延伸了产业链条。二是建立健全营销体系。县电商办联合电商协会通过牵手阿里巴巴等网络营销巨头，通过网络直播、抖音带货等营销方式，积极拓宽"武平百香果""武平象洞鸡"等特色农产品的线上线下销售渠道。武平县政府还与阿里巴巴签订百香果出海项目协议，2个百香果出口生产基地获得厦门海关认证，武平百香果先后首次出口中国香港和中国澳门。三是积极推进农旅融合。武平县以乡村振兴果茶产业园、东留镇（国家）农业产业强镇、福建省农民创业示范基地和省、市、县级乡村振兴试点村为依托，结合县域"不忘初心红色之旅""天然氧吧生态之旅""千年古县客家之旅"旅游路线，依托百香果、茶叶等种植基地，有计划有重点地挖掘田园景观、自然生态、农耕文化、民俗文化等特色旅游资源，扶持发展特色农产品采摘园、农场等乡村旅游业态，目前培育省级以上美丽休闲乡村3个、省休闲农业示范点4个。

5. 注重提升物质技术装备水平，夯实农业高质量发展基础

一是推进高标准农田建设。实施土地平整、高效节水灌溉、农田机耕道路建设，稳定耕地数量、提高耕地质量，粮食综合生产能力稳步提高。二是大力提升农业综合机械化水平。推广水稻生产全程机械化、茶叶新机具、特色农业产业（脐橙）机械化等示范基地创建，培育"五有"农机专业合作社，推广"滴滴农机"服务，大力提升主要农作物和果茶园机械化率。三是开展农作物新品种示范推广。每年实施推广一批优质稻、专用马铃薯新品种等展示与示范点，提升农业新品种应用率。四是实施基层农技体系建设。每年组织基层农技人员参加业务能力提升培训，提升农技人员的专业技术水平，发布农业主推技术、认定一批试验示范基地，建设一批农民田间学校，为全县农业发展提供技术支撑。

（三）积极开展全域旅游

随着生活水平的提高，人们越来越追求精神文明，旅游成为休闲度假的重要方式之一。良好生态环境和丰厚红色文化资源所孕育的秀美风景和革命传统精神，能够给予人们美的享受与精神的洗礼。这为依托优良生态环境和丰富红色文化资源发展旅游等生态产品提供了机遇。近年来，武平立足生态、区位优势，坚定不移实施"融入两区、生态立县、产业兴城、旅游富民"的县域发展战略，把发展全域旅游作为带动脱贫攻坚、乡村振兴、强县富民的强大引擎，着力打造国家森林旅游城市和全国知名乡村旅游目的地。

1. 坚持党管旅游，强化优先发展

武平把"旅游富民"确立为三位一体战略之一写入党代会报告，成为引领县域发展的行动指南。坚持一张蓝图绘到底，强化顶层设计，成立县委书记担纲挂帅的全域旅游发展委员会，建立县、乡、村三级书记抓全域旅游的领导机制，建立一站式的全域旅游综合监督协调机制，形成统筹协调、综合管理、全民参与、督导考评推进体系。

2. 创新投入机制，破解资金瓶颈

贫困县财力薄弱，围绕破解发展全域旅游"钱从哪里来"问题，重点在财政投入、三资运作、资金整合上做文章。财政投入方面，2016～2020年，每年预算 1000 万元设立全域旅游发展专项引导资金，为旅游发展提供有力基础保障；"三资"运作方面，建立旅游发展投融资平台和综合管理运营平台，出台《武平县旅游重点建设项目贷款贴息补助资金管理办法》，依托国企实现旅游项目资金"拨改投"，依托担保公司为旅游项目提供资金支持或融资担保，共为旅游项目融资 5.6 亿元；资金整合方面，发挥旅游融合发展功能，整合水利、住建、交通、农业、林业等部门资金 6.98 亿元，用于与旅游密切关联项目。这些措施有力撬动了社会资本投入，三年来分别滚动计划投资 161 亿元、281 亿元、265 亿元，共实施全域旅游关联项目 205 个，一批高品质文化旅游项目拔地而起。

3. 健全供给体系，丰富旅游业态

一是合理布置城市旅游休闲功能。持续打造文博园游憩区、客都汇文化旅游综合体、兴贤坊传统文化街区等城市旅游休闲功能区，完善平桥翠柳公园、碧水公园等主客共享的旅游设施。二是致力打造"五大基地"。武平创新开发"五氧""五福"产品，差异化打造云寨、捷文、尧禄等 20 多个特色旅游村和网红村，带动群众在发展民宿、"森林人家"、家庭农场、研学体验、旅游产品销售等经营项目中实现增收，打造党员干部教育培训基地、学生研学基地、工会职工疗养基地、企业团建基地和游客度假养生基地"五大基地"。三是培育特色餐饮品牌。建成客都汇夜市文化街、中远上城美食街等美食街区，引导餐饮特色化、精致化。四是发展多元化旅游住宿。开发白水寨、箩斗坑、松花寨等 36 家风格各异、独具特色的生态休闲餐饮住宿业态山庄。深入开展十佳旅游住宿饭店创建活动，提升旅游接待服务水平。三年来，武平县游客接待能力大幅增加，床位数从 3100个增加到 6300 个。五是丰富旅游娱乐项目。三年来武平新建平桥翠柳茶馆等 21 家形式各异、富有特色的娱乐休闲场所。六是发展旅游购物商场。开发兴贤坊传统文化街区、万星购物商城等 8 处旅游购物特色商场建设，研发百香果、竹艺品等系列旅游文创商品，引导扶持土特产品线上线下同步推广。

4. 全民共建共享，优化旅游环境

武平为推动全域旅游发展，同步开展全国文明城市、国家卫生县城、国家园林城市、国家生态文明建设示范县等"四城同创"活动和"平安武平"创建活动，创造文明、安全、舒适、便捷的主客共享优质旅游环境。加快推进"双龙"铁路、赣龙厦铁路、浦武高速等项目建设，实施城区、景区快速通道项目，完善全域旅游交通标识系统和集散咨询服务体系，推动旅游厕所覆盖城乡，建成"一部手机游武平"智慧旅游平台。与厦旅集团合作成立文旅项目运营公司，客源互通、品牌共建，推动旅游业转型升级。立足三省边界的地域优势，牵头成立闽粤赣旅游联盟，打造"三省一日游"精品游线，每年拉动游客 50 万人次。

5. 唱响"来武平·我'氧'你"，发展流量经济

武平县融媒体中心是中宣部重点支持推动的县级融媒体中心。依托这一平台，武平形成以"两台两微一抖一网一端一刊（即一个电视台，一个广播电台，"武平发布"微信公众号及同名微博号，抖音号，武平新闻网，"i武平"App 和《兴贤坊》CN－Q 乡讯杂志）"等为支撑的强大媒体宣传矩阵。每年旅游营销投入 1000 万元以上，多渠道策划推广"来武平·我'氧'你"旅游品牌，在各类旅游推介、节庆活动中植入宣传的同时，通过央视央广、"驴妈妈"等知名网络媒体和动车、公交车、地铁等媒介平台，设计营销 IP 形象，多层次多维度宣传旅游精品线路及景区景点，大幅提升武平知名度和美誉度。"来武平·我'氧'你"城市宣传旅游口号已深入人心，口口相传，唱响八闽，走向全国。

（四）推动高新技术产业发展

前文提到依托生态环境的改善发展生态农产品、生态旅游等，都属于生态"＋产业"的发展模式，即生态产业化。要实现生态产品价值，除了有生态产业化这一路径外，还有产业"＋生态"这一路径，即产业生态化。产业生态化就是按照"绿色、循环、低碳"的原则，采用绿色先进技术，培育发展生态效益好的新兴产业。产业生态化的本质上就是减少产品生产负

的环境外部性，增强其正的环境外部性，并将外部性内部化的过程，通过生产方式绿色化，降低对生态环境的破坏，促进生态产品增值。近年来，武平县通过改善营商环境，大力推动以新型显示行业为代表的绿色高新技术产业的发展，不断提升武平的产业生态化水平。

1. 多措并举推进项目落地

一是完善招商引资工作机制。第一，在项目洽谈阶段提供高效优质服务，主动靠前，来吸引客商、感化客商、感动客商，力促项目落地。武平县建立起主要领导带头定期外出招商工作机制，目前主要领导已多次带头前往深圳、东莞、梅州、厦门、莆田、泉州、上海等地开展招商对接活动，同时邀请多批客商来武平考察。第二，在项目落地建设阶段提供"保姆式"服务，指派专人负责跟踪服务，帮助企业办理规划审批、施工许可、环境影响评价等前期手续。第三，武平县积极参加"6·18""9·8""11·8"等重大招商推介活动，主动出击，积极开展招商引资工作。二是加强产业招商的对接。武平县围绕重点产业，以粤港澳大湾区、闽西南协同发展区为主攻方向，深化思明区山海协作，全方位推动建链、补链、延链、强链招商。同时，武平县重抓产业链填平补齐与闲置厂房低效企业盘活重组。采取合作租赁、纾困解忧、产权流转、政府收储、司法拍卖等方式盘活闲置土地150多亩，实现园区4家企业"涅槃重生"、闲置土地"腾笼换鸟"，共盘活闲置厂房29112平方米。

2. 强化要素保障服务

一是优化营商环境。在提升硬环境方面，武平县按省级高新区要求同时结合创建新显小镇，进一步完善提升园区规划，在充分考虑路网、功能区布局、立面升级、绿化、亮化、人行道、排污、排水等规划提升外，完善学校、运动场、研发基地、行政金融服务中心、医院、影剧院、休闲公园、高管宿舍、人才小区、商贸综合服务等功能配套规划。在提升软环境方面，武平县转变理念，提升服务意识，优化服务方式，提高服务效率，高新区着力在项目全过程服务上提升，实行全流程跟踪服务，不断优化营商环境。

二是加强标准化园区建设。其一，着力基础设施提升建设。①加快推进武平高新区光电信息产业园项目建设，一期建设 13.5 万平方米标准厂房已完成选址立项、可研批复、方案设计等工作，目前正在办理用地出让和施工图设计手续；②持续推进新显特色小镇建设，推动产城融合，园区总投资 2650 万元的 5 个市政基础设施提升工程已完成设计，其中高新区岩前园区思明大道绿化提升工程已开工建设，标准厂房区域市政设施提升工程正在招投标；③有序推进智慧园区在线监测监管大数据平台建设，已完成方案设计，正在招投标方案审查，2021 年底可竣工投入使用。其二，着力生态环境提升建设。岩前园区、十方核心区均已完成雨污分流，线路板企业工业废水、生活污水已全部接入第二污水处理厂处理，园区其他生活污水已接入集镇污水管网系统。主动做好省生态环境保护督察迎检工作，积极落实整改督察组反馈问题，园区生态化水平得到进一步提升。其三，着力综合服务功能改善提高。响应国家"地摊经济"政策，对园区小市场进行了整顿，开设小夜市。与全县各银行签订了"银企协作对接平台协议"，为企业搭建融资平台。设立了大小物流装卸集散点。十方、岩前天然气站已建成投入使用。其四，着力推进科技创新。大力推进科技创新品牌建设，全县共有科技型中小企业 33 家，省级科技小巨人企业 15 家，省级高新技术企业 13 家，国家高新技术企业 31 家；省级专精特新企业 6 家，国家级专精特新"小巨人"1 家；省级应用标杆企业 5 家。飞天、大北农、金时裕等企业联合龙岩学院等高等院校打造产业智能制造产学研技术平台，促进企业提升科研水平，提高科技成果转化率。创建国家高新区工作有序推进。其五，着力抓安全生产综治平安工作。深入开展安全生产三年专项整治行动，重点组织了开展园区房屋结构安全隐患大排查大整治、安全生产隐患大排查大整治工作 359 人次，隐患整改率达 100%，有效办理信访、12345 热线平台诉求件 40 件。沟通协调解决园区建设周边群众反映热点问题，构建和谐园区。

3. 深入实施"双培育、双倍增"计划

武平县深入贯彻落实龙岩市委、市政府《"双培育"三年行动计划》，根据武平本地实际，制定出台了产业发展"双培育""双倍增"三年行动计划和《武平县工业项目招商引资优惠政策》。就高新技术产业的发展而言，一是着力培育支柱产业和龙头企业。对列入重点培育产业，实施"一业一策"，列入重点培育企业，实施"一企一策"，组建专班，实行领导挂钩帮扶，主动作为，深入企业一线，抓好政策落实，积极帮助合信、创隆、闽鸿物流等企业列入县"双培育"重点龙头企业，助推企业生产经营。二是推动企业规模与效益"双倍增"。武平县积极鼓励企业自主创新、技改扩建、技改升级，协助企业拓宽市场、拓展业务，实现规模生产、提质增效、效益倍增、做大做强，努力打造省级高新技术产业园区产业发展。

三 持续推动生态产品价值实现机制集成创新①

习近平总书记2021年3月来闽考察时指出："要坚持正确改革方向，尊重群众首创精神，积极稳妥推进集体林权制度创新，探索完善生态产品价值实现机制，力争实现新的突破。"② 这是习近平总书记对新时代福建深化生态文明体制改革指明的重要方向，提出的更高要求。建立健全生态产品价值实现机制，将生态产品所蕴含的内在价值转化为经济价值，是推进福建省生态文明建设再上新台阶的重要行动指南，也是实现"十四五"时期绿色发展目标的关键途径。近年来，武平认真贯彻落实习近平总书记对福建、武平林改和对捷文村群众来信的重要指示精神，践行绿色发展理念，持续深化改革，探索完善生态产品价值实现机制，加快发展绿色生态产业，在促进农民增收、森林增绿、生态增效等方面取得积极进展。为了进一步加快武平"两山"高水平转化，需要紧密结合县域实际，以推进生态资源资产化、生态资产资本化、生态资本项目化为主线，围绕生态产品价值实现过程的"堵点"、"难点"和"痛点"，推动体制机制协同创新，提升生态产业化经营水平，努力打造全省乃至全国绿色经济发展新样板。

---

① 胡熠：《推进我省生态产品价值实现机制协同创新》，《福建日报》2021年7月18日。
② 《不负千钧嘱托 高奏奋进强音》，《福建日报》2021年3月26日。

（一）完善自然资源确权和交易机制

自然资源是生态产品的物质载体，自然资源产权归属决定了生态产品产权归属。针对当前自然资源"家底"不清、产权归属不明、交易机制不健全等问题，要抓住自然资源"确权""赋权""活权"三个关键环节，明晰自然资源领域生态产品产权归属，优化产权结构，建立产权交易制度。推进县域自然资源统一调查监测评价，优化全县自然资源统一管理平台管理，统一制定自然资源资产负债表，统一编绘全县自然资源空间分布图，全面推进自然资源统一确权、登记和颁证工作。明确各类自然资源资产所有权主体，划清全民所有和集体所有之间以及不同集体经济组织之间的产权边界，厘清自然资源资产所有权与自然资源行政管理权的边界。比如，武平针对一些林农取得农村集体林地承包权但无心经营、无力经营问题，大力推进林地所有权、承包权、经营权"三权分置"，健全覆盖县、乡的林权流转管理服务平台，为这类林农将林地流转给想经营、会经营、有心经营的个人、企业或社会团体经营提供服务，促进林业适度规模经营，提高经营效益。根据森林、草原、湿地、水流、滩涂、荒地等不同类型自然资源特性，厘清自然资源产权主体占有、使用、收益、处分等权责利关系，细化设置可交易的产权权能。例如，武平以国家湿地公园为主体的自然保护地普遍设立集体林地地役权，集体林地为供役地，自然保护地管理方为地役权人，通过与相关集体组织签订地役权合同，在不改变集体林地权属基础上，通过合理利益补偿和资源共管机制，实现自然资源的完整性保护。

（二）健全生态产品经营开发机制

生态产品只有转化为生产要素或者消费产品，纳入社会经济生活体系，才能创造和实现其经济价值，给产权主体带来一定的经济收益。武平是生态资源富集的地区，但是经济与发达地区金融资源对接渠道少，项目包装策划、推介营销、项目运营、金融运作等方面还比较薄弱，因此，要因地制宜开展生态产品开发适宜性评价，确定生态产品开发次序和产业发展类型，科学设计生态资本化运作方案和项目的商业模式。鼓励采取"龙头公司＋股份合作社＋农户"的生态产业化经营模式，引导农村集体经济组织、个体农户以各种自然资源产权量化或作价入股，发展股份合作社等新型经营主体，并由新型经营主体代表集体农户与龙头公司进行协商谈判，推动形成"基本收益＋股权分红＋劳务参与"的多元化利益回报机制，让生态产品产权主体获得相对稳定的预期回报。比如，武平大力推广"龙头企业＋专业合作社＋基地＋农户"经营发展模式，重点发展紫灵芝、富贵籽、白背草、木通、中华蜂、棘胸蛙、象洞鸡、野生红菇、竹笋等绿色生态产品。通过引龙头、铸链条、促集聚，科学运用先进技术发展生态产品精深加工，培育"互联网＋""旅游＋"等生态产业发展的新业态、新模式，促进城乡一、二、三产业融合发展，纵向延伸生态产业价值链。比如，武平县积极开展林业招商引资，加快林产加工业转型升级，优化产业结构，利用高新技术，大力发展林产品精深加工产业，推进笋、竹产品精深加工，重点发展户外家具、竹集成材、竹工艺品、精制笋等高附加值木竹制品。加快林业产业集聚，推进武平高新区十方产业园建设。依托良好自然环境本底条件，大力发展数字经济、洁净医药、电子元器件等环境敏感型产业，横向拓展绿色产业发展空间，将优质生态环境转化为区域经济发展优势，实现生态资源多元化综合利用，推动包容性绿色增长。

（三）拓展生态产品价值多元实现机制

根据生态产品的不同消费属性，分类探索多元化价值实现路径。一是开展生态产品品牌化经营。物质供给类和文化服务类生态产品具有消费竞争性和排他性特征，要依托品牌建设实现其产品溢价。打造特色鲜明的生态产品区域公用品牌，建立"区域公用品牌＋企业品牌"的管理模式，完善生态产品质量认证体系，推动更多生态产品入选国际互认体系。武平正在推进林业生态产品质量追溯体系建设，制定林业生态产品认定标准和认定办法，对具有一定规模的优势林产品开展生态产品评审认定工作。武平拟选择紫灵芝、蜂蜜产品进行试点，对产地环境、土壤、菌包质量、农残、重金属、产品有效成分进行监测检测，达到认定标准的产品，授予"林业生态产品"品牌。把握城乡区域不同消费需求的互补性特征，利用互联网电商平台，推动生态产品供需精准对接，带动农村人口就近就地致富。二是完善区域综合性生态补偿机制。调节服务类生态产品具有空间集聚性、功能系统性和服务外溢性等特征，要完善政府主导、纵横结合的综合性生态补偿机制。综合考虑各种生态产品类型、生态保护与开发成本、生态效益等因素，将各地生态产品价值核算作为全省综合性生态保护补偿资金分配的重要依据。三是规范资源环境权益交易市场。依托福建省市一级的产权交易中心，在现有用能权、排污权、碳排放权市场基础上，积极探索湿地、林业等碳汇核算方法及其交易可行性，拓展湿地保护、用水权、电力绿证等新的生态产权交易机制，打造配套制度优、覆盖范围广、交易品种全、交易方式多、系统运行稳的资源环境权益交易市场。四是促进绿色金融业务创新。推动金融部门将承包土地经营权、古厝经营权、碳排放权、水库灌溉收益权等生态环境权能纳入抵（质）押品范围，积极开发"生态资产权益抵押＋项目贷"等新型贷款模式，探索完善金融支持生态产品价值实现的长效机制和配套政策。武平正在通过积极探索"绿色生态能量"交易、抵减等形式，盘活林木、林业碳汇生态价值，同时推进金融机构服务环境权益市场建设，引导市民形成绿色生活生产理念。

武平发展绿色农业的案例

一、案例背景

武平是习近平总书记亲手抓起、亲自主导的集体林权制度改革的发源地，被誉为"全国林改第一县"，全县森林覆盖率79.7%，是国家生态文明建设示范县，福建省首个"中国天然氧吧"，福建省的粮食主产县，百香果、紫灵芝特色农产品优势区。近年来，武平县在新发展理念指引下，充分发挥"全国林改第一县"的生态环境优势，积极探索农业绿色发展之路，大力发展特色现代农业"851"工程，"8"即加快发展水果、花卉苗木、食用菌、畜禽、蔬菜、茶、林竹、淡水鱼"八大"优势特色产业，"5"即做大做强武平百香果、武平象洞鸡、武平富贵籽、武平绿茶、武平紫灵芝"五大"特色产品，"1"即稳定粮食生产，通过实施农业绿色发展举措，八大优势特色产业蓬勃发展，2020年实现全产业链产值114亿元。培育壮大了一批强县富民的特色产业，武平百香果、象洞鸡被誉为"氧吧里泡着长大的百香果""氧吧里的跑步鸡"，2017年入选厦门金砖会晤专供产品，成为宴请四海宾朋的"福建味道"；"武平百香果"2018～2020连续三年登陆央视8大频道成为国家品牌。绿色发展既提升了产业发展质量，又鼓起了农民的"钱袋子"，实现了"生态美、产业兴、百姓富"有机统一。

二、主要做法与成效

（一）推进农业投入品减量化

为全面奏响农业绿色发展"主旋律"，武平县大力实施化肥、农药减量增效行动，增加绿色农产品供应。实施百香果有机肥替代化肥试点，推行使用有机肥和生物肥，制定"有机肥＋配方肥""有机肥＋水肥一体化＋酸化改良""有机肥＋酸化改良＋配方肥""堆沤有机肥＋微生物菌剂＋酸化改良"4种主推技术模式，示范面积2万亩，示范区化肥施用量减少15%以上，有机肥施用量提高了23%，"武平百香果"品质进一步提升，2021年种植面积进一步扩大到3.02万亩，预计可实现产值3.5亿元；实施水稻绿色高质高效行动，注重通过测土配方施肥、种植绿肥等方式提高土壤有机质含量、平衡土壤养分，持续提升土壤肥力，近三年来，建立水稻绿色高效技术核心示范片87个，带动创建面积34.28万亩，实现节本增效5%以上；开展生态茶园建设，推广应用物理防治、生物防控等绿色防控技术，在桃溪、中山、民主、象洞等茶叶主产区推广以粘虫色板、性诱剂、矿物油等茶叶病虫害绿色防控措施，几年来累计实施病虫害绿色防控4.5万多亩，帮助茶农亩均增收1000元以上。

（二）推进农业废弃物处理资源化

重视畜禽粪污、农作物秸秆、食用菌菌渣等农业废弃物的资源化利用，培育构建"种植业－秸秆－畜禽养殖－粪便－沼肥还田、养殖业－畜禽粪便－沼渣/沼液－种植业"等循环利用模式。实施畜禽粪污资源化利用整县推进项目，按照"源头减量、过程控制、末端利用"原则，武平县通过对规模养殖场基础设施、粪污治理设施、粪污循环利用设施的"填平补齐"建设，构建"环境资源承载能力相匹配、生产生活生态相协调"的全县域畜牧业发展格局。全县畜禽标准化养殖规模比重得到提升，畜禽规模养殖场粪污处理设施装备配套率达到100%，粪污综合利用率达到96.3%，建设粪污有机肥厂1家，年产有机肥3万吨。粪污种养结合利用模式基本建立，粪污综合利用产业化开发初见成效，全县共有10万亩以上面积的农作物受益，推动173户养殖场（户）减排，帮助2000户以上农户减少化肥施用量，实现种养结合、农牧循环、绿色发展的目标。深入实施秸秆综合利用行动，按照农作物秸秆肥料化、饲料化、基料化、燃料化、原料化等"五化"利用原则，重点采取"机收秸秆粉碎还田""秸秆果茶园覆盖""稻草粉碎发酵形成食用菌培养料"等模式推进秸秆综合利用，其中，稻草粉碎发酵形成食用菌培养料用于栽培双孢蘑菇、巴西蘑菇和草菇等食用菌品种生产，采摘完的培养料还可以通过有机肥厂回收制作成有机肥还田，实现废弃物的多环节循环利用，获得最佳的经济效益与生态效益。三年来秸秆综合利用示范面积7.3万亩，示范带动32.9万亩，全县秸秆综合利用率达到93.5%以上。

（三）推进产业链接循环化

积极探索种养结合，农牧结合新模式，利用武平县生态环境和水田资源优势，发展稻-蛙综合种养，利用水稻和虎纹蛙生长的空间差异，在水田中进行绿色循环作业，在原有稻谷种植的基础上，科学套养6000只/亩（泰国）虎纹蛙，采用"一田多用，一地多收"的多样性生物兼作方式，形成蛙为稻田"吃虫、增肥、除草"，稻田为蛙"供饵、遮阴、避害"的良性循环，不用施肥和除虫喷药，既保护了生态环境，又大大提升了稻米品质。该种植模式单季稻谷在稳增产的基础上，可产虎纹蛙1000千克/只左右，综合效益可达传统水稻种植10倍以上，提高了土地空间利用率和收益率，具有明显的"稳粮、促渔、提质、增效、生态、环保"等特征，从而实现较好的经济效益、社会效益和生态效益。

（四）推进资源利用节约化

注重建设旱涝保收、节水高效、稳产高产、生态友好的高标准农田，巩固和提高粮食综合生产能力、保障粮食安全。2019 年以来，全县共建设高标准农田 6.31 万亩，大大改善了农田基础设施和耕作条件，实现了高效节水灌溉，明显提升了粮食产能。2020 年，全县粮食播种面积 36.6 万亩、总产 15.8 万吨，分别比上一年增加 8686 亩、5290 吨。积极开展经果林水土流失治理。对现有的果茶园、抛荒农用地进行坡改梯、生草栽培、种植绿肥等方式进行改良，降低山地果茶园土壤侵蚀，形成山地茶园生态栽培的有效模式。三年来，共实施经果林水土流失治理 4650 亩。

三、经验启示

武平县积极深化林改、厚植绿色优势，将"绿色发展"举措融合到农业生产发展的全过程，通过实施生态茶园建设、百香果有机肥替代化肥试点、畜禽粪污资源化利用、推广稻蛙共作、秸秆综合利用、高标准农田建设等举措实现了农业投入品的减量化施用、农业废弃物的资源化利用、农业资源的有效保护，探索了农业循环利用的新模式，是推动生态优势转化为特色产业发展优势的生动实践，促进了优势特色产业的高质量发展，提升了农民发展绿色优质农产品的意识，目前全县有无公害、绿色、有机及地理标识认证产品 44 个，提升了产业质量效益和竞争力，推进了乡村产业振兴。

| 第 | 六 | 章 |

严守县域生态安全底线

生态环境安全是国家安全的重要组成部分，是经济社会持续健康发展的重要保障。[①] "图之于未萌，虑之于未有"，防范各类生态环境风险积聚扩散，可为保护国家生态安全、提升人民生态福祉、促进绿色发展、应对气候变化发挥重要作用。2015 年，我国颁布实施《中华人民共和国国家安全法》，将生态安全作为维护国家安全的重要任务，明确提出"保障人民赖以生存发展的大气、水、土壤等自然环境和条件不受威胁和破坏，促进人与自然和谐发展"。武平以习近平生态文明思想为指引，以维护和提高森林资源生态功能为切入点，突出修复提升生态功能，实行山水林田湖草系统治理，强化生态监测监管，从而使国土空间开发保护格局得到优化，自然环境资源利用效率大幅提高，主要污染物排放总量持续减少，城乡人居环境持续改善，筑牢了生态安全屏障。

一 严守生态安全底线对县域经济社会发展的重要意义

生态安全是区域赖以生存和发展的生态环境处于不受或少受破坏与威胁的状态，不仅要求生态系统自身安全，也要求生态系统提供的服务能满足人类生存发展的需要。当一个国家或地区所处的自然生态环境状况能够维系其

---

① 习近平：《推动我国生态文明建设迈上新台阶》，《求是》2019 年第 3 期。

经济社会的可持续发展时，它的生态就是安全的。有度有序利用自然生态资源，构建科学合理的生态安全格局，对于县域经济社会发展意义重大。

（一）生态安全是县域国土安全的重要内容

国土空间作为经济、社会、文化在地理要素上的载体，为国民经济发展提供资源和环境基础，是生态文明建设的物质之基、能量之源。对国土空间的开发和利用不仅要注重其资源禀赋属性，强调资源产出和经济效益，也不能忽视其生态环境属性，国土空间发展的最终目标是促进生活空间、生产空间和生态空间和谐，实现人与自然协调发展。因此，在国土空间开发和利用的过程中，必须防止对自然资源的过度利用，重视对生态环境的修复和保护，加强对国土空间的规划和管制。合理的国土空间开发和保护，必须建立在以自然地理、生命安全、生态安全和粮食安全为约束的资源环境承载力基础上，并以合理构建区域范围内的生态保护格局、农业发展格局、镇村体系及中心城区的城市空间结构、区域交通等重要基础设施廊道和布点等为内容。守住生态安全，就意味着按照人口资源环境相均衡、经济社会生态效益相统一的原则建立国土空间开发保护制度，划定并严守生态保护红线，严格保护各类重要生态空间，促进形成科学合理的城镇化推进格局、农业发展格局、生态安全格局，给自然生态留下休养生息、自我更新的空间，从而保障生态功能的充分发挥，实现区域自然资源和绿色基础设施的有效合理配置。

武平作为闽西、粤东、赣南的重要交通枢纽、物资集散地和南方重点集体林区县，其林改的持续推进应更为注重高效、集约节约利用空间资源，守住自然生态安全边界，如，依托现有山水脉络等独特风光，重视对生态环境的修复和保护，加强对生态环境风险的识别和预警，统筹安排生态治理路径，严控"生态保护红线"，坚持"环境质量底线"，确保县域环境污染物排放达到规定标准；限制"资源利用上线"，确保自然资源利用总量、强度符合管控要求；施行"生态环境准入清单"，优化县域内产业发展格局、城镇与人口格局、农业格局和生态安全格局，确保国土开发空间格局等活动达到环境准入要求，促进国土空间的可持续性开发、利用和保护，不断提升空间治理能力。

（二）生态安全是县域高质量发展的题中应有之义

"十四五"规划和 2035 年远景目标建议提出统筹发展与安全的关系，其中的重要方面是要统筹发展与能源安全、粮食安全、城市安全等非传统安全的关系。党的十九届五中全会强调到 2035 年的生态文明目标是生态环境根本好转、美丽中国基本实现，强调未来的高质量发展是要守住自然生态安全边界的发展。高质量发展是要守住自然生态安全底线的发展，没有生态安全作为前提的发展不是高质量发展，没有发展作为保证的生态安全也不是高质量发展。理解和把握高质量发展的要求，不仅仅局限于经济领域，而是体现在经济、社会、文化、生态等各领域。生态环境保护和高质量发展在本质上具有统一性和一致性。从本质上看，高质量发展要求以较少的资源能源消耗和环境成本来实现发展，良好的生态环境既是生产力要素之一，也是高质量发展的重要内容。在尊重自然规律、经济规律、社会规律的同时推动生态环境保护，这个过程本身就是在推动高质量发展，同时，在生态环境保护领域体现高质量发展要求，也能为其他领域的高质量发展提供有力支撑、拓展更大空间。为此，必须坚守生态环境安全底线来保障高质量发展，并在这一进程中贯彻落实新发展理念，不断夯实生态环境保护高质量发展的理念基础和行动基础，增强保护和改善生态环境的自觉性，把经济活动、人的行为限制在自然资源和生态环境能够承受的限度内，为高质量发展提供更大的环境容量。

围绕全方位推动高质量发展超越、建设闽粤赣省际宜居宜业宜旅的生态文明示范城市的目标，武平需要深化对"以生态环境保护推动高质量发展"的认识。一方面，要严格生态环境治理与保护，深入推进汀江、中山河等主要流域山水林田湖草系统治理，守牢生态安全底线，创造更多生态产品，为全方位高质量发展提供环境支撑；另一方面，发挥生态资源禀赋优势，构建高质量发展的动力系统，做到宜水则水、宜山则山，宜粮则粮、宜农则农，宜工则工、宜商则商，积极探索富有地域特色的高质量发展新路子，把绿水青山蕴含的生态产品价值转化为金山银山，走出一条适合本地区的以生态优先、绿色发展为导向的高质量发展之路。

（三）生态安全是事关人民群众美好生活需要的现实指向

生态环境既是人类实践活动的坚实自然基础，也是人类文明发展不可或缺的前提条件。环境就是民生，青山就是美丽，蓝天也是幸福，良好生态环境是最普惠的民生福祉。发展经济是为了民生，维护生态安全，加强生态保护也是为了民生。人民的美好生活需要不仅体现在物质层面和精神层面，还包括更多优质的能满足人民日益增长的生态需求。因此，必须严守自然生态安全底线，提高环境治理水平，重点解决损害群众健康的突出环境问题，加快改善生态环境质量，提供更多优质生态产品，做到生态惠民、生态利民、生态为民，让人民群众生活在宜居的环境中，切实感受到经济发展带来的实实在在的环境效益。

武平应以保护林改成果为重任，以人民群众对环境安全等方面的需求为导向，将生态环保攻坚、巩固、提高三个步骤分阶段推进生态环境质量、生态品牌和绿色经济效益提升，不断提升城市和乡村的品质，让人民呼吸新鲜的空气、饮用干净的水、吃上放心的食物、生活在宜居的环境中，为建设有温度、"百姓富、生态美"的宜居宜业宜旅武平提供保障。

二 优化国土空间开发格局的实践

国土是构建生态安全体系的基础依托，守住生态安全需要明确区域生态安全格局，守住生态空间安全边界。武平保持战略定力，坚持人与自然和谐共生，优先确定生态保护空间，明确自然保护地等重要生态区，构建生态屏障，在打造生态安全格局过程中应用了山水林田湖草生命共同体理念，对县域范围内全要素进行整合分析，刻画了生态功能、生物多样性、水土保持等重要区域，科学划定城镇空间、农业空间和生态空间，促进国土空间发展更加绿色安全、开放协调、富有活力并各具特色，构建了"梁野山上生态引领，梁野山下产城融合；城里商贸开花，城外农耕文化"的空间形态，从而始于武平捷文村的集体林权制度改革，激活了万重青山，优化了城镇空间、农业空间与生态空间三大国土空间布局。

（一）坚持自然生态底线思维

武平是我国南方重点林区，境内群峰叠翠、溪河交错，植被茂密、物种繁多，泉水淙淙、清澈见底，松风竹韵、鸟语呢喃，素有"天然氧吧"和"绿色基因库"之称，优美的自然地理环境和生态景观格局奠定了武平山水园林城市美誉的魅力基石。作为对过去城乡总体规划和城乡特色风貌的继承和延伸，武平新一轮国土空间规划依托独特的地理环境和丰饶的山川地脉，坚持"生态型、节约型、功能型"的城乡绿化发展方向，加强县域空间内的林地、草地、河流、湖泊、湿地等生态空间的保护和修复，守护好宜人宜居的山水格局与肌理，塑造了"一主两副、一环三廊"的总体格局。

基于这一国土空间开发保护总体格局，其中，"一主"，即主城区，使其成为带动全县发展的核心区和全县工业化、城镇化的主要载体，同时还要保障主城区的生态底线，以项目化完善城市生态系统功能，充分发挥其在武平全国文明城市建设中的引领带动作用。"两副"，即十方镇、岩前镇，将人口基数大，城镇化水平高，交通便捷，产业基础良好，和主城区能够通过高速、快速路体系便捷联系，具备良好发展条件的十方镇、岩前镇纳入城市范围，构建"一主两副"的整体县域城市结构，有助于推进县域整体协调发展。"一环"，即环梁野山－主城区城乡一体协调发展区，通过加快推进环梁野山城乡一体协调发展试验区建设，实施产业振兴、乡村建设、全域旅游，推动生态经济、生态旅游联动发展，使之成为一、二、三产业高度融合的综合试验区，最大限度释放梁野山生态核心竞争力。"三廊"，即十方－岩前双龙铁路沿线工业经济廊道，湘店－下坝浦武高速沿线生态农业、生态旅游经济廊道和东留－十方古武高速沿线经济廊道。

为实现空间发展蓝图，武平坚持生态优先，明确保护空间和开发空间，力争在保护空间方面做到明晰山水林田湖各类自然资源底线，实施分区管控；统筹划定生态保护红线、永久基本农田控制线；在开发空间上做到落实集约发展要求，实施全县人均城镇建设用地指标和中心城区人均建设用地指标"双控"，合理确定城镇建设用地规模，划定城镇开发边界控制线；基于城乡一体化要求，构建开放式、网络化、协调发展的城镇村空间体系。

（二）守护美丽山水底线

武平境内生态资源丰富，既有集太姥山的奇伟雄姿、兼武夷山的柔媚挺秀的梁野山，也有中山河国家湿地公园、高依山白鹭风景区、狮岩、兴贤坊历史文化街区、中山古镇等名胜古迹，国土空间规划应将这些生态空间和景观环境的保护作为前提，为此，武平整合域内生态、气候、山水、茶海、花果、乡村、古镇等资源，着力构建县域生态发展新格局，从城乡经济一体化发展空间布局考虑，把森林搬到城市，将城市延伸到乡村，加快推动生产空间集约高效、生活空间宜居适度、生态空间山清水秀，力争给自然留下更多修复空间，给农业留下发展空间，努力打造宜居宜业宜旅的生态家园。

1. 生产空间提效率

不顾生态环境的经济发展是"竭泽而渔"，而离开经济发展的环境保护就是"缘木求鱼"。武平准确认识和把握抓生态和抓发展的内在统一性，以"来武平·我'氧'你"，不断打造绿色生态，打好"生态牌"、念好"生态经"、走好"生态路"，"生态立县，绿色崛起"已成为武平的发展战略，绿色理念融入各个领域。武平根据不同主体功能定位要求，合理确定生产、生活、生态三类空间适度规模和比例结构，统筹推进以城厢、十方、岩前三个重点开发乡镇为重心的工业区建设，保护以环梁野山区域为重点的生态功能区，打造武平省级工业园区、省级高新技术产业园区和环梁野山城乡一体协调发展试验区三大产业发展平台，扎扎实实推进绿色发展，提高资源绿色开发水平，提升在闽粤港边界地区的集聚辐射能力。其中，武平省级工业园区，其规划面积达 14.37 平方千米，既是武平构筑"三足鼎立、众星拱月"经济发展格局的重要组成部分，也是推动生产要素集聚、促进特色优势产业发展的主战场；同时还是实施项目带动战略、建成闽粤赣边生态型经济强县的重要载体。当前园区围绕"构建新型工业体系"和"提升园区聚集功能"目标，重点发展机械制造、光伏和电子、不锈钢、农产品加工、矿产品加工等产业，培育形成产业整合创新、动态优化、高效低耗的新型产业体系。

武平高新技术产业园区立足岩前、十方工业园的交通、区位优势，以新型显示、智能制造等产业为主导，集聚科技人才资源，打造高新技术产业链、创新链，重点发展新型显示与智能制造、新材料、先进制造业、农林产品精深加工等四大产业，积极发展现代物流、科技服务、"互联网＋"等现代服务业，致力搭建承接产业转移、引领创新创业的示范区，探索山区贫困县依托科技创新实现县域产业转型升级的创新发展之路。

环梁野山城乡一体协调发展试验区以县城为依托，以梁野山景区和客都汇为龙头，以城厢镇云礤、园丁、尧禄、东云和东岗五个村为节点，以梁野山周边乡镇为延伸，以"两头带领、五村联动、辐射周边、城乡一体"为策略，实施规划引领，在规划建设中注重生产、生态、生活"三生融合"，坚持"留白、留绿、留旧、留文、留魂"，合理布局，通过产业培育、景区提升、道路互通、村庄整治、文化植入、公共服务延伸、电商融合、体制机制创新等措施，打造云中村寨（云礤）、十里花廊（园丁）、阡陌桃源（尧禄）、淘宝客都（东云）、开心田园（东岗）等"五朵金花"，推动城乡、产城、文旅等"三线融合"，辐射、带动环梁野山城厢、万安、永平、武东、中堡、桃溪等乡（镇）联动发展，环梁野山生态文化旅游经济圈正加快形成，特色小镇、美丽乡村星罗棋布。

2. 城镇空间塑品质

（1）主城区绿色品质提升

武平县城四周青山环抱，具有良好的绿化大环境，有平川河与中山河流经，为保护生态底色，武平以打造"闽粤赣省际宜居宜业宜旅的生态文明示范城市"为目标，贯通山水网络，重点围绕"一河两岸"，加强城市整体设计，加强城市风貌引导与管控，构建"一带双核九心多廊"的县城绿地结构布局，形成"城在景中、景在城中、山水城景相交融"的格局与肌理。

其中，"一带"，是打造平川河滨水休闲带。围绕平川河两岸建设了客都汇至梁野山景区景观慢道、平桥翠柳城市森林公园、东门苑公园、河滨客家文化公园、树子坝公园、滨河公园、中山河国家湿地公园等城市滨水风光园林项目，形成一条绿色滨水休闲带。"双核"即梁野山森林公园和碧水公园为县城两个生态核心区，"九心"为城区九大绿化斑块。武平先后兴建了平桥翠柳城市森林公园、碧水公园两个城区生态核心区，马头山、鼓山、滨河等城区九大绿化斑块，以及街心公园、东门苑公园、滨河公园、西门溪滨水慢道、中山河湿地等各类广场、公园、游园和小型绿地，建成街心公园、政府广场、东门苑公园等一批城市小游园，基本实现市民出行"300米见绿、500米见园"的目标。"多廊"是利用山水等自然要素打造多条县域重要绿色生态景观廊道。武平践行城市让人民生活更美好理念，打造多条利民便民的绿廊绿道，形成"步步见绿、路路有景、景随步换"的城市道路绿化新格局，让人民群众共享绿色空间。

（2）特色小镇生态宜居

推进特色小镇建设，为扩大武平对外影响力、建设宜居环境，推进城乡一体化协调发展奠定了扎实基础，也为武平打造闽粤赣边生态型经济枢纽重要增长极提供了有力支撑。武平优化城乡发展空间布局，推进产城融合发展，尊重经济规律，按照"一镇一业、一镇一品"要求，因势利导发展不同类型特色小镇，如，捷文林改森林特色小镇、岩前新显小镇、十方物流小镇、中山百姓古镇、东留花果之乡、桃溪绿茶之乡、湘店空军故里、下坝边陲小镇等一批特色鲜明的特色小镇和小城镇，例如，捷文林改森林特色小镇依托全国林改策源地，以"敢为人先、接力奋斗"的林改首创精神为引领，建设成为全省践行习近平生态文明思想示范基地，并加快打造美丽乡村、林下经济、森林旅游示范基地。湘店空军特色小镇充分传承红色基因，弘扬刘亚楼将军革命精神，深入挖掘空军特色小镇文化内涵，努力建成武平国家全域旅游示范区的高品质文化旅游项目，为武平老区苏区高质量发展注入新动力。通过高起点全域规划、高质量推进，打造"小而特"的产业、"富而美"的环境，构建"新而活"的体制机制，同时，采取补齐短板、重点突破的方式，着力解决各特色小镇在教育、卫生与健康、养老、民生基础设施等领域的问题，提高整体建设水平，让特色小镇发展体现文化特色、生态特色、建筑特色，使其成为武平的创新创业高地、产业投资洼地、休闲养生福地、观光旅游胜地，以及武平县域经济高质量发展新的增长点。

（3）全域推进美丽乡村建设

乡村是中国的根，让农村人居环境"留得住青山绿水，记得住乡愁"，关系到广大农民的切身福祉、农村社会的文明和谐。党的十八大以来，以习近平同志为核心的党中央提出全面推进农村人居环境整治，始终把这一工作当作建设美丽乡村、美丽中国的重要内容。武平县人民始终牢记习近平总书记嘱托，把坚持生态立县、推进绿色发展，落实到实施农村人居环境整治三年行动计划、在整治中践行"两山"理念，在创建美丽乡村过程中做到以下几点。首先，坚持规划先行，注重客家特色。在农村人居环境整治中，以科学规划为引领，立足乡村特点，客家特色，遵循自然规律，源于传统根脉，因村制宜、分类规划，对全县 225 个村（居）进行分类规划，分为集聚提升类中心村庄 72 个、转型融合类城郊村庄 65 个、保护开发类特色村庄 82 个、搬迁撤并衰退类村庄 5 个和待定类村庄 1 个，同时注重打造客家建筑风貌特色，做到把推进村庄整治与加强村庄规划管理相结合。其次，积极倡导基层创新，加强有效监管，促进农村人居环境整治。一方面"创新源头减污"，东留镇探索的"垃圾兑换超市"创新模式，生活垃圾分类治理有效做法，得到省政府肯定，在各乡镇推广；岩前镇成立大件垃圾分解处置中心，被《福建日报》作为典型宣传；民主乡实行旧膜抵（换）新膜、乡村适当补助，对农田残膜进行回收，减少了耕地污染。另一方面"创新一体保洁"，在永平、湘店等乡镇实行乡村"水陆保洁一体化"，整合环保站、河长办、路长办、村管站等资源，实行"多员合一、水陆共管"，既节约了保洁经费，又提高了保洁效果。最后，坚持党政主导与立足农民主体相结合，用好武平全国文明城市创建成果，强化宣传发动增强自觉，将宣传标语、公益广告等传统宣传方式与新媒体宣传相结合，增强群众的环境整治意识，引导群众自觉维护良好人居环境，形成互促共建宜居环境的新风尚，持续打造高颜值生态宜居美丽乡村。

3. 生态空间优环境

国土空间是生态环境的重要组成部分，利用国土空间的最终目标是实现生活空间、生产空间和生态空间的"空间和谐"，实现人与自然协调发展的"人地和谐"，实现经济发展与生态发展兼而并重的"发展和谐"。武平县对国土空间的开发和利用，不仅注重资源的产出和经济效益，也强调其生态环境属性，以森林体系塑造县域韧性发展的生态基底，优化完善生态空间格局，促进各类生态要素保护与融合发展，提升生态系统质量和稳定性。

一是在生态红线划定过程中，对于生态环境敏感性区域以及生态系统重要性等级较高，对物种自然繁衍、生物多样性保护、区域生态安全维护具有重要作用的区域划定生态保护红线，并实施严格的生态环境保护制度，严格限制生态保护红线区域的开发与建设，除重大道路交通设施、市政公用设施、旅游设施、公园外，禁止在生态保护红线区进行建设。将生态保护红线作为生态文明建设的基础性制度，制定和实施生态红线区管理办法，把生态红线作为维护生态平衡的控制线、保障生态安全的警戒线、推进可持续发展的生命线。

二是在县域生态安全格局打造过程中，基于武平自然资源特点及其空间分布特征，依托区域内自然山脉、梁野山国家级自然保护区、中山湿地公园等自然区域，中山河、桃澜河、象洞溪等重要水体以及其他自然景观，构建"三屏三轴多核"的生态安全格局体系，连通大型生态用地，保障区域生态安全。其中，"三屏"是以武平县北部山地为天然屏障，按照相对位置分为北部山地生态安全屏障、西部山地生态安全屏障和南部盆谷丘陵生态安全屏障；"三轴"是指3条重要的水系生态廊道，即中山河、桃澜河、象洞溪生态廊道；"多核"是指对武平县自然生态体系稳定性的服务功能的发挥具有重要意义的多个生态核，主要包括梁野山国家级自然保护区、中山湿地公园、水库等。同时，加强对梁野山国家级自然保护区、风景名胜区、平桥翠柳城市森林公园、饮用水源地保护区、中山河湿地公园、生态公益林等区域的保护，加强河湖湿地、河道两岸保护，最大限度保留原有自然生态系统。

到 2021 年，生态保护红线划定并落实，武平县域范围内受保护地区面积占国土面积比例不低于 33%。

4. 农业空间促稳定

农业空间主要承担农业生产的功能，是种植业、水产畜牧业主要生产基地。武平以"高效、集约、复合、生态"综合利用国土空间为目标，贯彻执行国家耕地保护制度，划定永久基本农田红线，将基本农田落地到户、上图入库。积极开展补充耕地和高标准基本农田建设、山垄田资源调查、永久基本农田划定、土地利用总体规划调整完善等工作，确保全县耕地保有量稳中有升。积极发挥农业的生态、景观和间隔功能，大幅提升农业的生态效能，构建田园生态系统，保护粮食生产空间，重点保护东留、武东、岩前、永平、中堡等乡镇区域优质集中耕地，提高粮食产能。优化畜禽业布局，加强特色养殖、品牌培育、一二三产融合，优先发展象洞鸡、福建白兔、蜜蜂等特色养殖产业。建设渔业生产空间，大力发展"稻－渔"综合种养，充分挖掘特色水产品潜力。同时，发展优势特色农业，重点发展百香果、脐橙特色果类种植业，调整茶叶品种结构，布局名优绿茶生产空间，布局紫灵芝生产基地，形成特色农业产业园。

（三）统筹实施自然生态要素协同治理

武平自然生态环境本底良好，境内溪流密布，气候温暖湿润，雨量充沛，森林覆盖率 79.7%，空气质量极佳，空气中负氧离子含量 3000 ~ 4500 个/厘米^3，生态环境质量位于福建省前列。但随着武平经济社会快速发展，城镇化进程加快推进，在经济总量持续增长、污染产生量持续增加的情况下，完成污染物减排的任务繁重，保护森林、湿地的压力将进一步加大。武平按照主体功能定位和生态功能区划，坚持"山水林田湖草是生命共同体"的理念，加强生态保护与治理，开展以国家公园为主体的自然保护地体系建设、流域治理、国土整治修复，提升水源涵养、水土保持、气候调节、生物多样性维护等功能，筑牢蓝天碧水、山清土净、风光优美的生态屏障。

1. 精准提升森林质量

林改 20 年来，武平发扬"敢为人先、接力奋斗"的林改首创精神，以增绿提质为努力方向，持续推进森林生态修复，精准提升森林质量，有效促进林业可持续发展。2002～2021 年，武平持续开展造林绿化、森林抚育和封山育林，共完成森林生态修复造林绿化 836134 亩，超额完成了计划任务的 18.2%；森林抚育 1120632 亩，超额完成了计划任务的 16.7%，其间不断调整树种结构，提升林分质量，修复森林生态系统，有效增强了森林多种功能，满足了生态需要，增加了林区群众收入。

（1）优化林分结构，提高森林生态系统功能

加快建设生物防火林带，在原有马尾松占优势的林分中，实施带状采伐，伐后营建生物防火林带，种植木荷、油茶、米老排、火力楠等防火树种，彻底改变原有的树种组成。加快采伐迹地和火烧迹地更新，特别是在杉木、马尾松及其他低质低效林分的采伐迹地、火烧迹地上营造枫香、楠木、木荷、丝栗栲等与杉木的混交林，达到精准提升林分质量，建设国家储备林的目的。调整树种结构，注重推广实施不炼山造林，培育珍贵用材树种，促进形成树种多样、针阔混交、异龄复层、景观效果好、经济价值高的复合型林分，为最大限度地提高造林成活率，大力推广使用良种壮苗、乡土阔叶树种、珍贵树种，并注重做好本地育苗、就地取苗工作。同时，强化技术服务，加强对苗木质量、整地规格、栽植技术、抚育质量等各环节的指导和监管，为林农提供技术咨询服务，帮助林农解决实际困难和问题。

（2）挖掘森林效能，改善人居生态环境

注重在高速公路和国省县道沿线一重山可视范围、县城及集镇所在地周围一重山可视范围、森林步道及其沿线所在乡村的历史人文景点、革命圣地等点状、块状、带状补植套种以乡土树种为主的彩化、花化景观树种，着重突出打造"二沿一环"森林生态景观带、"两带一窗口"绿美示范、生物防火林带、珍贵用材树种造林等内容，形成森林保护带，既增强了森林生态景观效果，绿化美化了人居环境，也起到保持水土、涵养水源

的用途。

（3）加大资金投入力度，为森林生态修复提供支撑

武平积极向上争取资金，统筹使用中央财政补助资金、中央基本建设投资补助、省级财政补助资金和地方财政资金，为推进森林生态修复提供强大资金保障。

（4）促进林业产业融合发展，推动森林可持续经营

枫香既是省定珍贵树种，也是人工培育灵芝的主要原料树种，还是很好的观叶景观树种。武平将其作为主打树种，大面积种植枫香，既优化了树种结构，又为打造全国最大的紫灵芝基地提供了原料来源，有效增加林农群众收入。据估算，20年来林农群众从森林生态修复中获得直接经济收入2.24亿元，带动苗木、运输等产业收入1.15亿元。

2. 持续增强自然保护地管理效能

自然保护地是生态建设的核心载体，在维护国家生态安全中居于首要地位。自然保护地科学设置是建立以国家公园为主体的自然保护地体系的一个重要目标，武平科学划定自然保护地保护范围及功能分区，整合归并优化各类保护地，加强自然保护区建设管理，推动自然保护区晋升为国家级自然保护区，持续提升自然生态空间承载力和生态产品供给能力。

（1）成功打造梁野山国家级自然保护区

梁野山国家级自然保护区于2003年6月经国务院批准为国家级自然保护区，保护区林地面积14365公顷，其中核心区面积5232公顷，缓冲区面积5934公顷，实验区面积3199公顷。区内森林覆盖率达88.4%，生态环境优美，动植物资源丰富，是福建保持最完好的天然原始森林群落之一，被称为"天然植物园""绿色基因库"。保护区内主要保护对象为大面积天然分布的南方红豆杉林和钩栲林、观光木林原生性森林生态系统及各种珍稀动植物。保护区围绕"生态为核心、保护为前提、科技为先导、发展为基础"的发展战略，着力构建"六大体系"——"挂钩联系－搭建平台－绩效考核"的队伍建设体系，着力营造干事创业的浓厚氛围；"地面巡护—定点监控—空中巡查"的立体保护体系，着力营造安全高效的森防环境；"保护管

理－科研宣教－社区发展”的基础设施体系，着力营造设施完备的发展环境；"生态教育馆－监测示范点－宣传教育片"的监测宣传体系，着力营造保护生态的良好氛围；"问题导向－整改问题－建立机制"的长效监管体系，着力营造严格规范的制度环境；"社区共管－产业扶持－突出示范"的共享体系，着力营造人与自然的和谐相处的生态环境。得益于武平县政府的高度重视和自然保护区管理体制机制创新两者之间的协同作用，2017年12月梁野山国家级自然保护区荣获"中国森林氧吧"称号，成功摘取国家级金字招牌，成为全国31个、福建仅有2个荣获此殊荣的单位之一；其森林覆盖率稳中有升，空气负离子稳定在12000个/立方厘米，南方红豆杉林、观光木林、钩栲林等主要保护对象的原生群落更新演替稳定，生态系统得到进一步修复，展现出生态文明建设的"高颜值"，同时也为武平创成国家级生态文明示范县做出了积极的贡献。

（2）积极开展中山河国家湿地公园建设

武平中山河国家湿地公园于2015年12月正式获批试点建设，位于闽、粤、赣三省接合部，涉及6个乡镇，以中山河、平川河以及东留水库、卦坑水库和下坝水库等"两河三库"为主体，规划总面积1529.3公顷，是福建省唯一一个跨省流域的湿地公园。武平在湿地公园建设过程中，始终践行"绿水青山就是金山银山"发展理念，着力打造人与自然和谐相处"林中湿地·白鹭天堂"的湿地生态系统，包括落实湿地公园管理保护责任，形成湿地保护部门、乡镇齐抓共管的工作格局；开展湿地保护巡查工作；实施水源涵养林保护工程；健全天然林管护体系，全面停止天然林商业性采伐，严禁采伐天然阔叶林和天然针叶林；实施湿地生态保护和修复工程，包括东留水库库尾林泽工程、中山镇白鹭滩生境恢复工程、风箱树种植试验等，为白鹭及其他候鸟提供天然的繁衍栖息场所；积极开展增殖放流活动，增加鱼类种群数量结构，维护生态系统稳定，为鹭科等鸟类提供丰富的食物来源。建成后的中山河湿地公园湿地生态系统完整性较好，野生动植物种类逐渐增加，湿地生态功能得到较好的保护与修复，不仅带动了周边乡村旅游发展，也成为跨省河流湿地生态系统保护管理的典范。

（3）筑牢生物多样性保护根基

划建自然保护地并实施就地保护是生物多样性保护最有效的手段之一。武平县域内的自然保护区、城市森林公园、国家湿地公园等诸多自然保护地类型具有良好的生态环境和特殊的生态空间，对保护生物多样性、改善生态环境质量和维护生态安全方面起到重要作用。长期以来，武平通过建立以国家级自然保护区为主体的自然保护地体系，健全管理机制，形成监管合力，生物多样性保护取得显著成效，白鹭、白额雁、斑嘴鸭等越来越多的国家级保护鸟类亮相武平。

一是提升生物多样性治理能力。首先，加强保护野生物种和典型生态系统。对物种自然繁衍、生物多样性保护、区域生态安全维护具有重要作用的区域，划定生态保护红线并实施严格的生态环境保护制度，严格限制生态保护红线区域的开发与建设；启动生物多样性保护优先区域的本底调查与评估，建立生物多样性监测、评估与预警体系；建立生态监测预警体系及濒危物种观测站和基因库，加强森林、草地、湿地等物种栖息地生态定位监测站（点）的建设，确保县域国家重点保护物种和典型生态系统得到有效保护。其次，持续提升本地物种资源流失以及外来物种入侵防控管理水平；加强对野生动植物和重要种质资源保护，重点完善林木、药用植物等各类种质资源保存体系；配合省、市级相关部门加强转基因等生物安全监管，实时监控资源开发过程的生态风险；加强对外来物种的监督管理，建立外来物种档案和信息数据库，做好外来物种的引入、监测和防治工作。

二是加强生物多样性保护法治建设，统筹协调生态保护红线、自然保护地、生物多样性保护优先区、重点生态功能区管理，加大对梁野山国家级自然保护区、中山湿地公园以及天然公益林生物多样性的保护力度，在梁野山范围内设立生物多样性司法保护示范基地，完善栖息地周边范围标识，指定乡、村两级"护鸟专管员"，为濒危野生物种及其生态环境的良性发展与整体恢复注入司法力量。持续加强执法监督检查，严厉打击涉生物多样性的违法犯罪行为。

三是协同推进生物多样性保护与生物资源可持续利用。加强组织领导和统筹协调，引进培养技术研究和专业人才，加强生物资源开发和可持续利用技术研究，规范生物多样性友好型经营活动，推动绿色产业发展和特许经营，构建高品质、多样化生态产品体系，实现生物多样性可持续利用。

3. 创新模式开展小流域治理

流域内山水林田湖草等各生态要素紧密联系、相互影响，流域内不同区域、不同行业对水的需求多样、诉求各异，组成了复杂的利益相关体，水问题牵一发而动全身。武平加强创新，轴片点系统谋划，扎实推进小流域治理，以中山河、象洞溪、桃澜河流域治理、汀江－韩江流域上下游横向生态补偿、中山河国家湿地公园保护、生猪养殖业污染综合治理等为重点，积极探索实践，深入推进汀江、梅江流域生态保护修复，形成了一套行之有效的流域治理管理模式。

（1）全域谋划推动水资源、水环境、水生态协同共治

武平坚持一盘棋统筹，突出流域特色，在全域推进水环境、水生态、水资源协同共治，成效明显。一是在水资源方面，重点加强制度建设，夯实管理基础，将生态流量管理纳入最严格的水资源管理，明确重要水体的生态流量（或生态水位）底线并推动落实，针对部分地区河流断流现象，推动被挤占的河湖生态用水逐步得到恢复，力争做到在"有河有水"上实现突破。二是在水生态方面，按照流域生态环境功能需要完善管控要求，通过河湖缓冲带保护和水域水生植被恢复，逐步提升河湖自净能力和生物多样性，力争做到在"有鱼有草"上实现突破。三是在水环境方面，持续巩固提升工业源、生活源污染治理成效，突破农业面源、城市面源污染防治，补齐短板，在保持生态环境质量持续改善的基础上，顺应群众对美丽河湖的向往，从群众最关心、最期盼的事情做起，不断满足老百姓景观、垂钓、游泳等亲水需求，力争做到在"人水和谐"上实现突破，扎实推动流域生态环境保护。

（2）有效破解象洞溪流域水环境整治难题

武平构建以河长制为统领的治水体系新格局，通过强化水流域生态监管，严格执行养殖业监管"四禁止"要求，确保拆后零新（改、扩）建、

零复养。建立最严格的县、镇、村三级河长河道巡查、信息报送制度和水环境重大事项快速反应机制，并充分发挥好河长、河道警长、河道专管员、河道保洁员和环保网格员作用，加强溪流日常巡查、保洁、预警，确保河道巡查全覆盖、无盲区，发现问题及时报送，重大问题快速反应妥善处置。持续完善生活污水垃圾收集处理系统，加大软硬件投入，延伸完善污水接户工程；配套建设环卫设施，实现了"村收集、镇转运、县处理"的垃圾处理机制模式，实现生活垃圾日产日清。

（3）探索"共担共享共治"流域生态补偿模式

闽、粤两省之间签署汀江－韩江流域水环境补偿协议，生态补偿协议创新性采用双指标考核，既考核污染物浓度，又考核水质达标率，同时实行"双向补偿"原则，即以双方确定的水质监测数据作为考核依据，当上游来水水质稳定达标或改善时，由下游拨付资金补偿上游；反之，若上游水质恶化，则由上游赔偿下游，上下游两省共同推进跨省界水体综合整治。若河流断面未完全达到年度考核目标的，将按达标河流来水量比例和不达标河流来水量比例计算补偿金额。闽粤共同设立汀江－韩江流域水环境补偿资金，资金额度为 4 亿元，两省每年各出资 1 亿元；中央财政依据考核目标完成情况确定奖励资金，拨付给流域上游省份。武平县与象洞镇两级党委政府坚持问题导向，开展了以生猪养殖业污染整治为主的系列综合整治项目，通过以"拆、转、治、清、管"多措并举为核心与特色的象洞溪治理，让困扰闽、粤两省的重大水环境污染问题得到解决，并得到国家、省环保部门一致认可，认为其创造了全省乃至全国水环境治理的成功样板，也打造了闽、粤两省生态补偿协议的实践典范。

4. 推进国土空间生态修复

习近平生态文明思想强调生态环境问题归根到底是资源过度开发、粗放利用、奢侈消费造成的，根本是资源利用和保护问题，需要通过国土整治与生态修复，实现国土空间规划优化，大幅提高水土资源配置的效率。实践中，武平不断提升水土保持工作水平，持续推进矿山生态修复，以实现生态屏障的稳固。

（1）耕地保护成绩斐然

落实耕地特别是基本农田保护目标责任，规范耕地占补平衡，控制新增建设用地规模特别是建设占用耕地规模，严格划定和永久保护基本农田。截至"十三五"期末，武平连续21年实现县域耕地占补平衡。在高标准农田建设上，武平实施整县推进，集中打造，不断夯实农田建设基础，做到高标准农田建设与脱贫攻坚、发展现代农业、耕地占补平衡、农村人居环境改善"四个结合"，创新项目管理办法，建立生产、生活、生态"三生融合"的高标准农田建设推进机制，突出"四个结合"提升农田建设效益的经验做法获农业农村部农田建设管理司推广。建立和完善基本农田保护负面清单，遏制耕地"非农化"、防止耕地"非粮化"，加强耕地保护法制化规范化建设。

（2）水土保持管理能力持续提升

落实水土保持"三同时"制度专项监督检查，抓好水土保持方案审批、监督检查、收费"三权"工作，保护现有水土保持设施，切实制止边治理边破坏行为，防止出现项目建设短期水土流失现象。继续加大执法力度，以查处"未批先建""未验先投"等违法行为为重点，进一步加大监督执法力度，坚决制止和惩处水土保持违法行为。

（3）绿色矿山建设积极推进

武平矿山开采历史悠久，特别是在20世纪90年代中期，陆续开办了大量的小型矿山，由于矿山规模小，难以进行系统科学的开采规划和设计，矿业发展为社会作出巨大贡献的同时也留下了环境问题，为此，武平把整治修复矿山地质环境作为践行绿色发展理念、推动生态文明建设和经济转型发展的重要抓手。一是编制实施矿产资源规划，因地制宜，科学合理设置和利用矿产资源，细化规划管控措施，推进矿业规模化、集约化发展。二是积极组织开展国土绿化行动，推进矿山复绿。运用GNSS技术手段及时掌握矿山地质环境治理恢复情况，督促矿业权人及时采取有效的治理措施；重点组织实施福建塔牌二峰山石灰石矿、武平三鑫悦洋银多金属矿和城厢钟信生钾长石矿矿山恢复治理；坚持"以自然恢复为主，与人工修复相结合"，开展废弃矿山调查和规划、露天矿山综合整治等专项工作，争取资金对县域 14 个历史遗留废弃矿山进行分年度综合整治，落实矿山企业生态恢复治理基金制度，构建多元化的资金投入机制，逐步对历史遗留废弃矿山进行矿山生态环境治理恢复和土地复垦，加强后续补充治理，确保复绿成效。三是严格矿产资源开发利用的环境保护准入管理。全面推进省、市、县三级发证矿山的矿产资源开发利用方案、矿山生态环境治理恢复方案、土地复垦方案等"三合一"，同步编制、同步审查、同步实施。四是组织成立武平县矿业协会，成员涉及矿山企业 20 家、矿产品加工企业 10 家和地质队 1 家等，共 31 家单位，通过资源整合，发挥企业与政府间的桥梁纽带作用，为本地矿山行业发展提供高效能的价值服务。五是贯彻落实省级绿色矿山建设标准体系，根据国家、省、市对绿色矿山建设的有关要求和武平矿业发展实际，加快绿色矿山建设，已有 3 家矿山企业获评国家级绿色矿山称号，国家级绿色矿山数量位居全市第一。

（四）高标准打好污染防治攻坚战

良好生态环境是武平最突出的优势、最宝贵的财富、最重要的品牌，也是最公平的公共产品、最普惠的民生福祉，是巩固深化国家生态文明建设示范县创建成果的最重要基础。武平聚焦"蓝天、碧水、净土"，严格落实"大气十条""水十条""土十条"，持续以"大督察大落实"为契机，实行全县一盘棋，以项目为抓手，纵深推进攻坚项目实施，全力补齐短板，实现生态环境大幅度改善，空气质量持续保持全省一流，大气环境质量常年保持全省前列并优于 2 级标准，城区空气质量优良天数比例为 100%，成为福建首个"中国天然氧吧"；全面提升了各类流域优质水比例，14 条省控小流域考核断面 I–Ⅲ类水质比例达 100%（除个别月份外），县城区饮用水源水质及乡镇集中式饮用水源水质达标率为 100%，有效解决了乡镇生活污水处理运营问题，基本消除农村黑臭水体；全县一般工业固体废物综合利用率、危险废物（含医疗废物）处置利用率达 100%，危险废物经营单位、产生单位规范化管理考核达标率均达 100%，土壤污染风险得到有效管控，生态系统质量和稳定性显著提升，成功获评第四批"国家生态文明建设示范县"。

1. 持续发力巩固蓝天保卫战成果

（1）全力推进工业废气综合治理

一是建立并运行四级网格化环保监管体系，成立县环境保护网格化管理工作组对监管网格进行巡查、抽查、督查工作，根据网格员上报的环境信息和信访投诉反映的环境问题、未取得环评审批建设的"散乱污"企业及时查处。二是以武平高新区、县工业园区等为重点，强化VOCs治理。根据县域产业结构特点，结合《武平县重点行业挥发性有机物污染防治工作方案》，实施电子线路板、化工、制药、工业涂装、包装印刷、家具等重点行业VOCs治理工程，制定《武平县臭氧污染防治工作方案》，持续推进重点行业VOCs排放源头减排、过程控制和末端治理，推进企业VOCs整治工作，持续加大中央生态环境资金项目谋划力度，积极向上争取中央资金，2021年有8家企业VOCs治理项目成功申报、进入中央生态环境资金项目储备库。同时，完成武平高新区空气质量精细化监管能力建设项目获中央大气污染防治资金1294.5万元。三是结合双随机和日常巡查机制，发现并及时查处"散乱污"企业，强化有机污染行业的监督检查，确保其达标排放。

（2）提升轻微污染天气应对能力

根据《武平县轻微污染天气应对办法》，建立部门间沟通协作机制，提升空气质量监测、预警预报水平，根据冬春季颗粒物和夏秋季臭氧污染特点，针对不同时段、不同污染因子、不同气象条件，细化、完善轻微污染天气应急预案，实施精细化应对措施，有效提高了轻微污染天气的防范和应急处置能力。引导群众理性燃放烟花爆竹，以减少空气污染，保护大气环境。

（3）推动传统能源绿色转型升级

加快清洁能源替代改造步伐，加大对辖区内锅炉的监管力度，2021年全县完成告知监督检验锅炉2台，其中，福建塔牌水泥有限公司改造承压蒸汽锅炉1台，福建省春晖医疗用品有限公司新安装4吨燃气锅炉1台，主城区、高新区及县工业园区目前已无10蒸吨以下的燃煤锅炉。加强重污染产业的准入限制，禁止并限制不符合环评的项目入驻，推动传统能源绿色转型升级，开展重点行业清洁化改造，巩固提升清洁化水平。大力推广清洁能源汽车，引导公交车、出租车、环卫车推广使用液化天然气、压缩天然气、混合动力车、纯电动车等。组织实施低碳社区（东留黄坊村、城厢尧禄村）试点创建，切实推进节能降耗减碳，降低社区经济活动的碳排放强度。

（4）强化措施治理扬尘污染

严格实施工地扬尘管控，深入组织开展"绿色工地"创建活动，开展建设工地扬尘污染治理考核管理；实行大型扬尘污染源封闭管理，全面开展涉矿企业的扬尘污染综合整治。加强道路扬尘污染治理，持续提高县域建成区主次干道、省道及以上公路机械化清扫率，重大节庆活动期间应加密清扫保洁频次。严格实行工程运输车辆"两证"管理，实施高效的道路喷洒和冲洗，减少路面泥沙滞留和二次扬尘。

2. 着力打好碧水保卫战

（1）谋划实施水污染防治项目助力改善水环境质量

一是谋划储备生态环境治理项目，积极争取上级资金支持。实施汀江—韩江跨省流域上下游横向生态补偿资金项目，落实省级生态补偿资金1018.7万元、汀江—韩江流域上下游横向生态补偿项目（广东资金）1498万元；策划全省首个工业园区污水零直排试点项目，即武平县工业园区污水处理零直排整治工程，拟申请中央财政补助2000万元，目前已由省生态环境厅向生态环境部报送；东留、中山、民主、岩前、永平和武东镇水污染防治项目入选中央水污染防治项目库，拟申请中央资金6000万元；在全市率先策划境内全流域水污染治理项目入选市级项目库，并积极争取向上进入省级项目库。二是充分发挥县专项转移支付资金的作用，2021年投入水污染防治专项资金3278.70万元，助力水污染防治项目实施。三是积极探索农村生活污水长期有效治理模式，策划申报了整县推进农村生活污水治理项目，共涉及89个村，总金额约2.3亿元，已被列入中央农村环境整治项目储备库，预计申请中央资金6000万元。

（2）提升优质水生态产品供给能力

一是优先保障城乡饮用水安全和卫生。巩固和完善县域现有县城和乡镇集中式饮用水水源地的基础设施建设，实施污水管网延伸、雨污分流改造、排污口整治等，着力提升生活污水收集处理能力；加强各水源地保护区边界标牌标准化设置，加强农村饮用水水源地监管，强化对礤角水库、捷文水库、石径岭水库等各集中式饮用水源地管理，确保饮用水水源地水质和环境安全，同时，做好千人以下农村分散式饮用水水源地保护范围划定及生态环境整治工作，确保县城区饮用水源水质及乡镇集中式饮用水源水质达标率为100%；全面实施饮用水源监测预警体系工程，落实跨界水质目标考核，加强对上游来水的污染监控和预警，建立上下游沟通和联动机制，有效防范突发性水污染事件。二是深化黑臭水体治理。巩固提升内河水体治理成效，严格落实河长制、湖长制，加强巡河管理，及时发现解决水体漂浮物、沿岸垃圾、污水直排口等问题，基本消除主城区黑臭水体。开展农村黑臭水体排查、整治和长效管理，因河（塘、沟、渠）施策，统筹推进农村黑臭水体治理与农村生活污水、畜禽粪污、水产养殖污染、种植业面源污染、改厕等治理工作，开展农村水系综合整治，逐步消除农村地区房前屋后河塘沟渠和群众反映强烈的黑臭水体。三是保护与建设美丽河湖。强化美丽河湖示范引领，制定在美丽河湖流域范围及其周边地区率先实现资源能源高效利用、工业产业绿色发展、土著水生植物或鱼类重现等目标；提升公众亲水环境品质，严格水域岸线、生态缓冲带等水生态空间管控，依法划定河湖管理范围，清理整治破坏水生态的人为活动，实施水环境治理、生态缓冲带建设、湿地恢复与建设、生物多样性保护等措施，强化自然生态景观保护，合理建设亲水便民设施，不断提升水生态品质。

（3）巩固深化水污染治理

一是强化入河排污口排查整治，建立河流档案，开展入河排污口等污染源调查，形成"一河一档、一段一档"，核定各水功能区的纳污能力，明确各水功能区的允许纳污总量，建立入河污染物总量控制制度，加强工矿企业入河污染物总量控制和环评审批管理。二是强化工业污水治理与再生利用。严格落实排污许可制度，实行排污许可管理的企业应按时申领排污许可证，并按证排污，按证管理；加强企业废水治理设施监管，开展武平不锈钢园区、新型显示智能终端产业园等工业集聚区水污染治理设施排查和污染治理。积极开展工业废水再生利用工程，提高工业废水再生率。三是着力提升城乡生活污水收集处理能力，实施污水管网延伸、雨污分流改造、排污口整治等，不断加大城乡生活污水处理设施建设力度，完成城区生活污水处理厂二期及提标改造，为当前龙岩市除中心城区外首座实现一级 A 排放标准的县级生活污水处理厂；全县 16 个乡镇污水处理设施均已投入运行，全县污水处理能力约 1.34 万吨/天，总投资 1.89 亿元；农村生活污水治理加快推进，2022 年上级部门下达的生态环境专项资金，可用于 2022 年度农村生活污水治理项目的资金达 1046.37 万元，有力保障了县域内农村生活污水治理项目的实施。

（4）持续推进农业农村污染防治

一是有效治理畜禽养殖污染。开展养殖业整治专项执法，建立健全生猪养殖业监管长效机制，整合"小而散"畜禽养殖场（户），依法关闭或搬迁禁养区内的畜禽养殖场（小区）和养殖专业户，扶持发展标准化规模畜禽养殖场；现有规模化畜禽养殖场（小区）配套建设粪便污水储存、处理、利用设施，散养密集区实行畜禽粪便污水分户收集、集中处理利用。大力推广低毒、低残留农药，开展农作物病虫害绿色防控和统防统治。防治水产养殖污染。科学确定养殖品种、养殖密度、养殖规模和养殖总量，对符合规划养殖的使用者依法予以核发水域滩涂养殖证；大力发展绿色生态健康养殖模式，推动集中连片池塘养殖区、工厂化循环水养殖场的进排水、生物净化、人工湿地等技术改造，开展水产养殖连片集中区养殖尾水监测与评估，同时，严格水产养殖投入品管理，扩大健康养殖规模，严格控制河流湖库投饵网箱养殖。

3. 扎实推进净土保卫战

（1）保障土壤质量

一是摸清土壤环境质量状况，有效防控土壤环境风险。在筛查和风险分级的基础上，开展优先管控企业土壤污染详查，确定污染地块污染物种类、空间分布和准确污染范围，利用环境保护、国土资源、农业等部门相关数据，建立武平县土壤环境基础数据库，形成对土壤环境质量的动态管理机制；确定土壤环境重点监管企业名单，列入名单的企业每年要自行对其用地进行土壤环境监测，监测结果向社会公开，同时定期对重点监管企业和工业园区周边开展监测。二是推行土长制，建立健全土壤保护及污染防控管理体制机制，全面改善和提升土壤环境质量。三是加大土壤污染防治资金的投入力度，建立多元化投入机制，引导社会资金投入土壤污染治理项目；按照"谁污染、谁治理，谁投资、谁受益"的原则，促进企业对污染场地进行综合治理。四是开展基本农田、重要农产品产地和"菜篮子"基地的土壤环境质量监测评估，鼓励农民增施有机肥，科学施用农药，推行农作物病虫害专业化统防统治和绿色防控，结合项目实施开展废弃农膜回收利用，2021年全县测土配方施肥技术推广覆盖率超90%，主要农作物肥料利用率、农药利用率均超过40%。

（2）加强危险废物环境管理

积极防范外来固体（危险）废物非法倾倒事件，推行固体废物进口管理制度改革，全面禁止洋垃圾入境，强化部门联防联动，大幅减少固体废物的进口种类和数量，努力实现固体废物零进口。推动固体废物资源化利用，对接省固体废物信息化监管平台建设，严格开展危险废物规范化管理考核工作，督促企业严格执行"固体废物环境监管平台申报制度"以及"电子联单转移制度"，规范危废收集、储存、转移、处置利用，目前全县有27家产废单位和3家经营单位目前已完成2022年度危废管理计划的制订。持续开展"清废"专项行动，严厉打击危险废物非法跨界、倾倒、处置等环境违法犯罪行为。加强危险废物全过程监管，落实国家严格限制高风险化学品生产、使用、进出口相关要求，并逐步淘汰、替代。进一步加强医疗废物环境管理，各县级公立医院、基层医疗卫生机构、民营医院、门诊部、诊所、卫生所等医疗机构369家，医疗废物均由龙岩绿洲环境公司统一集中规范处置，医疗废物处置率达100%，有效防范环境风险。

（3）扎实推进垃圾分类处理

开展城区生活垃圾分类试点，组织志愿者、环卫站干部、职工、平川街道及居委会干部入户宣传垃圾分类工作；前往广州白云区、汕尾陆河县参观学习餐厨垃圾处理设施建设及先进做法，进一步加快推进生活垃圾处理能力。农村生活垃圾处理转运工作不断取得成效，实施了"村收集、乡转运、县处理"（村居收集，乡镇、街道转运到县生活垃圾无害化处理场进行无害化填埋覆盖）的农村垃圾处理模式，生活垃圾无害化处理率达99%以上，有效改善了农村环境面貌，提升了农村居民生活质量。

三　提升县域生态安全水平的思路与对策

随着武平经济社会快速发展，城镇化进程加快推进，在经济总量持续增长的情况下，完成污染物减排的任务繁重，保护森林、湿地的压力将进一步加大。武平近年来在生态环境保护与建设方面做了大量富有成效的工作，但随着生态文明建设工作的深入，人民群众对生态环境保护的要求不断增高，生态环境保护的压力仍然较大。为此，要把生态文明建设放在更加突出的战略位置，融入经济建设、政治建设、文化建设、社会建设各方面和全过程。

（一）坚守生态环境底线

当前应深入贯彻习近平生态文明思想，全面落实党的十九大精神和中央、省、市各级乡村振兴决策部署，以"绿水青山就是金山银山"理念为指引，以资源环境承载力为基准，大力实施"生态立县"战略，紧紧抓住开展全面林业综合改革综合试点的有利时机，创新和深化林改五项机制，从森林资源培育、加工利用、产业发展等方面全方位开创武平森林生态修复工作新局面，并将森林生态修复与水土流失综合治理工作、美丽乡村建设、绿盈乡村建设、生态环保攻坚战役、乡村振兴等工作有机结合起来。同时，加快实施乡村生态振兴战略，统筹城乡发展，以建设美丽宜居村庄为导向，农村人居环境整治提升为主攻方向，加大乡村生态保护与修复力度，促进农业高质高效、乡村宜居宜业、农民富裕富足，着力打造乡村振兴武平样板。

（二）构建科学合理的生态安全格局

一是强化生态红线保护。现有划定的包括重点生态功能区、生态环境敏感脆弱区、禁止开发区域等在内的生态保护红线，向社会公布各个生态红线区域的定位和边界、发展方向和目标、开发和管理原则、各相关部门的管理职责和权限，将生态保护红线范围具体落实到土地利用规划上。严守耕地红线制度，进一步加强耕地质量等级评定与监测，强化耕地质量保护与提升建设。完善耕地占补平衡制度，对新增建设用地占用耕地规模实行总量控制，严格实行耕地占一补一、先补后占、占优补优。实施建设用地总量控制和减量化管理，建立节约集约用地激励和约束机制，合理安排土地利用年度计划；积极开展补充耕地和高标准基本农田建设、山垄田资源调查、永久基本农田划定、土地利用总体规划调整完善等工作，确保全县耕地保有量稳中有升。

二是科学编制空间规划。建立空间规划体系，明确各类生态空间开发、利用、保护边界。进一步完善县域城镇体系规划和乡镇总体规划，明确村庄布局分类，有条件、有需求的村庄做到规划应编尽编，实现规划管理全覆盖；开展"乡村规划师"试点，支持优秀规划师、建筑师、工程师下乡服务；加强传统村落、传统民居和历史文化名村名镇保护，注重乡村风貌，保留乡村特色。

三是优化产业空间布局。根据生态功能区红线，形成分工明确的产业聚集区、城镇建设区、农业主产区、生态保护区四大功能区，构筑绿色生态屏障。根据不同主体功能定位要求，合理确定生产、生活、生态三类空间适度规模和比例结构，坚持发展以城厢、十方、岩前三个重点开发乡镇为重心的工业区，坚持保护以环梁野山区域为重点的生态功能区，打造武平省级工业园区、省级高新技术产业园区和环梁野山城乡一体协调发展试验区三大产业发展平台。

（三）推进生态保护与恢复

一是强化"中国天然氧吧"县建设。稳步提升生态环境质量，将武平打造成闽粤赣城市群的"清新养生后花园"、粤港澳大湾区的"天然氧吧"。二是推进城市绿化建设。加快建设城市、园区、企业绿色生态屏障。建城区充分利用空间进行绿化，扩大绿化覆盖率。采取退耕还林、水源涵养林建设、生态廊道建设、新建公园绿地等措施，进一步提升人均公共绿地面积。三是统筹生态系统保护修复。进一步巩固和提升森林生态修复成效，持续加强已实施森林生态修复特别是造林绿化山场的抚育管护，促进林业可持续发展。加强自然保护区建设与管理，对重要生态系统和物种资源实施强制性保护，进一步加强对梁野山国家级自然保护区、风景名胜区、平桥翠柳城市森林公园、饮用水源地保护区、中山河湿地公园、生态公益林等区域的保护，最大限度保留自然保护区、湿地公园区域内自然生态和自然文化遗产原真性、完整性。将所有湿地纳入保护范围，确定各类湿地功能，规范保护利用行为，以中山河国家湿地公园等重要湿地和水库为重点，推进湿地保护与修复工作，强化水源涵养林建设与保护，禁止侵占自然湿地等水源涵养空间，综合运用湿地植被恢复技术、湿地土壤恢复技术、湿地水文恢复技术，保障区域生态系统安全。制定矿山、重污染地修复治理机制，完善修复治理细则，做好受损农地再利用、废弃矿井资源再开发、合理开发和保护未利用废弃地、地质灾害防治、生态景观建设等工作。

案例

生态治水推动象洞溪流域水环境"蝶变"

象洞地处武平县东南山涧盆地，南与广东蕉岭县接壤，象洞溪属韩江流域松源河水系上游地区，主河道全长14.5千米。20世纪90年代以来，为发展经济和脱贫致富，象洞在武平县率先发展瘦肉型生猪养殖，养殖高峰时生猪存栏占全县50%以上，大大小小的猪场星罗棋布，养猪污水大多直排。生猪养殖规模的扩大，超出了环境承载能力，曾经让象洞人引以为傲的清澈象洞溪，由于径流短、流量小，难以承载，变成了一江污水……满目疮痍的象洞溪流域被环保部挂牌督办，环境污染受到当地干部群众的重视，但因阻力重重，前几轮整治效果甚微。2016 年 3 月，财政部、环保部在龙岩市联合召开部分省份流域上下游横向生态补偿机制建设工作推进会。武平县委、县政府总结前几轮整治的经验教训，于 2016 年 4 月发布《武平县象洞溪流域水环境综合整治"百日会战"行动实施方案》，从"拆、转、治、清、管"五方面综合发力，以生猪养殖业污染整治为重点，全面推进象洞溪流域水环境综合整治。通过为期百日的集中攻坚，象洞溪流域水质明显改善，由过去的劣 V 类到 2016 年 11 月开始达到Ⅲ类标准，原定 2020 年达到Ⅲ类水质的目标提前实现，2019 年象洞溪水质稳定在Ⅲ类水质标准，彻底告别长期劣 V 类水的历史。

"拆""转"并举：一业关停百业兴

武平县抽调 260 名党员干部奔赴象洞镇，开展生猪养殖污染治理工作，县镇干部 300 多人包片包户，跟村民不但算经济账，更要算生态账，算子孙后代账。截至 2016 年 9 月，累计拆除生猪养殖场约 37 万平方米，削减生猪存栏 24.2 万头，实施可养区规模生猪养殖场升级改造 392 户，建成并规范运行乡镇集中无害化处理厂 6 家，流域内 7 个村整治取得全面成效。同时，武平按照拆转并举思路，引导生猪养殖户转产转业，制定出台生猪退养户转产扶持办法及扶持政策，给予象洞镇生猪养殖户享受全县最高每平方米 200 元的拆除补助标准，对生猪退养户贷款发展其他符合生态要求的产业项目，给予享受最高额度 10 万元、年 3% 的 1 年贴息扶持；通过引进专业化农产品生产和花卉种植观光基地等项目，采取基地入股的方式解决农民转产问题，充分吸收了生猪养殖产业退出后的富余劳动力。从 2019 年开始，象洞镇委、镇政府响应县政府号召，把发展"一鸡一果"当作农民增收和乡村振兴的主导产业，"鸡"就是国家遗传资源品种象洞鸡，"果"就是黄金百香果。通过党员示范带头、宣传引导、技术指导、资金扶持等措施，截至 2020 年，象洞全镇实现转产转业生猪退养户 2516 户。

"治""清"同步：还溪水清澈容颜

污染在水里，根源在岸上。2016年12月，象洞镇大力开展农村环境综合整治项目，总投资1013万元，每日转运和处理垃圾总量超过15吨，整治范围涉及11个村，受益人口16805人。象洞溪流域沿线7个村成为"无猪村"，全面推进美丽乡村建设，投入资金660多万元。象洞镇集镇立面改造、集镇雨污分流及路面改造工程相继实施。同时，加大对水流域环境的综合整治，推进河道清淤、"一河两岸"生态湿地公园、生活污水处理等项目建设，其中，生态湿地公园集景观休闲、河道生态修复、纳污、蓄排水等功能于一体，目前已完成工程的50%，建成后将成为象洞镇群众休闲活动的重要场地，其兼具的蓄排水、部分消纳生活污水等功能是中央提出的"海绵城镇"理念在乡镇的应用范例；建成的1000吨级集中式地埋式污水处理站，经处理后排出的水可达到国家一级A的排放标准；集镇压缩式垃圾转运站实现了"村收集、镇转运、县处理"的垃圾处理模式。位于象洞溪源头的小山村是全镇重要的水源涵养区，建设白水寨生态休闲度假区、何仙姑文化园等一批旅游文化综合体项目，新建农民休闲公园，完善周边绿地景观，并对居民建筑、庭院及围墙进行整治。

严格管护，建立长效机制

象洞溪水流域治理是一项系统工程，既要有投入，也要有制度，既要严格管护零反弹，也要建立长效机制，才能真正达到长效治水的目的。象洞镇建立健全了生猪养殖复养巡查与打击机制，建立了镇级巡查督察工作组、村级巡查处置小组和社会监督举报制度以及有效的巡查沟通处置机制，开展全区域、零死角的工作巡查，对巡查中发现的复养、新改扩建猪舍问题实行"零容忍"，坚决给予严厉打击。实行责任追究机制，定期或不定期检查镇村两级工作组落实巡查打击责任情况，对因巡查打击责任不到位、工作不落实导致复养的工作人员进行问责。同时，严格执行河道巡查制度，加强河流日常巡查、保洁、预警，建立"一河一档"，制定"一河一策"，强化"精准治理"，实现"河长制、河长治"。

武平县与象洞镇两级政府用五年时间，和象洞镇人民协同努力，交付了一份满意答卷：象洞镇从生猪养殖污染大镇蜕变为天蓝、地绿、水净的乡村振兴特色小镇；象洞溪水流域水质长期达到Ⅲ类水质目标；一批批产业带动示范户粗具规模，转产转型生态经济效益初显，老百姓享受到生态红利。

| 第 | 七 | 章 |

健全县域生态文明制度体系

    坚持和完善生态文明制度体系，是促进人与自然和谐共生的必然选择，是推进国家治理体系和治理能力现代化的内在要求。党的十八大提出"保护生态环境必须依靠制度"，党的十八届三中全会进一步强调"建设生态文明，必须建立系统完整的生态文明制度体系"；党的十九大提出"加快生态文明体制改革，建设美丽中国"，党的十九届四中全会通过的《中共中央关于坚持和完善中国特色社会主义制度　推进国家治理体系和治理能力现代化若干重大问题的决定》（以下简称《决定》）将"坚持和完善生态文明制度体系，促进人与自然和谐共生"作为中国特色社会主义制度体系的重要内容，并为未来一定时期完善生态文明制度体系指明了方向。近年来，武平县委、县政府深入贯彻中央、省委有关生态文明体制改革的决策部署，紧密结合县域实际，不断完善县域生态文明制度体系，增强县域生态文明体制的系统性、整体性、协同性，提升生态文明的制度效能。

一　健全县域生态文明制度体系的重要意义

    生态文明制度是中国特色社会主义制度的重要组成部分，社会主义现代化是人与自然和谐共生的现代化，社会主义现代化强国的表征之一就是实现包括生态文明制度体系在内的国家治理体系和治理能力现代化。党的十八大以来，党中央加快生态文明制度体系建设步伐，提出了一系列关于生态文明制度体系建设的新理念、新思想、新战略，先后出台了《中共中央关于全面深化改革若干重大问题的决定》《中共中央国务院关于加快推进生态文明建设的意见》《生态文明体制改革总体方案》《关于省以下环保机构监测监察执法垂直管理制度改革试点工作的指导意见》《党政领导干部生态环境损害责任追究办法（试行）》，以及新修订的《中华人民共和国环境保护法》等系列改革举措，基本形成生态文明制度体系的"四梁八柱"。即按照"源头严防、过程严管、损害赔偿、后果严惩"的思路，构建起由自然资源资产产权制度、国土空间开发保护制度、空间规划体系、资源总量管理和全面节约制度、资源有偿使用和生态补偿制度、环境治理体系、环境治理和生态保护市场体系、生态文明绩效评价考核和责任追究制度等八项制度构成的产权清晰、多元参与、激励约束并重、系统完整的生态文明制度体系，旨在不断推进生态文明领域国家治理体系和治理能力现代化，努力走向社会主义生态文明新时代[1]。

县域生态文明制度体系是国家各类生态文明制度在县域范围内有机组合形成的整体。内容如下。①健全自然资源资产产权制度。包括建立统一的确权登记系统，建立权责明确的自然资源资产产权体系，健全县域自然资源资产管理体制，建立分级行使所有权的体制，开展水流和湿地产权确权等。自然资源资产产权制度关系到自然资源资产开发、利用、保护等方面，是县域生态文明制度体系中的基础性制度。②建立国土空间开发保护制度。包括完善主体功能区制度，健全国土空间用途管制制度，完善自然资源监管体制。③建立空间规划体系。包括编制空间规划，推进县域空间"多规合一"，创新县域空间规划编制方法。④完善资源总量管理和全面节约制度。包括完善最严格的耕地保护制度和土地节约集约利用制度、最严格的水资源管理制度，建立能源消费总量管理和节约制度、天然林保护制度、湿地保护制度，健全矿产资源开发利用、保护管理制度，完善资源循环利用制度等。⑤健全

---

① 陈健鹏：《完善生态文明制度体系，推进生态环境治理体系和治理能力现代化》，《中国发展观察》2019 年第 24 期。

资源有偿使用和生态补偿制度。包括加快自然资源及其产品价格改革，完善土地有偿使用制度、矿产资源有偿使用制度、海域海岛有偿使用制度，加快资源环境税费改革，完善生态补偿机制、生态保护修复资金使用机制，建立耕地草原河湖休养生息制度。⑥建立健全环境治理体系。包括完善污染物排放许可制，建立污染防治区域联动机制、农村环境治理体制机制，健全环境信息公开制度，严格实行生态环境损害赔偿制度，完善环境保护管理制度。⑦健全环境治理和生态保护市场体系。包括培育环境治理和生态保护市场主体，推行用能权和碳排放权交易制度、排污权交易制度、水权交易制度，建立绿色金融体系、统一的绿色产品体系。⑧完善生态文明绩效评价考核和责任追究制度。包括建立生态文明目标体系、资源环境承载能力监测预警机制，探索编制自然资源资产负债表，对领导干部实行自然资源资产离任审计，建立生态环境损害责任终身追究制。

（一）推动县域生态文明建设的根本保障

生态文明建设是一个系统而复杂的工程。县域作为承上启下、连接城乡的区域单位，其生态文明建设任务具有综合性和时效性强的特征，具有突出的地域特色。在新的发展阶段，我国生态环境保护结构性、根源性、趋势性压力总体上尚未得到根本缓解，生态文明建设正处于"三期叠加"的重要时期。在县域层面，生态文明建设还存在一些有待完善的问题，如公众参与制度落实不到位，对市场主体管理有待加强等。因此，必须建立一套系统而完整的生态文明制度体系，探索创新生态文明体制机制，逐步破解县域生态文明建设领域中的现实矛盾和问题，以确保县域层面的生态文明建设顺利进行，为县域生态文明建设提供制度保障。党的十八大以来，我国不断加快制度创新、完善制度配套，制度出台频度之密、监管执法尺度之严、环境质量改善速度之快前所未有，有力推动了生态环境保护发生历史性、转折性、全局性变化，使生态文明进入一个系统化建设和实质性的发展阶段。制度体系具有根本性、全局性、稳定性和长期性，这些本质特征有助于巩固生态保护工作目标与方针的落实，规范人们的行为并切实落实责任和奖惩，有效降低生态文明建设过程中人为因素的干扰。

（二）助力县域经济社会高质量发展的重要抓手

良好生态环境是实现县域经济高质量和可持续发展最为重要的基础。高能耗、高排放、低产出、粗放型传统经济发展模式曾给生态环境带来了严重的破坏，导致经济增长过程中不平衡、不协调、不可持续的矛盾日益突出。高质量的经济发展要求绿色发展、循环发展和低碳发展，要做到全面、有序、均衡的发展，而不是单方面、无序、失衡的发展。系统完善的生态文明制度体系，强调实行最严格的生态环境保护制度，推动实现绿色发展、循环发展、低碳发展；强调要全面建立资源高效利用制度，推行节能环保，节约集约利用水、土地、矿产等资源，大幅降低资源消耗强度，让资源节约、环境友好成为主流生产生活方式，将资源消耗、环境损害、生态效益等体现生态文明状况的指标纳入经济社会发展评价体系中，建立体现生态文明建设要求的目标体系、考核办法、奖惩机制，使之成为推进生态文明建设的重要导向和约束，从而把经济活动和人的行为限制在自然资源和生态环境能够承受的限度内，实现经济高质量和可持续发展及生态环境质量持续改善、协调推进。因此，生态文明制度体系可为县域实现经济高质量和可持续发展提供重要的制度基础。

（三）提升县域治理现代化水平的现实路径

健全完善生态文明制度体系建设，是重塑国家权力、保障公民权利的重要组成部分，也是建设法治政府、建设现代国家制度的应有之义，还是我国推进国家治理体系、提高国家治理能力的重要内容。从县域层面来看，在生态文明建设过程中行政管理体制仍然面临优化组织结构、提高行政效率和建立责任政府的挑战，由于部门分割、权责不清导致的"九龙治水"、生态环境保护效率低下的现象仍然存在。健全完善生态文明制度体系的过程，也是推动政府转变职能、强化政府有效监管的过程，能够有效优化县域治理体系、提升治理能力。要把制度建设摆在县域生态文明建设的突出位置，增加生态环境保护制度供给，完善污染防治制度配套，逐步建立起源头预防、过程控制、损害赔偿、责任追究的生态环境保护制度体系和体制机制。要强化制度执行，持续加强生态保护和环境治理能力建设，推进精准治污、科学治污、依法治污，实现县乡政府、企业和社会大众等各方面生态环境保护责任的细化实化，建立起全方位、多角度、立体化的管控体系，真正形成生态环境保护的制度合力。要理顺县乡政府、企业和社会公众在生态环境保护中的责权利关系，明晰县乡政府在生态文明保护中的职能边界以及角色定位，做到"法无授权不可为，法无禁止皆可为，法定职责必须为"。

二　健全县域生态文明制度体系的实践

"郡县治，天下安。"县域是经济、政治、文化、社会、生态的综合体，县域生态文明建设对于全国生态文明建设具有基础性地位，同样必须依靠制度建设，才能取得最佳效果。近年来，武平县坚定践行习近平生态文明思想，不断完善生态文明领域统筹协调机制，构建起涵盖源头保护、过程严管与后果严惩的生态文明制度体系，促进了经济社会发展全面绿色转型和人与自然和谐共生。

（一）夯实源头保护制度

生态文明制度体系建设首先应从源头防患于未然，不走"先污染后治理"的老路，武平县通过健全生态文明建设机构、依法划定生态保护红线、建立自然资产产权管理和用途管制制度、全面落实河湖长制等来实现源头严防。

1.健全生态文明建设机构

第一，成立生态文明建设示范县创建工作领导和决策机构。武平县主要领导亲自挂帅，成立武平县国家生态文明建设示范县创建工作领导小组，深化生态文明与环境保护委员会及相关部门职能，下设生态空间、生态经济、生态环境、生态人居、生态文化、生态制度6个职能部门及考核监督组，建立区域及部门间的联动机制。

第二，组建生态文明专家咨询顾问委员会。聘请知名专家、学者组建"生态文明专家咨询顾问委员会"，开展生态文明重大决策、重大方针政策、重要改革方案、重要规章及重要文件咨询与评估，组织重大项目建议书、可行性研究报告、环评报告的评估论证。委员会针对经济社会发展、生态文明建设重大难点、热点问题，开展深入调查和研究，向武平县国家生态文明建设示范县创建工作领导小组提出咨询建议。

第三，组建生态文明公众评议委员会。从社会各界聘请一批经验足、威望高、敢直言、群众观点强的群众代表，组建"公众评议委员会"，对生态文明重大决策、重大改革方案、重大项目等开展公众评议，对生态环境违法行为进行监督，定期开展民生微实事、环保投诉调查，听取群众改革建议。

2. 依法划定生态保护红线

武平县配合省级有关部门划定武平县的重点生态功能区、生态环境敏感脆弱区、禁止开发区等生态功能区域，依法划定生态保护红线，向社会公布各个生态红线区域的定位和边界、发展方向和目标、开发和管理原则，将生态保护红线范围具体落实到土地利用规划上。具体而言，对于生态环境敏感性较高，生态系统重要性较高，对物种自然繁衍、生物多样性保护、区域生态安全维护具有重要作用的区域划定生态保护红线，并实施严格的生态环境保护制度，严格限制生态保护红线区域的开发与建设，除重大道路交通设施、市政公用设施、旅游设施、公园外，禁止在生态保护红线区进行建设。

3. 建立自然资产产权管理和用途管制制度

第一，优化国土空间规划制度。一是有序推进编制国土空间规划。武平县根据国家自然资源部、省自然资源厅发布相关政策划定永久基本农田、城镇开发边界两条控制线，推进《武平县国土空间总体规划（2020—2035年）》编制工作，目前已编制完成总体规划，完成生态保护红线评估调整，完成南部控规和城市设计编制工作。二是扎实开展新一轮村庄规划编制工作。武平县人民政府办公室印发了《武平县乡镇国土空间规划及村庄规划编制三年行动实施方案》，明确乡镇国土空间规划和村庄规划编制任务、成果要求及县财奖补办法。三是认真组织审查项目规划。县规委会组织项目设计方案初审，召开会议认证审查项目，包括房地产项目、市政道路项目、园林绿化项目、专项规划、公共设施及公共服务项目、工业项目和个人建房（危旧房改造）设计方案审查等。二是建立国土空间规划体系。坚持"多规合一"形成国土空间开发保护"一张图"，以生态优先确定保护格局，基于"双评价"科学识别生态保护极重要区，明确各类刚性管控空间、重要山水空间、生态底线空间、农业生产空间，逐步推进县、乡镇国土空间规划编制，强化国土空间规划和用途管控，落实生态保护、基本农田、城镇开发等空间管控边界，减少人类活动对自然空间的占用，全面完成村庄规划编制任务，完善"多规合一"的规划实施、监督体系，不断完善县域国土空间规划体系。明确各类生态空间开发、利用、保护边界，实现能源、水资源、矿产资源按质量分级、梯级利用，落实自然资源资产用途管制制度。严格节能评估审查、水资源论证和取水许可制度。坚持并完善最严格的耕地保护和节约用地制度，强化土地利用总体规划和年度计划管控，加强土地用途转用许可管理。完善矿产资源规划制度，强化矿产开发准入管理。完善自然资源监管体制，统一行使所有国土空间用途管制职责。

第二，积极推进自然资源资产确权登记工作。一是根据《关于做好2020年度自然资源统一确权登记工作的通知》（闽自然资发〔2020〕22号）、《龙岩市自然资源统一确权登记实施方案》（龙自然资发〔2020〕57号）文件精神，结合武平实际情况制定自然资源统一确权登记工作实施方案，确保武平自然资源统一确权登记有序开展。根据上级的相关部署，武平已开展梁野山自然保护区和汀江流域的自然资源调查工作。二是悉心做好不动产登记服务。实施不动产统一登记制度以来，共受理各类不动产登记183648件，发放不动产登记证书54896本，不动产登记证明45069份，全县一般登记业务办理时间压缩至3个工作日以内，实际平均办理时间0.27天，当日办结率达到92.80%。2021年以来的总登簿量40374本，办理不动产权证书12003本、不动产证明7482本、查询查档12671人次，绿色通道办件63件，容缺办件19件，邮寄送达19件，上门服务12件，延时服务396件。

同时着力解决历史遗留办证问题，自 2019 年 8 月 7 日武平县人民政府《关于妥善处理县城规划区内个人及安置地建房历史遗留问题的意见》（武政文〔2019〕154 号）文件出台后，发现历史遗留问题 1451 件，截至目前已解决各类历史遗留问题 1355 件。

4. 全面落实河湖长制

第一，创建"河长制""湖长制"组织体系。进一步建立完善县镇村"三级河长""三级湖长"组织体系，实现各镇域的重点河湖渠塘全覆盖。继续强化"河长制""湖长制"保障体系，遴选充实县"河长制""湖长制"办公室工作人员，健全各级河长、湖长会议制度，强化河长、湖长制议事协调作用。启动全县防汛暨河湖管理系统平台建设。将河长制、湖长制工作考核结果作为党政领导干部综合考核评价的重要依据。

第二，推动全县落实河湖长制工作。深入贯彻落实《武平县全面推进河长制实施方案》，落实《武平县河长制工作办法（试行）》《武平县河道巡查与保洁办法（试行）》《武平县发动社会力量参与河道巡查治理实施办法（试行）》等工作机制，推动全县河长制工作有序有效开展。以问题为导向，精准发力攻坚，狠抓河湖"四乱"、水源地和入河排污口、工业污染、城乡污水垃圾、农业面源污染、河道生态、水土流失"七个"严管，落实"1＋X"河长巡河履职机制、联合督办机制、问题闭环销号机制、督察约谈问责机制、多渠道公众参与机制，打造幸福河湖造福人民群众。

第三，构建部门协作实施河湖动态监管机制。一是不断强化河流综合执法，县水利局加强与相关部门的协作联动，在水行政执法中联合国土局、城管、公安、环保等单位实施联合执法行动，对河道非法采砂、水土保持违法行为开展联合执法，开展中山河湿地公园范围内遗留采砂设备拆除整治行动，对未落实水土保持措施的东留耀辉石场开展联合执法行动，积极参与牛蛙养殖的专项整治行动。二是整合行政执法力量，开展水行政执法和河道专管员巡河协作联动机制，继续落实"一河一策"，推行问题清单制，开展非法采沙、非法设置入河湖排污口专项整治，严厉打击乱采沙、乱堆放、乱侵占、乱排乱倒等危害水生态、水安全的违法行为，加大水事违法行为的查处力度。三是加强河湖水环境监控信息平台建设，开展重点领域水环境整治，实现河湖动态监管，维护全县正常的水事秩序。

第四，构建生态保护跨区域协作机制。努力打造闽粤赣边和谐生态边界关系，福建武平积极开展与广东蕉岭和平远、江西寻乌和会昌等"三省五县"签订《关于建立闽粤赣边生态保护区域协作机制的实施意见》的跨区域合作，"打造和谐边界，构筑绿色屏障"的河长制，在流域水环境保护、土地及矿产资源保护、森林资源保护、野生动物资源保护、大气污染防治工作等方面建立起区域信息共享、跨区域联防联动、公益诉讼协助、环境修复协作、法律服务延伸等工作机制，筑牢闽粤赣边绿色生态屏障。

（二）完善过程严管制度

过程管控主要涉及生态环境保护与自然资源利用的监测和管理，通过完善污染物排放制度、健全资源环境承载能力预警监测机制等，实现过程严控。武平县通过完善环境影响评价制度、建立资源环境承载能力监测预警机制、建立健全固定源排污管理体系、推动政府和企业环境信息公开等来确保过程严控。

1. 完善环境影响评价制度

武平县重视发挥完善环境影响评价制度的作用，真正建立起环境和发展综合决策机制，推动发改、住建、环保等部门落实社会经济发展政策战略环评和规划环评机制，确保环保优先、生态环境保护和经济建设的协调发展。第一，全面深化项目环评审批制度。从空间准入、总量准入、项目准入三方面入手，深入实施项目审批与区域环境质量、产业结构调整、环保基础设施建设、污染减排绩效指标等挂钩制度，严格项目环境准入，2021年规划环评执行率达到100%。强化跟踪评价、区域限批等约束机制，加强建设项目执法监督，严格控制"两高一资"行业增长，抑制过剩产能。第二，进一步推动环境污染损害鉴定评估体系建设。通过专项行动、集中宣贯、进企业对接等方式，推进环境污染责任保险制度的落实，对照环境高风险企业类别，结合武平环境风险企业名单、重点排污单位名录、危险废物处置名录等确定投保范围企业名单，并将投保信息列入征信业务综合平台，2021年共有19家企业与投保公司签订协议并缴纳保费。

2. 建立资源环境承载能力监测预警机制

武平县探索建立一套系统、完整、规范的资源环境承载力综合评价指标体系，合理确定武平县人口规模、产业规模、建设用地供应量、资源开采量、能源消费总量和污物排放总量。在区域范围内所有敏感区、敏感点布设主要污染物监测网络，建立资源环境承载力动态数据库和预警响应系统，对水资源、环境容量、土地资源超载区实行限制性措施。

第一，加快建设水质监测站。为了推进环境监管能力建设，落实《福建省环境监管能力建设实施方案》，根据《龙岩市生态环境监管能力建设三年行动方案（2020—2022年）》的安排，武平按照轻重缓急、分年度实施的原则，新建省控小流域水质自动监测站6座，完成小流域水质自动站建设任务。同时，县委、县政府正在督促有关部门加强大气监测工作，落实责任对城区大气中二氧化碳、PM2.5等五个气象参考因子实现24小时自动监测，加大力度治理和提升空气质量。

第二，提升生态宜居水平。开展农村环境质量试点监测，对武平农村环境空气质量、农村饮用水水源地水质及地表水水质等按要求进行取样监测。实施"清新水域"工程，落实河（湖）长制，强化河道巡查，抓好河道保洁，实现河道巡查制度化常态化。各乡镇（街道）制定河道保洁方案，并做好河道日常保洁工作。加强水电站最小生态下泄流量执行监管，全县水电站下泄流量在线监控达标率98.8%。实施"清洁土壤"工程，会同相关部门完成土壤污染状况详查工作，完成重点行业企业用地土壤污染状况调查，环境风险防控措施已经基本到位。

第三，强化环境风险防控。武平不断加大矿山环境风险管控。针对铁锰、铅锌、金铜等临河或位于水源地上游的尾矿库环境风险突出的问题，召集非煤矿山安全监管人员及业主开展安全培训班，指导尾矿库企业完成安全生产应急预案的修订完善工作，开展风险分级管控和双重预防机制建设，采用回采销库治理等方式加快综合整治。同时，按照《福建省农村饮用水水源地突发环境事件应急方案编制指南（试行）》及相关规范，武平县人民政府办公室印发《武平县提升城市供水水质三年行动方案（2018—2020 年）的通知》（武政办〔2019〕63 号），开展水源地环境保护专项整治，对水源地周边环境风险全面评估，编修风险源名录并加强监管，制订符合本地实际、可操作性强的突发环境事件应急预案。健全饮用水水源地日常环境管理、巡查以及定期开展水质监测机制，每月开展不少于 1 次的巡查监管和水质监测工作，保证饮用水水源保护区的水质符合规定标准，确保人民群众的身体健康。

3. 建立健全固定源排污管理体系

武平县按照国家相关规定，统筹考虑水污染物、大气污染物、固体废弃物等要素，基本形成以排污许可制度为核心，有效衔接环境影响评价、污染物排放标准、总量控制、排污权交易等环境管理制度的"一证式"固定源排污管理体系，建成运营垃圾资源化产业园，完善"村收集、镇转运、县处理"农村生活垃圾处置机制。

第一，不断加大城乡生活污水处理设施建设力度。通过工程建设补齐短板，实施污水管网延伸、雨污分流改造、排污口整治等，着力提升武平生活污水收集处理能力和水平。2020 年 3 月，联合武平生态环境局、发改局、城市管理局制定颁布《武平县城区污水处理提质增效行动实施方案（2020—2021 年）》，明确了总体目标、具体任务及部门职责等。2021 年 6 月，会同有关部门拟定了《2021 年城区污水处理提质增效行动项目清单》，并报县政府分管领导审定，加大力度建设污水处理设施。

第二，建立"村收集－镇转运－县处理"的农村垃圾处理模式。先后制定颁布《武平县城乡生活垃圾分类试点工作实施方案》（武政文〔2019〕241 号）、《武平县 2021 年推进城乡生活垃圾分类工作实施方案的通知》（武垃分办〔2021〕2 号），指导垃圾分类工作的开展。武平已将垃圾干湿分类工作纳入垃圾治理三年行动，县政府发布《武平县城乡生活垃圾分类三年（2021—2023 年）行动实施方案》，指导垃圾干湿分类工作开展，乡镇生活垃圾无害化处理水平达 90% 以上。采取走村入户、张贴宣传画册及纳入村规民约等方式进行宣传，明确了垃圾分类标准及处置方式，新增垃圾干湿分类垃圾桶及组织召开垃圾分类工作现场会，有效推行垃圾干湿分类试点工作。完成 11 个乡镇简易填埋场整治工作验收，完成非正规垃圾堆放点的整治。

第三，建立污水治理长效机制。一是落实"污染者付费"原则，建立乡镇污水处理运行长效机制，县政府印发《武平县乡镇污水处理费征收管理办法（试行）》，通过广泛宣传，全县各乡镇均已开始征收乡镇污水处理费。各乡镇收取的污水处理费按比例用于该乡镇污水处理设施运营费用，对运营情况较差的乡镇视情况扣减该笔费用。对超出运营费部分的费用用于支持乡镇污水管网建设。二是开展园区水污染专项整治行动。逐步完善园区生活污水管网建设，目前岩前园区思明大道以南污水系统接入集镇市政管网工程已完成建设，十方园区污水系统接入集镇市政管网工程正加快建设。园区线路板企业实现工业废水、生活污水全部接入第二污水处理厂处理。三是建立园区线路板企业排放口监控平台。实时监督掌握线路板企业排污情况，分行业、分专项督促企业尤其是线路板企业提升环保设施，做好污染源控制。岩前园区、十方核心区均已完成雨污分流，线路板企业工业废水、生活污水已全部接入第二污水处理厂处理，园区其他生活污水已接入集镇污水管网系统。四是主动做好省生态环境保护督察迎检工作，积极落实整改督察组反馈问题，促进园区生态化水平进一步提升。

第四，持续抓好生猪养殖业污染治理。武平针对存在养殖业污染整治工作整体推进力度不平衡的现象，将养殖业污染整治工作列入年度工作目标考核内容，进一步加大养殖业整治工作力度，深化"拆、转、治、清、管"的象洞治水经验，共关闭拆除猪舍 26.4 万平方米，削减生猪存栏 17.6 万头，可养区内 174 个规模养殖场已全部完成升级改造。最新监测数据显示，全县 14 个省控小流域断面中有 7 个达到 Ⅱ 类水，5 个达到 Ⅲ 类水，2 个Ⅳ类水，全面消除劣 Ⅴ 类水体。

4. 实施环境信息公开制度

第一，不断完善武平县政府环境信息公开办法。武平县根据《中华人民共和国政府信息公开条例》、《福建省政府信息公开办法》和《武平县人民政府信息公开指南》的要求，通过武平县政府网等公众媒体定期发布环境信息，实施政府环境信息公开。加强武平县土地利用总体规划、环境保护规划、环境污染源普查数据、重大建设项目环评等信息和调查数据的工程进度情况披露以及环境保护、安全生产、企业污染等行政管理中的重大监督检查情况，重大环境事故的预防预警、抢险救灾等政府环境信息的公开。

第二，不断推动企业环境信息公开。由生态环境局、发改局、工信科技局牵头，组织制定武平县企业环境信息公开办法。以重点监控企业为重点，强制企业环境信息公开，加强项目环境影响评价等环境保护行政许可获得情况，主要污染物、排放方式、排放口数量和分布情况、排放浓度和总量、超标情况，以及企业执行的污染物排放标准、核定的排放总量，防治污染设施的建设和运行情况，突发环境事件应急预案等企业环境信息公开力度。每月初发布上个月的环境信息，每季度进行一次综合环境信息发布，并对企业环境信用进行评价。企业公开的环境信息和环境信用评价结果定期通过武平县政府网、"武平县生态文明建设"微博和微信公众号、"武平县生态文明建设"报刊专栏、"武平县生态文明之声"广播专栏等公众媒体发布和公示。到2021年，环境信息公开率达到100%，公众对生态文明建设满意度达到95%。

（三）强化后果严惩制度

后果严惩制度是生态文明制度建设的末端环节，是监督、检验生态文明建设的制度红线，其建设重点在于生态文明绩效考评与责任追究。武平县通过建立生态文明建设评价考核体系、探索编制自然资源资产负债表、执行生态环境损害责任追究制度、实行生态环境损害责任终身追究制度等来实现后果严惩。

1.建立生态文明建设评价考核体系

第一，实行差异化绩效评价考核办法。武平研究制定《武平县生态文明建设目标评价考核办法》，进一步提高生态文明建设、环境保护在党政实绩考核中的比例，把资源消耗、环境损害、生态效益、产能过剩、科技创新、安全生产等绿色发展指标纳入党政实绩考核的范畴，重点考核各领导班子贯彻落实加快经济发展方式转变、推进生态文明建设的相关决策部署、生态环境保护、资源能源节约等方面情况，根据不同区域主体功能定位，实行差异化绩效评价考核。到2021年党政干部实绩考核评分标准中生态文明建设工作所占的比例≥20%。

第二，在考核方式上加强日常考核。为了贯彻实施水陆保洁一体化机制，提高村庄环境保洁质量，武平强化河长制工作日常管理，巡河工作实现常态化、制度化。结合河流生态资源养护和增殖放流活动，年度综合水质保持Ⅲ类水标准，月度水质检测为Ⅱ类水的占比呈逐年增高趋势，通过建立"水陆保洁一体化"工作机制与购买社会服务相结合的方式，进一步理顺了保洁机制，加强了保洁管理，提高了工作效率。

第三，在考核方法上重视量化评分。岩前、东留、十方、中山、中堡镇等5个乡镇建立运营维护绩效考核制度，武平联合县财政局、生态环境局、发改局对污水处理厂（站）运营情况每月进行考核、每6个月进行考核评分。根据考核结果拨付相应比例的运营管理费用。对考核发现的问题，限期要求整改。将监管队日常巡查情况，结合县环境卫生督察考评结果，按村进行量化评分，排列考核名次，结合奖惩措施，保障"水陆保洁一体化"机制常态化运行。

2. 探索编制自然资源资产负债表

武平县认真贯彻落实中共中央办公厅、国务院办公厅印发的《关于设立统一规范的国家生态文明试验区的意见》及《国家生态文明试验区（福建）实施方案》，根据全省自然资源资产负债表编制工作部署，结合实际落实推进武平县自然资源资产负债表编制相关编制工作。长期以来，由于管理和登记"九龙治水"，自然资源交叉重叠、权属界限不清、权利归属不明等问题突出，武平县根据《关于做好2020年度自然资源统一确权登记工作的通知》（闽自然资发〔2020〕22号）、《龙岩市自然资源统一确权登记实施方案》（龙自然资发〔2020〕57号）文件精神，结合武平实际制定自然资源统一确权登记工作实施方案，做好上级部署的相关工作，确保自然资源统一确权登记有序开展。对辖区内的水流、森林、山岭、荒地、滩涂等自然生态空间进行统一确权登记，明确自然资源资产所有者、监管者及其相应责任。到 2021 年，完成全县自然资源统一确权登记，明确界定全部国土空间内的水流、森林、山岭、荒地及探明储量的矿产资源等各类自然资源的权属、位置、面积等，通过统一确权登记，全面摸清了自然资源权属家底。建立自然资源统一确权登记信息管理平台，实现自然资源统一确权登记信息与自然资源审批、交易信息互通互享，支撑自然资源产权保护和监管。探索编制武平县自然资源资产负债表，将其作为衡量武平县生态绩效考核的重要指标。

武平县根据自然资源资产负债表编制工作进展情况，分析编制过程中遇到的困难和问题，建立完善自然资源资产负债表工作网络，重新梳理编制方案，落实各责任部门和工作人员，对照最新规范要求，紧紧围绕提高数据的真实性、准确性、完整性和及时性，加强组织协调，对上加强对接，横向做好沟通，加强数据评估，提高数据质量，提升编制水平，做好数据修订和数据编制上报工作，为自然资源分类施策、有效保护、开发利用与高效监管创造了条件。

3. 执行生态环境损害责任追究制度

武平县生态环境局、县自然资源局、县林业局、县水利局会同县公安局、检察院和法院等部门，不断健全环境损害赔偿方面的相关制度、评估方法和实施机制，对违反环保法律法规的，依法严惩重罚；对造成生态环境损害的，以损害程度等因素依法确定赔偿额度；对造成严重后果的，依法追究刑事责任。

第一，深入开展中央、省环保督察反馈问题整改。组织中央和省环保督察反馈问题整改、信访件"回头看"等，推进中央环保督察反馈意见整改交账销号工作。2016 年省环保督察涉及武平的 28 项问题已完成整改 25 项，基本完成 3 项；2017 年中央环保督察涉及武平的 12 项整改任务已完成整改 8 项（其中完成交账销号初步验收 7 项），其余 4 项正按计划推进整改。

第二，加强企业环保工作的日常监管。由于部分企业存在重生产、轻管理，环保意识有待加强的情况，必须强化企业的环境保护主体责任。2021年以来园区企业共签订 85 份环保承诺书，约谈企业负责人 52 家（次），严格做好环保工作。强化对企业人员、制度、设备设施、台账等方面日常工作的监管，同时加强节假日、周末、夜晚、雨天等时间点的环保工作检查、巡查、督查，截至 2021 年，已对园区企业的日常巡查进行 278 人（次），特殊巡查 156 次。

4. 推进自然资源资产离任审计制度

武平全面落实中央和省委、省政府关于生态文明建设的一系列决策部署，围绕打好污染防治攻坚战，实行经常性的领导干部自然资源资产离任审计制度。根据《福建省党政领导干部自然资源资产离任审计实施方案》的要求，制定颁布《武平县领导干部自然资源资产离任审计实施方案（试行）》，积极探索领导干部自然资源资产离任审计的目标、内容、方法和评价指标体系，对乡镇（街道）党委（党工委）和政府（办事处）主要领导干部、承担自然资源资产管理和生态环境保护工作部门（单位）的主要领导干部，以及发展改革、自然资源、水利、农业农村、林业等部门（单位）的领导干部开展自然资源资产离任（任中）审计工作。以领导干部任期内辖区自然资源资产变化状况为基础，通过审计主要检查被审计领导干部任职期间履行自然资源资产管理和生态环境保护责任情况，客观评价领导干部履行自然资源资产管理责任情况，依法界定领导干部应当承担的责任，加强审计结果运用，将审计评价结果作为领导干部考核、任免、奖惩的重要依据。

5. 实行生态环境损害责任终身追究制度

武平县严格落实《福建省党政领导干部生态环境损害责任追究实施细则（试行）的通知》，实行党委和政府领导成员生态文明建设一岗双责制。武平县委组织部、县纪委监委不断深化监督机制，实行常规巡察和专项巡察相结合的方式开展监督检查，紧盯涉林工作重点部门，研究林权、林业管理、林地使用审批、林业经济效益、林下经济产业发展，以及贯彻落实习近平总书记重要指示批示精神、上级重大决策部署及廉洁风险等问题，针对监督检查开展情况，建立发现问题清单，分类处置，紧盯不放，该整改的整改，该督办的督办，该立案审查的立案审查，该问责的问责，坚决防止走形式、走过场。以自然资源资产离任审计结果和生态环境损害情况为依据，明确对党委和政府领导班子主要负责人、有关领导人员、部门负责人的追责情形和认定程序。对领导干部不顾生态环境盲目决策、造成严重环境损害后果的，终身追究其责任。区分情节轻重，对造成生态环境损害的，予以诫勉、责令公开道歉、组织处理或党纪政纪处分，对构成犯罪的，依法追究刑事责任。对领导干部离任后出现重大生态环境损害并认定其需要承担责任的，实行终身追责。

三　健全县域生态文明制度体系的思路与对策

当前武平在节能减排、循环经济、生态保护等领域，建立了比较完备的制度体系并得到有效执行，为县域生态文明建设奠定了良好的制度基础。但是，在实践中配套政策尚不健全，生态文明建设考核机制不完善，资源有偿使用和生态补偿机制有待规范，绿色金融等仍处于探索阶段。环境与发展综合决策机制、环境管理体制需要进一步完善。因此，武平应继续坚持以更严要求建立健全生态文明体制机制，打造生态文明治理现代化的先行示范县。

（一）统筹推进自然资源资产产权制度改革

自然资源进入社会生产环节或社会流通环节后可转化为自然资源资产，并通过市场交易过程显化其价值属性，而产权制度是实行自然资源交易公平、合理、有序的重要保障。自然资源资产产权制度作为生态文明制度体系的核心制度，可为武平提升自然资源开发利用效率和保护力度，保障生态安全和资源安全，应进一步明晰下一步改革的重点和方向。

一是开展自然资源统一调查监测评价。配合开展自然资源分类标准研究，继续推进自然资源调查，适时开展自然资源基础调查，做好自然资源实物量清查统计工作。开展自然资源资产核算评价，探索自然资源资产负债表编制。推进自然资源调查监测评价信息的发布和共享。

二是加快全县自然资源资产统一确权登记。落实自然资源统一确权登记相关要求，推进自然资源统一确权登记工作制度化、规范化、标准化，清晰界定各类自然资源资产产权主体，重点推进自然保护区和自然公园等各类自然保护地、国有林区、湿地等重要生态空间确权登记工作，逐步实现自然资源确权登记全覆盖。

三是强化自然资源整体保护。编制、完善国土空间规划，形成国土空间保护、开发、利用、修复"一张蓝图"，严守生态保护红线、永久基本农田和城镇开发边界等控制线，健全县国土空间用途管制制度，包括落实最严格的耕地保护制度，加强永久基本农田的保护和管理，压实耕地目标管理和属地管理责任；加强矿产资源开采管理，建立健全湿地管理办法；等等，强化山水林田湖草整体保护。完善生态环境损害赔偿机制，探索建立自然资源资产损害赔偿机制，建立健全破坏自然资源资产行为的预防和制止机制。

四是完善自然资源监管体制。发挥人大、行政、司法、审计和社会监督作用，实现对自然资源资产开发利用和保护的全程动态有效监管。探索建立自然资源资产管理考核评价体系，推行领导干部自然资源资产离任（任中）审计，落实党政领导干部自然资源资产损害责任追究制度。强化自然资源资产监管执法，完善国土空间规划和自然资源资产监管方式，加强执法队伍建设，建立自然资源行政执法与检察公益诉讼衔接平台，健全执法、司法机关协作机制。

五是促进自然资源资产集约开发利用。开展全民所有自然资源资产所有权委托代理机制试点，明确委托代理行使所有权的资源清单和管理制度，探索建立统一行使、分级代理、权责对等、全民共享的所有权委托代理机制。开展土地利用动态巡查，实现土地利用"事前、事中、事后"全程监管，避免土地闲置浪费现象。开展自然资源资产分等定级价格评估，适时更新城镇基准地价，开展城市地价动态监测，制定集体建设用地和农用地基准地价，建立自然资源资产交易平台和服务体系，健全各类产业用地标准和自然资源开发利用的产业准入政策。

（二）健全生态环境保护体系

一是建立源头预防、过程控制、事后追责的生态环境保护体系。为解决企业生产造成的生态破坏、环境污染以及个人生活方式造成的资源浪费等问题，有必要加强对生态环境的全过程保护，建立生产、生活、生态三方综合立体的源头防控、过程监督和事后追责的生态保护机制。同时，要形成绿色生产和消费的政策导向，完善绿色产业发展支持政策，引导社会资本投入绿色产业发展。

二是强化生态保护和修复制度。生态文明建设必须考察资源环境的承载能力，这就要求协同推动生态环境保护和修复，促进绿色可持续发展，实现人与自然和谐共生，因此，要强化自然资源整体保护，运用系统思维方法，统筹推进重点流域山水林田湖草生态保护修复工作，深入推进汀江、中山河等主要流域山水林田湖草系统治理，加强对自然保护地监测、评估、考核、监督。建立生态环境分区管控制度，完善污染物排放许可制度，深入开展排污权交易，实行企事业单位污染物排放总量控制和排污权有偿使用制度。强化风险防控，逐步形成一整套体系完备、监管有力的监督管理制度，守牢环境安全底线。

三是建立生态环境保护责任体系。进一步明晰政府、企业、社会、公众等各方主体权责，构建多元共治的责任体系，其中，乡（镇）人民政府、街道办事处根据法律、法规的规定和上级人民政府的要求，开展有关水环境污染等防治工作。排放污染物的企业事业单位和其他生产经营者应当承担污染防治的主体责任，健全环境保护管理制度，实施清洁生产，防止和减少水环境污染和生态破坏，依法向社会公开其水环境信息；同时，要健全生态环境治理企业责任体系，制定实施企业生态环境信用评价指标体系、实施程序、联合奖惩等相关措施，实施分级分类监管，强化评价结果运用。

（三）健全生态环境治理资金投入机制

一是加大政府投资力度，形成权责清晰、持续稳定的生态环保资金投入机制。将生态环境保护和治理列为公共财政支出的重点，加大环境治理与保护项目储备，积极争取中央和市级专项资金。优化创新环保专项资金使用方式，引导社会资本参与环境治理和生态保护，加大对环境污染第三方治理、政府和社会资本合作模式的支持力度。鼓励引导对污染防治、节能减排等领域的投入，创新投入机制，充分发挥财政资金的引导作用。

二是发挥绿色金融引导。拓宽融资渠道，积极创新绿色债券、绿色保险等金融政策，探索建立环保基金、环境保护税等多种金融工具联动机制，支撑环境基础设施、生态保护、环境治理修复等公益项目实施。贯彻落实金融扶持政策，引导金融机构创新绿色金融服务模式，加大对县域龙头企业、专业合作社、绿色产业发展示范园区等的金融支撑，推动形成绿色产业链，特别是要注重引导资源要素向农业绿色技术创新领域倾斜，激活农业农村绿色发展内在动力。

三是促进企业绿色发展。支持生态环保项目建设及环保产业发展，发挥企业在其自身污染治理和保护环境投入方面的主体责任，采取各种措施督促、引导其环境保护资金投入到位。

四是加大农村环境整治资金投入力度。将农村人居环境整治工作经费纳入财政年度预算，整合上级相关配套奖补资金，在政策允许下优先向农村人居环境整治倾斜，积极动员社会力量投资、投劳，为农村人居环境整治提供资金支持。明确补助资金使用范围、规范资金使用方向，重点用于农村厕所、垃圾、污水专项整治、畜禽规模养殖污染综合治理等任务，保障农村人居环境质量安全。

（四）加强生态环境执法能力建设

一是持续强化执法保障工作。加强环境监测预警应急能力建设，加快"数字环保"建设步伐，全面加强环境信息基础能力规范化和公共环境管理信息系统平台建设，提升环境监察执法能力。强化环境执法监督，完善生态环境司法和执法"两法"衔接制度，建立重大案件联合执法等制度，实施案件移送、联合调查等机制，形成分工负责、合力惩治生态环境违法犯罪的工作格局。全面推行生态环境执法公示制度、执法全过程记录制度、重大执法决定法制审核制度。深入推进执法监察力度，严格落实动态巡查工作责任制，认真抓好日常巡查，充分发挥基层自然资源所的前哨作用，切实将执法"关口"前移到基层一线，力争做到"早发现、早制止、早处置"。

二是增强执法人员的执法能力。加强环保队伍建设，采用多种方式定期进行业务培训，提高环保队伍整体素质。进一步理顺部门职责，畅通部门之间的衔接渠道，将联席会议、案件会商、信息共享等工作机制落到实处，在尊重行政管理区域独立性与自然生态环境整体性的基础上，科学把握山水林田湖草的共生性、各种污染物的交互作用以及水气土跨界交互污染等客观规律，发挥部门间联动作用，解决生态环境治理过程中不统一、不协调、不一致的问题。

三是完善生态补偿和生态环境损害赔偿制度。生态补偿机制能够有效调动生态治理参与主体的积极性，约束生态环境消费，激励参与主体参与生态环境治理，探索多元化生态补偿机制，完善生态保护成效与资金分配挂钩的激励约束机制。建立体现生态文明要求的目标体系、考核办法、奖惩机制，根据生态环境责任的履行情况对相应主体进行责任追究，实行严格责任追究制度，对于监管失职采取惩处措施。严格实行生态环境损害赔偿制度，健全环境损害赔偿方面的法律制度、评估方法和实施机制，强化生产者环境保护法律责任，大幅度提高违法成本，有效破解县域生态环境治理的体制性障碍，推进县域生态环境治理的现代化发展。

案例

武平县用自然资源资产审计制度保护绿水青山

武平县坚持以习近平新时代中国特色社会主义思想为指导，坚持人与自然和谐共生、产城人融合的发展理念，全面贯彻落实习近平总书记对福建工作、武平林改重要指示批示精神，深入实施"生态立县、产业兴城、旅游富民"发展战略，以创建国家生态文明建设示范县为载体，驰而不息打好蓝天、碧水、净土三大保卫战，以县城为龙头、集镇为节点、美丽乡村为基础，用最严格的制度全力守护好武平的绿水青山，打造生产、生活、生态融合发展的美丽武平。根据《中华人民共和国审计法》和《领导干部自然资源资产离任审计规定（试行）》第三十七条的规定，经中共武平县委审计委员会批准，2021年4~5月，武平县审计局开展县林业局领导干部经济责任审计和自然资源资产任中审计，对2018~2020年自然资源资产管理和生态环境保护责任履行情况进行审计，延伸调查了县林业执法大队、县公安局森林警察大队、中国人民财产保险股份有限公司武平支公司、十方林业工作站等8个相关单位，对重要事项进行了必要的延伸和追溯。

审计认为，武平县林业局重视发挥林业在生态文明建设中的作用，认真履行森林资源管理和林业生态环境保护职责，取得一定成效。一是先行先试开展林权制度改革。以"惠林卡"为主的林权抵押贷款模式被国家林业局等部委向全国推广，武平捷文村被列入全省践行习近平生态文明思想林改示范基地，林业资源管护和林业扶贫机制等林改经验向全国推广。二是城乡绿化美化有序推进，林业生态环境居全省前列。全县森林覆盖率达79.4%，被评为"全省造林绿化工作先进集体"，中山河国家湿地公园为"国家湿地公园"，石径岭森林古道为"最美森林古道"。三是推动生态富民产业发展。武平是全国林下经济示范县，全县建立林下经济示范基地225个，花卉产业富有武平特色，武平富贵籽被评为"2019年度福建名牌农产品"。"森林人家"品牌建设得到提升，竹产业得到较快发展。武平县林业局认真贯彻新发展理念，积极践行"生态美、百姓富"的有机统一。武平县先后荣获"全国森林旅游示范县""国家森林康养基地"等多个国家级称号，县林业局被授予"全省林业系统先进集体"。

本次审计针对存在落实县级林地保护利用规划管控措施不够到位、森林防火工作存在薄弱环节以及部分专项资金管理使用不合规等问题，提出相关的审计建议。一是严格履行生态环境保护责任，努力完成自然资源资产管理和生态环境保护目标任务，进一步提高生态环境质量。要加强对造林绿化任务完成、火灾数据等方面的管理，确保规划中的自然资源任务全面完成。二是强化林业执法监管，加大资源环境违法问题处理处罚力度，已作出的处罚决定应当严格执行到位。三是建立健全营林项目管理制度，强化对项目全过程的监督、管理，促进工程的有效实施和政府投资项目效益的充分发挥。

　　武平县积极开展领导干部自然资源资产离任审计，推动干部群众自觉践行"绿水青山就是金山银山"的理念，在推进机制创新、管理创新、绿色发展等方面发挥了重要作用。如通过审计促进县政府出台了《武平县林权抵押贷款实施办法》，抵押、担保、信用"三管齐下"，拓宽金融支持林业发展渠道，天然林免评估直接抵押贷款。截至目前，全县累计发放林权抵押贷款6.65亿元，切实帮助林农解决资金需求问题。再如通过审计规范资金使用，提高使用效益，促进武平形成了林药、林菌、林花、林茶、林果、林蜂、林禽、林畜、林蛙、林游和林下产品采集加工等富有当地特色的林下经济新模式，实现"不砍树也致富"的目标。

| 第 | 八 | 章 |

构建县域生态环境多元共治格局

　　构建县域生态环境多元共治格局，是实现良好生态环境共建共治共享的根本途径。党的十九大报告针对我国生态环境治理碎片化特征，提出了要"共抓大保护"，"要坚持全民共治，构建政府为主导、企业为主体、社会组织和公众共同参与的环境治理体系；要打造共建共治共享的社会治理格局，完善党委领导、政府负责、社会协同、公众参与、法治保障的社会治理体制"。在 2018 年全国生态环境保护大会上，习近平总书记指出："环境治理是系统工程，需要综合运用行政、市场、法治、科技等多种手段。"① 做好生态环境保护工作，仅依靠政府部门是远远不够的，绿水青山需要每一个社会主体共同守护。武平在持续推进县域生态文明建设的过程中，注重价值引领，通过建立党委政府、企业、社会组织、群众等多主体共同参与、通力协作的多元共治新格局，将生态环境保护工作落实落细，见行见效。

一　构建县域生态环境多元共治格局的重要意义

（一）生态环境多元共治格局的内涵与演进

1. 生态环境多元共治格局的内涵

　　生态文明是人们基于生态环境问题的反思。作为一种公共产品或准公共

---

① 习近平：《推动我国生态文明建设迈上新台阶》，《求是》2019 年第 3 期。

产品，环境问题具有鲜明的广泛性、动态性、复杂性等特征，单纯依靠政府机制、市场机制或社会机制解决环境问题都无法有效实现供需平衡，全球生态环境的恶化与生态危机的蔓延充分证实了这一点。在西方社会，资本主义内生的环境危机引发了公众的强烈抗议。在此背景下，人们开始探索"多元"治理模式。1955 年联合国全球治理委员会发表的《我们的全球伙伴关系》中指出，治理是各种公共和私人的个人、机构管理其共同事务的诸多方式的综合，是使相互冲突的或不同利益得以调和并采取联合行动的持续过程①。联合国开发计划署强调，治理是社会通过自身组织来制定和实施决策，以达成相互理解、取得共识和采取行动的过程②。国际社会对治理的阐释强调治理主体的多元化、治理过程的互动性、治理对象的参与性和治理手段的多样化③。

从理论内涵看，生态环境治理主体从一元化逐步演进到多元化，主流理论大体分为单主体、双主体和多主体三个阶段。庇古的政府主导、科斯的市场交易和社会力量的非替代性弥补等单一主体均无法承担并完成生态环境治理的全部责任。双主体治理有政府—社会和政府—市场两类，协同理论和新公共管理理论将政府和社会相结合，前者提出统筹公共利益和私人利益，后者强调政府与公民社会的协商合作；生态现代化理论和波特假说通过发挥政府和市场的生态转型作用，实现经济发展和环境保护的双赢④。奥斯特罗姆的自主治理理论和多中心治理理论开启了多元主体共同利益的探索，生态环境治理从问题导向型逐步转向探索利益相关者多元协同的新范式。

从实践上看，过去人们倾向把生态环境保护视为政府的责任，以政府相关部门为核心主体，社会公众的监督参与被视为生态环境保护治理体系的外

---

① 汪乃澄：《论治理理论的中国适用性》，《当代社科视野》2010 年第 12 期。
② 王猛：《构建现代环境治理体系》，《中国社会科学报》2015 年 7 月 22 日。
③ 吴舜泽、秦昌波：《构建多元生态环境治理体系》，《社会治理》2017 年第 1 期。
④ 杨志、牛桂敏、郭珉媛：《多元环境治理主体的动力机制与互动逻辑研究》，《人民长江》2021 年第 7 期。

部作用，企业则是被监管的对象。与国际社会治理发展历程类似，随着我国公众环境意识、环境权益观的不断发展，公众和企业绿色生产、绿色消费、节水减污等主体身份逐渐明确，企业和社会公众逐步被纳入了我国环境治理体系。在推进生态文明体制改革和建设美丽中国的战略部署下，环境治理多元共治格局应运而生。多元共治格局既强调以政府权威治理为中心，又追求权威治理基础上多元主体之间的合作与互动，从而塑造出更具开放式、包容性和适应性的新型环境治理模式（如图 8 – 1 所示）。环境治理多元共治格局巧妙地融合了政府管制模式、市场调控模式和社会参与模式的优势与元素，又能较好地规避上述单一治理模式的缺陷，为解决区域、跨区域乃至跨国间的环境治理难题提供了可供选择的行动方案并指明了方向。

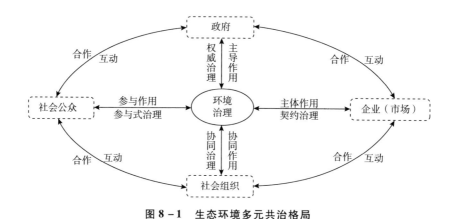

图 8 – 1　生态环境多元共治格局

资料来源：詹国彬、陈健鹏：《走向环境治理的多元共治模式：现实挑战与路径选择》，《政治学研究》2020 年第 2 期。

在生态环境多元共治格局中，生态环境治理主体包含政府、市场和社会：①政府行政主体包括中央和地方两个层面，前者涉及国务院、国家生态环境部、自然资源部和其他相关部门，后者涉及各级地方人民政府及其下属的生态环境主管部门和其他相关部门；②市场主体包括一般型、污染型和治理型的企事业单位和其他生产经营者；③社会主体包括社会公众、社会组织、媒体、学校和科研机构等①。

政府在生态环境治理中主要承担倡导、规制、协调、监管和服务等职能。①倡导职能。国家为生态环境治理把握方向、指导思想，地方各级人民政府宣教、引导市场和社会主体共参善治。②规制职能。通过控制型和激励型政策，刚性约束生态环境治理过程，柔性引导绿色产业发展。③协调职能。中央纵向协调重点流域和区域的府际合作，各级政府横向协调相关职能部门，并与之共同协调辖区内的多元主体，均衡环境、经济和社会效益。④监管职能。央、地生态环境主管部门对环境保护工作实施统一监督管理，地方各级人民政府对所辖区域生态环境质量负责。政府通过考核、监督、报告和被监督等自我监管机制，保障其各项职能的有效性。⑤服务职能。保障基础要素投入，服务于既有环境问题治理和潜在环境风险防控；综合运用行政、法律、经济、财政等多种手段，服务于提升市场调节能力和拓展绿色发展空间；构建合作平台、促进企业信息公开、顺畅公众参与渠道等，服务于回应社会诉求和保障社会效益。

市场主体承担守法、参与、自制、创新和协助职能。①守法职能。严格内部约束，如一般型企业保障生产资料和资源消耗等符合规定，污染型企业依规防治环境污染、缴纳排污费等，治理型企业严格履行合同约定责任。配合外部约束，如配合提供政府监管和社会监督所需的必要环境信息。②参与职能。将生态环境治理理念纳入生产经营全过程，如"营利性"与"公益性"并存的国有企业引领、推动市场绿色化转型，民营企业积极参与排污许可制度的市场化运作，外资企业为生态环境治理提供资金与技术的补充。③自我规制。企业基于品牌形象提升和企业文化追求的自我规制行为，是弥补管理漏洞并提高治理效率的有效途径。④创新职能。企业是先进材料、设备、工艺和技术等的创新者与实践者，企业创新发挥了减少污染和资源损耗的源头带动作用，以及能源回收利用和污染处理的终端控制作用。⑤协助职

---

① 杨志、牛桂敏、郭珉媛：《多元环境治理主体的动力机制与互动逻辑研究》，《人民长江》2021 年第 7 期。

能。发展产业集聚区和环保产业链，是企业整合力量协助生态环境治理的突破口；治理型企业在生态环境治理中扮演有偿管理者的角色，供给信息、技术等服务以协助多元共治。

社会主体肩负自身建设、舆论监督、宣传教育、对策建议、公益诉讼等职能。①自身建设职能。公众具有减少污染输出和发展绿色生活方式等个体控制职能，以及依法聚集或加入环境非政府组织（Non-government Organization，NGO）等自组织建设职能；NGO应承担完善运作流程、构建信息共享平台和健全网络反馈机制等自我建设职能①。②舆论监督职能。公民依法享有环境保护监督和举报违法行为的权利；NGO和科研机构提供专业的环境信息分类、解析和服务；媒体具有调动社会各界参与监督的舆论引导职能。③宣传教育职能。学校、媒体、NGO和党干专家分别具有生态教育、环保宣传、程序解说和带头实践等职能，是提高环保意识、引导绿色方式、提升公众信心和营造社会氛围的重要载体②。④对策建议职能。科研机构与科技人员通过不断完善治理理论和更新治理技术，加强科学与政策的联系；NGO推动利益相关者对话，在政策对接与咨询中发挥桥梁作用；公众通过"民主投票"等方式参与政策制定、执行和监督。⑤公益诉讼职能。NGO不仅在直接起诉、提供支持和监督执行中发挥作用，并通过整合社会力量和引导公众有效表达利益诉求，提高社会参与能力。

2. 我国生态环境多元共治格局的演进

1973年，我国正式提出了"全面规划、合理布局、综合利用、化害为利、依靠群众、大家动手、保护环境、造福人民"的环保工作方针。改革开放以来，全民义务植树运动进一步发扬了这一传统。1992年之后，在社会主义市场经济背景下，顺应国际潮流，我国将"公众参与"引入可持续发展战略。2005年，《国务院关于落实科学发展观加强环境保护的决定》提出，要发挥社会团体和公众参与的作用，鼓励检举和揭发各种环境违法行

---

① 肖汉雄：《不同公众参与模式对环境规制强度的影响：基于空间杜宾模型的实证研究》，《财经论丛》2019年第1期。

② 李龙强：《公民环境治理主体意识的培育和提升》，《中国特色社会主义研究》2017年第4期。

为，推动环境公益诉讼。

党的十八大以来，党和政府十分注重建设环境治理全民行动体系。积极推动形成政府、企业、社会构成的三元主体结构。2015 年，党的十八届五中全会提出，要形成政府、企业、公众共治的环境治理体系。同年，原环境保护部发布《环境保护公众参与办法》和《关于加快推动生活方式绿色化的实施意见》。2017 年，党的十九大提出，要构建以政府为主导、企业为主体、社会组织和公众共同参与的环境治理体系。至此，环境治理体系这一概念得以正式明确提出，确立了三方共治的结构。

习近平生态文明思想为建立健全环境治理全民行动体系奠定了科学的理论基础。从生态文明建设对于全体人民的价值来看，生态文明是人民群众共同参与、共同建设、共同享有的事业，必须将之转化为全体人民的自觉行动。从全体人民对于生态文明建设的责权利来看，每个人都是生态环境的保护者、建设者、受益者，没有谁能够成为旁观者、局外人、批评家，谁也无法只说不做、置身事外。2018 年，习近平总书记在全国生态环境保护大会上提出，必须坚持党委领导、政府主导、企业主体、公众参与。同年，《中共中央国务院关于全面加强生态环境保护坚决打好污染防治攻坚战的意见》将"坚持建设美丽中国全民行动"作为习近平生态文明思想的核心要义之一，提出了"构建生态环境保护社会行动体系"的任务。2020 年 3 月，中共中央办公厅、国务院办公厅印发《关于构建现代环境治理体系的指导意见》，提出，必须建立健全全民行动体系。至此，将全民行动体系作为环境治理的社会动员和社会组织的制度支撑已然明确。

目前，我国的生态环境治理共建共治共享体系已经初步形成。一是上下联动，同级协作机制越来越健全。随着污染防治理念的逐渐深入人心，各级政府高度重视环保工作，各相关部门加强联动配合，坚决落实中央环保督察、省环保督察及"回头看"整改要求，划定并严守生态保护红线，严格实施"双随机一公开"综合执法监管，坚持让生态环境保护进规划、进项目、进决策、进考核，让"生态""环保"成为政府工作报告和新闻的"热搜"词、"高频"词，机构改革后，职能划分上更避免了"九龙治水"的多头管理。二是落实主体，社会责任意识越来越强化。坚决落实企业的环保主体责任，增强环境保护意识，强力推进企业环保基础设施建设，特别是督促推动"小""散"企业加大技术改造力度，建设完善环保设施，确保规范生产、规范排放，坚决查处偷排、漏排现象。三是信息公开，公众参与监督越来越积极。严格落实信息公开和公众参与，充分保障观众的知情权和参与权，公众对环保政策的熟知程度越来越高，监督政府履行生态环境保护职能行为、监督企业履行治污行为越来越方便、越来越积极主动；严格按要求落实环保信息公开工作，定期定时发布环境质量信息，探索构建全方位实时监测网络，依法答复社会公众的信息公开申请满意率越来越高；环保类公众号转发量、阅读量不断上升，通过微信、网站、邮箱等电子政务平台的举报和投诉也越来越方便，电子政务的公众互动越来越频繁①。

（二）构建生态环境多元共治格局的现实依据

随着生态文明制度体系建设不断深入，我国生态环境治理体系也不断完善。如何充分发挥市场机制作用和社会治理手段，强化源头防控、提高生态环境综合治理成效、提升生态系统服务功能、推动绿色低碳生产生活，构建政府为主导、企业为主体、社会公众共同参与的多元环境治理格局，全方位推进经济建设与生态环境协调发展，推进生态文明建设，已成为当前经济高质量发展迫切需要解决的关键问题。从县域层面来看，构建县域生态环境多元共治格局也是实现基层可持续发展、进一步推进乡村振兴战略的必要之举。

1. 推进生态文明建设的政治需要

随着我国经济发展进入"新常态"，我国生态文明建设进入新的历史时期。新时代，我国生态环境保护从认识到实践发生了历史性、全局性变化。

---

① 邢秋红：《构筑生态环境保护统一战线，营造共建共治共享治理格局》，河北共产党员网，2019 年 9 月 11 日，http://www.hebgcdy.com/gnrw/system/2019/09/11/030394072.shtml。

以习近平同志为核心的党中央坚持以人民为中心的发展思想，遵循发展规律，顺应人民期待，高度重视生态环境这一生产力要素，将建设生态文明、推进绿色发展、严格环境保护融入治国理政的宏伟蓝图，谋划推进了一系列开创性、长远性工作。在"五位一体"总体布局中把生态文明建设作为其中一位，在新时代坚持和发展中国特色社会主义基本方略中把坚持人与自然和谐共生作为其中一条基本方略，在新发展理念中把绿色作为其中一大理念，在三大攻坚战中把污染防治作为其中一大攻坚战。落实"四个一"总体部署，污染防治和环境治理是必须打赢的一场硬仗，只靠生态环境部门或者任何一个部门都难以完成历史赋予的艰巨任务，必须构建科学的生态环境治理体系，将生态文明建设融入经济建设、政治建设、文化建设、社会建设，系统推进，合力攻坚①。

2. 补齐生态环境短板的基础保障

在全国生态环境保护大会上，习近平总书记指出，生态文明建设和生态环境保护正处于压力叠加、负重前行的关键期，进入提供更多优质生态产品以满足人民日益增长的优美生态环境需要的攻坚期，到了有条件有能力解决生态环境突出问题的窗口期。进入新时代后，环境、安全和健康将更加确定成为我国经济社会发展的根本追求，以及国家治理能力和治理体系现代化的关键目标。人民美好生活需要日益广泛，生态环保已经成为关注的焦点，是社会公众需求的短板，成为社会主义初级阶段主要矛盾的突出表现。能否尽快解决生态环境问题，提供更多优质的生态产品、更优美的生产生活环境，关系到全面建成小康社会的第一个百年目标能否经得起人民认可和历史检验。为中国人民谋幸福、为中华民族谋复兴，必须首先解决好人民群众普遍关心的生态环境现实问题，坚持在发展中保护、在保护中发展，发挥生态环境保护法律、标准、制度、监管体系的引领倒逼作用，促进落后产能退出和结构优化调整，促进符合产业政策的企业达标排放和优化布局，促进城乡生态保护与破坏修复，促进发展方式、生活方式的绿色转型，这都需要构建生

---

① 郭永园：《协同发展视域下的中国生态文明建设研究》，中国社会科学出版社，2016。

态环境治理体系作保障①。

3. 推进新型城镇化和乡村振兴战略的重要举措

县域是以县城为中心、乡镇为纽带、广大乡村为腹地的区域范畴。县域生态环境保护是在党的十九大报告中提出的"加快生态文明体制改革"战略目标的重要开端，是推进国家治理现代化的基础环节，也是解决保障人民群众和谐健康生态环境与生态环境发展失衡之间矛盾的现实载体。新型城镇化与以往的城镇化道路相比，"新"的一个重要方面就是在进行城市、区域的产业布局、空间布局中，要充分考虑到城镇的生态承载能力，通过生态环境的建设提升城镇化的质量与现代化的整体水准，从而在城镇化的进程中实现城乡统筹、产城互动、节约集约、生态宜居、和谐发展的建设任务。

2013 年中央城镇化工作会议明确提出"要坚持生态文明，着力推进绿色发展、循环发展、低碳发展，尽可能减少对自然的干扰和损害，节约集约利用土地、水、能源等资源"。作为我国城镇化的重要组成部分，县域新型城镇化也必然要求把生态环境建设作为贯彻落实国家城镇化战略部署的重要实践，在推进县域新型城镇化中加强生态环境保护。然而从过去的国内实践经验来看，随着城镇化发展不断加快，县域生态治理危机一度十分严重，广大农村地区生态环境也亮起"红灯"，农业面源污染、农户生活污染、地方企业污染、城市转移污染等问题非常严峻，这不仅破坏了农村千百年来的优美生活环境和生产环境，还使因环境污染问题而引发的群体性事件时有发生，极大地影响了县域层面的和谐稳定。很多县域同时面临弱势的治理主体、缺乏治理能力、治理和管理机制落后等问题。地方政府、地方企业、农民、非政府组织等利益相关主体权责不明，未形成有效治理格局是主要原因之一。

在中国特色社会主义新时代，我国社会主要矛盾已经转化为人民日益增

---

① 何军：《关于构建多元生态环境治理体系的若干思考》，《环境保护与循环经济》2019 年第 11 期。

长的美好生活需要和不平衡不充分的发展之间的矛盾。党的十九大报告提出"实施乡村振兴战略"时，将"生态宜居"视为其应有之义和"破题"的关键。这充分说明了党对农村生态环境现状的清醒认识和治理决心。因此，唯有将生态环境保护与治理理念融入乡村振兴的各个方面和整个过程，督促多元主体"合作共治"，才可能从根本上持续地改善生态环境，进而实现由"环境换取增长"向"环境优化增长"的转变，由经济发展与环境保护的"两难"向两者协调发展的"双赢"转变。

二　构建县域生态环境多元共治的创新实践

武平县委、县政府历来高度重视生态文明建设，充分认识到生态优势是武平最大的财富、最大的资源、最大的品牌。林权制度改革的成功推进，推动武平全县树立起绿色发展观，加快实现生态美、百姓富的有机统一，让林农致富、林业发展、林区稳定。在落实林改、不断解决林业发展新难题的过程中，武平通过加强党的领导，各相关部门积极应对，引导社会公众积极参与，不断提升社会治理水平，逐步构建起生态环境多元共治格局。

近年来，武平县强力实施"生态立县"发展战略，坚持创新、协调、绿色、开放、共享发展理念，着力建设宜居宜业宜旅的生态文明城市。2020年，按照省委"三四八"贯彻落实机制和市委项目化推进工作落实机制要求，武平县委全面深入贯彻落实习近平总书记对武平林改和捷文村群众来信重要指示批示精神。集体林权制度改革迈向生态文明建设新征程，国家集体林业综合改革试验示范区、国家林下经济示范基地建设深入推进。2020年下半年，在由省委政法委组织的全省各县（市、区）平安"三率"测评中，武平县群众安全感满意率高达99.58%，居全省第一；执法工作满意率98.54%，居全市第一。2020年12月，武平县被评为全省第四轮首批平安县。2021年，东留镇黄坊村获评第二批全国乡村治理示范村。这是全国林改第一县、全国文明城市、全国平安建设先进县——武平积极探索社会治理现代化新路径的最新成绩单。

（一）强化基层组织党建引领

武平以党的建设为统领，加强党对经济社会发展各项工作的领导，积极探索党建新模式，有效调动党员的积极性和活力，不断提高各级党组织的凝聚力、战斗力、组织力，充分发挥基层党组织的战斗堡垒作用和广大党员的先锋模范作用，为武平绿色发展提供了强有力的组织保障。

1. 压实主体责任

2018年，武平成立"大督察大落实"工作领导小组，组长由县委书记担任，第一副组长由县长担任，副组长由相关县领导担任，成员由各相关单位领导担任。2018年至今，武平县委每年都举行平安建设（综治工作）任务清单和生态环保目标责任书颁发仪式，审议出台武平县生态环境保护攻坚战役实施意见，通报当年各乡镇（街道）的平安建设（综治工作）责任书落实情况以及生态环保目标责任书落实情况，颁发下一年度生态环保目标任务书和平安建设（综治工作）任务清单。督察内容重点为党政领导生态环境保护目标责任书完成情况，生态环保攻坚任务、项目推进完成情况，中央环保督察发现问题、省级环保督察发现问题、党政领导生态环境保护目标责任书反馈问题整改落实情况。

2. 激发组织活力

武平以提升组织力为重点，突出政治功能，扎实推进基层党组织建设。激发广大党员干部发扬"敢为人先、接力奋斗"的武平林改首创精神，以优良党风政风引领社风持续向好，进一步凝聚广大干部群众干事创业动力，促进林改成果提质增效。坚持新时期好干部标准，坚持依事择人、人岗相适，优化干部队伍交流配备，落实党政领导班子建设规划纲要，调整部分乡镇（街道）党政正职，优化班子结构、增强班子功能。如武平县城厢镇持续提升全镇农村基层组织建设工作整体水平，将组织优势转换成乡村治理效能。一是选优配强村级组织班子。结合2018年村级组织换届选举工作，选优配强村级班子，一批政治觉悟高、治理能力强、群众威望高的农村能人选入村两委班子成员，村级组织结构得到进一步优化。二是持续抓好软弱涣散党组织整顿。坚持问题导向，从强化班子、队伍、制度建设入手，扎实开展组织整顿、思想作风整顿和实施专项帮扶，配齐配强村两委班子尤其是村党支部班子，村级党组织的凝聚力和战斗力得到明显增强。三是创建区域综合治理组织。党委牵头，整合环梁野山试验区党总支 5 个行政村、电商创业园、客都汇文化旅游中心以及 2 个专业合作社资源，开展组织联建、党员联管、活动联谊、产业联兴、协会联合等"五联"为主的"联建共促"活动，通过共商共议、共治共管、共建共享，有力助推了试验区建设，区域联合党建品牌逐步形成，实现了区域党建工作与区域乡村治理相融互动。四是探索党建联创工作机制。捷文村党支部以提升组织力为重点，不断夯实组织基础，与省林业局产业发展处党支部、市林业局机关第二支部、县林业局机关党支部、万安镇党委共同建立省、市、县、镇、村五级党建联创工作机制，形成了具有地方特色的共建模式，集中解决了涉及村庄产业振兴、民生事业发展的 20 余个实际问题，为持续深化林改、推进乡村振兴提供了坚强的组织保障。

3. 发挥示范带动作用

武平县注重发挥基层党组织在人居环境整治提升方面的引领作用，充分发挥基层党组织战斗堡垒和党员先锋模范作用，带动广大群众自觉参与和支持人居环境整治工作，着力提升农村人居环境，打造整洁干净、优美和谐的农村人居环境，助力乡村振兴。如武平县东留镇发挥党组织和党员示范带动作用，创新推行农村垃圾分类处置工作，通过设立垃圾兑换超市、建设处置基础设施、健全领导监管机制等措施，实现村民变主体、垃圾变物品、乡风变文明的转变。该镇先后两次荣获"福建省文明镇"。在武平县城厢镇南通村中央坝推进背街小巷环境治理过程中，党员钟富正带头拆除自家 56 平方米出租房并捐资 5000 元用于村容整治，村干部钟昌才主动拆除自家 100 余平方米搭盖，其他党员干部纷纷效仿，短时间内实现村容村貌提档升级。捷文村出台《捷文村乡村振兴基层治理"积分制"实施方案》，对党员参与乡村振兴的 6 项建设任务进行全面量化，通过定期积分评比奖励，选育培树乡村振兴带头人、示范户，调动党员和村民参与服务乡村振兴的积极性。

（二）发挥政府主导和规划引领作用

武平县始终把加强生态建设和环境保护作为全面贯彻落实科学发展观、建设资源节约型和环境友好型社会的重要举措，作为经济社会发展的一项基础性工作来抓。从2006年起，武平就围绕实施产业兴城、旅游富民"双轮驱动"，城乡融合、产城融合"两全其美"，产业建设、扶贫开发"双线并进"的总体发展战略，着力把生态优势、文化优势、区位优势转化为发展优势。在此基础上，2016年7月，武平出台文件，举全县之力打造闽粤赣边宜居宜业宜旅生态文明城市，大力实施"生态立县"战略部署。县里成立了以县长为组长，县直各单位、乡镇负责人为成员的生态县创建工作领导小组，加强生态县创建工作的组织和协调。

有了顶层设计，全县一盘棋，武平绿色发展成效显著：2017年，武平获评第五届县级全国文明城市和国家园林县城；2018年10月，武平被福建省生态环境厅授予"省级生态县"称号；2020年7月，成功创建国家卫生县城，10月获评第四批国家生态文明建设示范县。除此之外，"全国平安建设先进县""中国天然氧吧""国家全域旅游示范区""国家森林康养基地""全国环境综合整治先进城市""全国集体林业综合改革试验示范区"等一批闪亮的"国字号"名片，更是把武平故事越讲越精彩。政府的高度重视及组织协调机制的构建为生态文明建设奠定了坚实的基础。

1. 完善组织机制

自创建省级生态县以来，武平县建立了完善的组织机制：成立了由县政府主要领导担任组长的生态县创建工作领导小组，领导小组办公室下设综合协调督察组、生态县乡（镇）村创建组、水土流失治理与生态建设组、养殖业污染治理组和节能减排组5个工作组；建立了县领导小组例会制度，县、乡、村逐级签订目标责任书，形成了主要领导亲自抓、分管领导具体抓、成员单位分头抓、乡（镇）村具体落实的工作格局。颁布了《武平县国家生态文明建设示范县创建规划（2017—2021）》《武平县国家重点生态功能区产业准入负面清单（修订）》等系列生态文明建设文件。印发了《武平县干部教育培训计划》，加强领导干部生态文明教育。2020年3月19日，武平县纪委印发《关于加强对习近平总书记对武平林改和对捷文村群众来信重要指示批示精神贯彻落实情况监督检查的方案》，成立专项监督小组，主要围绕打造林改"武平经验"升级版、推进乡村振兴两方面工作，深入乡镇、村和有关县直单位开展监督检查，充分发挥监督保障执行、促进完善发展作用，推动生态文明建设与绿色发展深度结合。2021年，武平县生态环境局在全市率先成立县级生态环保督察办公室，编制（2名）、人员于8月到位，为生态环境保护督察提供了组织保证。

2. 推行"网格化"环保监管

武平县生态环境局以"网格化"环保监管为抓手，通过开展执法大练兵、生态环保攻坚战役、生态环保领域扫黑除恶线索摸排、环境安全隐患排查整治、排污许可证、群众身边突出环境问题、饮用水水源地、医疗废物、机制炭等专项执法行动，结合第二轮中央生态环境保护督察、省级环保督察信访交办件问题整改现场检查、"双随机"抽查检查、环境信访调处、环境应急管理、建设项目事中事后监管、水电站监管等工作，依托重点污染源在线监控、水电站最小生态下泄流量、岩前高新区电子线路板企业视频监控、生态环境云平台等，全力提升环境监管能力水平，开展现场监督执法工作，严厉打击各类生态环境违法行为，解决群众身边的突出环境问题，消除矛盾和污染隐患，确保辖区环境安全，维护群众环境权益，服务企业发展，规范企业环境行为，依法生产经营。2020年以来，共出动执法人员3226人次，组织开展夜间巡查检查、监测31次，下达责令改正环境违法行为决定书51份，办理行政处罚案件22件，涉案金额177.53万元，办理"四个配套办法"查封案件2起。抽调业务骨干参加国家组织的蓝天保卫战强化监督帮扶2人次；参与县政府组织依法取缔拆除、淘汰12家次洗砂场等非法窝点和落后产能企业。2021年以来，全县各级环保网格员开展"网格化"环保监管巡查检查14116人次，上报并处理环境事件4016件。

3. 推动形成绿色发展方式

一是落实项目审批制度改革，严格执行《国家产业政策目录》，依据《武平县国家重点生态功能区产业准入负面清单（修订）》开展项目审批工作，不再将环境影响评价作为前置条件，而由生态环境部门在项目审批后、开工前自行开展评价。二是推动重点行业绿色升级。加强重污染产业的准入限制，推动传统产业绿色转型，不断加快推进产业发展生态化，开展重点行业清洁化改造，推进清洁生产立项审批工作。积极组织实施推行清洁生产，督促列入强制性清洁生产审核名单的企业加快清洁生产审核工作进度。截至2021年底，已通过强制性清洁生产审核评估的企业有17家，其中已完成审核验收的企业9家，正在实施强制性清洁生产工作但还未完成审核评估的企业3家，已完成审核评估但还未验收的企业2家。三是淘汰落后产能、过剩产能。根据《武平县人民政府办公室关于做好淘汰落后机砖产能工作的通知》（武政办电〔2017〕53号）文件精神，完成了全县17家落后产能机砖厂的关闭淘汰工作；根据《武平县人民政府办公室关于印发武平县石灰土立窑淘汰方案的通知》（武政办〔2019〕51号）文件精神，完成了全县11家土法石灰窑的关闭淘汰工作。2016年以来，陆续关闭了武平县星友煤炭开发有限公司黄草斜煤矿、武平县青山子煤炭开发有限公司青山子联办煤矿等6家煤矿。

（三）法治护航绿水青山

近年来，武平法院、检察院坚持以习近平生态文明思想为指导，不断创新工作机制，拓展生态惠民、生态利民、生态为民的新领域和新途径，切实服务武平生态文明建设。武平深入实施依法治县战略，多渠道、多方位加强生态环境法律法规宣传，增强全社会生态环境保护法治意识，促进法治保护生态环境；进一步推进行政执法与刑事司法衔接工作，加强行政执法机关与司法机关之间的执法、司法信息互联互通，顺畅运行两法衔接信息共享平台，全面准确掌握县域行政执法机关移送涉嫌犯罪案件情况，认真落实《关于进一步加强行政执法与刑事司法衔接工作的通知》（武检会〔2018〕7

号）精神；加强"两法衔接"信息共享平台案件录入工作，强化生态环境执法与司法机关信息联络，及时提供环境公益诉讼相关信息，规范生态环境案件移送衔接、办案配合、调查取证等行为，为建设"百姓富、生态美"的武平提供有力的司法保障。

1. 探索生态司法"五评"模式

武平法院通过探索生态司法"林农评点、法官评判、社会评议、无讼评比、生态评价"的"五评"模式，让每个生态司法案件实现法律效果和社会效果的有机统一，以司法助力从林改出发做优生态立县的文章，走上高质量绿色发展之路。

一是林农评点：法治夜校逐步完善。自 2012 年在捷文村成立全省首家"林农法治夜校"以来，近年来持续升级，逐步完善其功能。法院选派 7 名法官组成师资队伍，聘请全县 39 名林业站工作人员为生态司法联络员，课上课下为 17 个乡镇街道的林农答疑释惑，打造了一个集普法教育、纠纷化解、联系群众于一体的全新服务平台。"法官讲师"让村民在依法发展林业经济、鼓了腰包的同时也不忘学法充电，提升守法意识，授课人群由林农扩展至领导干部和青少年。

随着新形势的发展变化，"法官讲师"又有了新的服务课题。武平县被列为全省首批重点生态区位商品林赎买试点县，"法官讲师"积极协助开展商品林赎买工作，推动林区持续健康发展。

为了更好地将课堂延伸到村居林区，该院通过巡回审判法庭让村民在"沉浸式"庭审中，学到实用的法律知识。2020 年 7 月 28 日，该院公开审理该县首例生态刑事附带民事公益诉讼案件，引发当地群众的热烈讨论和众多网友的线上围观。该院对涉生态案件，积极邀请村民、村干部、行政执法人员、人大代表、政协委员等现场旁听庭审，达到"庭审一案，教育一片"的效果。

为了保护生态环境，让珍贵的动植物资源得到有效保护，该院通过"接地气"的审判方式以案释法，寓教于审，积极"走出去"普法，深入乡村开展以"人与自然和谐共生"为主题的法治宣传活动。在千鹭湖、梁野山等景区设立生态保护普法宣传展板，引导游客文明出行，保护生态环境。

二是法官评判：一线审调化解纠纷。得益于林改，村民植树造林热情高涨。20 年过去了，良好的生态环境让村民拥有了"绿色财富"，涉林纠纷的审判和调处成为武平法院司法为民的金字招牌。与其他纠纷不同，为了查明林业纠纷的有关"病因"，法官除了通过起诉状、双方当事人了解具体诉求和纠纷起因外，还必须深入现场勘查，落实林权现状，以更好地判别是非曲直。

2020 年 8 月 29 日，武平县人大常委会任命福建梁野山国家级自然保护区管理局和县自然资源局若干人员担任生态领域专家人民陪审员。法官与专家陪审员一同深入现场，充分了解当地相关的林业背景，通过与村民交谈，有效评估林业纠纷对本地经济发展、社会稳定可能造成的影响，并在不违反法律和行政法规强制性规定的前提下，充分参考当地村规民约、善良风俗，引导当事人达成调解协议。这样的调解协议往往能够得到当事人的认可，自动履行率会高很多，后续问题也减少不少，起到了促和止纷的积极作用。面对土改时期遗留的权属不清、界址不明、有山无证、有证无山的问题，该院充分发挥"定分止争"功能，2018 年至今，审结林业民事案件 88 件，妥善解决林权纠纷，明晰林地权属，让林农吃了"定心丸"。

三是社会评议：有效修复生态。武平法院注重以社会评议效果督促落实，通过建立认罪认罚从宽与生态修复相结合的机制，推动检察机关根据不同罪名"分类施策"，在审查起诉前促使违法状态恢复原状再做认罪认罚，对未落实恢复措施的严格适用缓刑，并在梁野山国家级自然保护区、中山河国家湿地公园等地建立"补植复绿"示范基地。

生态司法修复是法院在环境犯罪案件办理过程中，以司法举措要求行为人按照补种复绿、增殖放流等特定修复方式将受损的森林、水源、矿山等生态环境进行修复，并对修复情况进行回访、监督的非刑罚处罚措施。近年来，武平法院坚持生态损害与责任承担相结合、保护和利用相结合、人工修复与自然恢复相结合、实施修复与多方监管相结合的工作模式，积极推进生态司法修复。

2021 年 11 月 11 日，武平法院积极参与县农业农村局主办的主题为"增殖渔业资源共护生态家园"的增殖放流活动，共在平川、岩前、中山、民主、万安、东留、永平等地河流、流域投放扁圆吻鲴、棘胸蛙等 47.5 万多尾。此次增殖放流活动是该院积极延伸司法服务、探索修复受损流域生态环境的一个缩影，也对当地群众起到了很好的引导和教育作用，促进武平全域河流水生生物多样性发展和生态环境改善。该院将继续依法履行审判职能，强化生态司法保护工作力度，为生物多样性保护构建全方位司法"保护网"。

多年来，武平法院注重"预防＋惩戒＋修复"相结合，开展生物多样性保护工作，依法从严从快打击破坏野生动植物犯罪，开展补植复绿、增殖放流、环境整治等多样化生态修复模式，促进生物资源恢复和生态环境改善。

四是无讼评比：联动共治创平安。从 2010 年开始，武平法院在综治工作基础较好的 4 个乡镇开展创建"无讼村"先行试点，引起县委、县政府的高度重视，决定将"无讼"与"无访"相结合，从 2011 年起在全县部署开展"无讼无访村（居）"创建活动。近年来，该院及时制定出台《关于在深化集体林权制度改革中提供生态资源司法服务保障的实施意见》，同时以武平县"无讼村居"创建工作为载体，大力推进"无讼林区"建设，成立领导小组及办公室，将该生态司法品牌作为"一院一品"大力推进。

武平法院通过一系列措施对打造生态司法服务品牌进一步调研谋划。通过召开联席座谈会，邀请福建梁野山国家级自然保护区管理局、县林业局、县涉林纠纷调解中心等单位，商讨生态司法服务事宜，以"无讼林区"为切入点，和管理局签订共建协议，联合开展以"情系生态·法护梁野"为主题的"无讼无访自然保护区"创建活动。通过设立 9 个生态司法巡回审判点、生态司法服务点以点带面，辐射林区的"绿色通道"，切实保护梁野山国家级自然保护区的生态资源，预防化解纠纷，稳定林区秩序。

武平法院不是"一家独唱"，其"无讼无访创建"升格为"平安县乡村三级联创"，县财政对达标村（居）给予资金奖励，并在信贷、医疗、保险等方面出台扶持激励政策。2017 年以来发放平安奖励金 769.7 万元，兑现"3 个 10%"的惠民奖励金 3248.63 万元，受益群众达 59.2 万余人次。

五是生态评价：多维保护绿色家园。以生态评价作导引，武平法院积极构建多维保护"网"守护乐园，让重要的生态系统、生物物种和生物遗传资源在武平的梁野山国家级自然保护区、中山河国家湿地公园，在每片绿水青山间，自由自在地栖居，与群众和谐相处。

对黑桫椤、观光木等珍稀濒危植物辨认观看，并立牌保护，进一步加大对珍稀濒危植物的宣传保护。2021 年 9 月，武平法院联合福建梁野山国家级自然保护区管理局工作人员前往十方、中山等地的重山密林里逐一建档保护，守护这片生态多样性的乐土。同时，武平法院发挥生态审判职能作用，依法严厉打击各类破坏野生动植物资源的犯罪行为，2020 年以来，共审结破坏野生动物犯罪案件 5 件 8 人，推动改变村民"靠山吃山"的传统观念。严厉打击破坏原生林等危害国家重点保护植物违法犯罪行为，严格保护红豆杉、铁皮石斛等珍稀珍贵植物资源。

紧贴生物多样性司法保护宣言主题，结合县域生态特点，武平法院建立健全生物多样性保护司法机制。联合县总河长办制定"生态司法＋河长制"联动协作机制、与武平县中山河国家湿地公园管理处构建中山河国家湿地公园"水·树·鸟"生态司法多维保护网、与福建梁野山国家级自然保护区管理局制定在梁野山自然保护区加强生物多样性保护、与县林业局制定联合开展古树名木协同保护活动等相关协议方案，还向县河长办发出加强鱼类资源保护持续优化水质的司法建议书，就加强生物多样性保护提出 7 条建议措施等，积极构建生态保护立体网格。

2. 强化生态领域监督

一是从严打击环境污染犯罪。构筑清新"氧吧"、打造空气宜居武平是构建"平安武平"的重点工作之一，武平县检察院加强行政执法部门与司法部门的协作配合，从严打击空气污染违法犯罪活动，参与推动执法司法联动联席会议制度。目前，共开展专项检查、联席会议 16 次，查办犯罪 3 件 7 人，有序推进空气治理，为打赢蓝天保卫战，建设武平绿色健康可持续发展的宜居环境，助力"来武平·我'氧'你"成为最响亮的城市宣传口号、旅游推介品牌贡献检察力量。

二是服务深化林改。近年来，武平县检察院以保护林改成果为重任，牢固树立"保护生态、司法先行"意识，健全完善生态保护法律监督模式，联合多部门建成一个融生态修复、法治宣传、警示教育等功能于一体的异地补植复绿基地，种植风箱树2900棵。设立一个驻林长办检察工作联络室。启动"林长＋检察长"协作机制，2021年发现并监督立案2件，监督撤案2件，发出检察建议1件，提升涉林涉矿刑事案件"补植复绿"效果，推进"补植复绿"丰草长林，林业资源得到有效保护，林业经济健康发展，巩固脱贫攻坚成果，书写着保障民生的检察答卷。

三是推进矿山修复常态机制。武平县检察院积极把握武平石灰石矿开采量大、采后生态环境影响大的状况，推动龙头企业塔牌矿业有限公司投入600余万元开展绿色矿山建设，奏响"清白"的绿色变奏曲。矿山重披新绿，成为国家级绿色矿山典范。以点带面，推进健全矿山修复常态机制，联合召开专题磋商会，推动专项监督、综合治理、源头管控，6家生产矿山全部通过市级考核验收，为福建省首个"紫金花"龙岩生态修复治理检察示范基地的建设提供了成功经验。

为了提升涉林涉矿刑事案件"补植复绿"效果，武平检察院与县法院共同研究确定90余万元"补植复绿"保证金的使用办法；调整非法占用农用地、非法采矿案的"补植复绿"保证金的收取标准，从原来的每亩1000元提高到每亩2000元至2万元不等；协调县财政让100万元森林生态公益保护基金落到单位账户；对2014年以来的"补植复绿"工作进行自查、抽查等"回头看"；联合县法院、林业、湿地办等部门在武平中山河国家湿地公园内设立88.5亩异地补植复绿基地，实施"淡水红树林"风箱树湿地生态修复工程，种植风箱树2900棵，建成融生态修复、法治宣传、警示教育等功能于一体的综合性环境资源保护基地。

3. 积极构建公益诉讼大数据应用平台

武平检察院率先引进信息化手段，规划建设了全市首个公益诉讼大数应用平台。强化生态环境执法与司法机关信息联络，及时提供环境公益诉讼相关信息，规范生态环境案件移送衔接、办案配合、调查取证等行为。2021年以来，因环境违法行为立案处罚 28 件，涉案金额 178.356 万元，因无危险废物经营许可证处置危险废物涉嫌污染环境刑事犯罪移送公安侦办 1 起，未发现符合环境公益诉讼案件移送条件线索。突出生态公益保护，开发无人机实时指挥系统、"公益诉讼拍益拍"程序，实现与行政执法、现场实地、互联网络"三个连接"，线索筛查、分析研判、决策辅助"三个应用"，依托"大数据"的翅膀，打造生态保护的"顺风耳""千里眼"，2021 年至今已形成研判预警报告 15 个。

（四）强化企业主体责任

生态环境保护非一朝一夕之功，只有从政府主导向社会共治、多方制衡转变，政府市场两手发力，倒逼与激励并重，才有可能逐渐实现环境质量总体改善的目标。政府、企业、公众三者之间需要形成良性互动，才能真正建立起环境保护的"生态圈"机制。武平在构建生态环境多元共治格局中也注重发挥企业主体责任，加大环境污染治理投入，积极探索经济效益与生态效益、社会效益的有机统一，共同守护绿水青山。

武平积极开展绿色园区、绿色工厂和实施循环经济示范点工作。目前武平县新洲林化、美益建材两家企业已成功申报绿色工厂。武平高新区是首个由县级政府打造建设的省级高新区，近两年不断加大环保投入。在废气治理方面，2019~2020 年共计投入 367 万元，其中 2019 年有 4 家企业[武平飞天电子科技有限公司总投资 20 万元，武平县杰瑞科多层电路有限公司总投资 52 万元，武平县骏达电子科技有限公司总投资 55 万元，星河电路（福建）有限公司总投资 40 万元]共投入 167 万元，2020 年上半年有 5 家企业（武平县鸿翔电路科技有限公司总投资 60 万元，龙岩市鸿图线路板有限公司总投资 30 万元，龙岩市武平县欣达电子有限公司总投资 40 万元，龙岩市都之杰电路科技有限公司总投资 30 万元，龙岩金时裕电子有限公司总投资 40 万元）共投入 200 万元，进行新增、改造尾气处理设施、设备。通过改造提升，园区企业废气排放大为改观，周边环境状况提升明显。在污水处理方面，高新区现已完成污水管网建设，实现废水全收集全治理。

近年来，武平重污染企业也纷纷加快绿色转型步伐。塔牌水泥已申报成功国家绿色工厂，福建钢泓金属科技股份有限公司已成功申报省级绿色工厂。县域内无钢铁、水泥、平板玻璃等行业新增产能。紫金矿业集团股份有限公司（以下简称"紫金矿业"）作为武平县当地以金、铜等金属矿产资源勘查和开发为主的大型跨国矿业集团，近年来坚持矿产资源开发与生态环境保护并重和"在保护中开发、在开发中保护"的原则，致力于在矿山勘探、设计、开采、选冶、闭矿等矿业开发全生命周期内做好环境保护与生态修复工作，使矿产资源开发活动对生态环境的不利影响降至最低，尽可能实现环境、社会、经济效益的高度和谐与统一。2020 年紫金矿业全年共投入环保生态资金 10.92 亿元，同比增长 50.6%，恢复植被333.3 万平方米，种植各类花木 40.92 万株。公司制定了《生态环境保护政策声明》，以求各利益相关方能够更清晰地了解紫金矿业对环境及生态保护的立场、承诺和工作方向。2020 年，紫金矿业成立了由公司董事会领导的自上而下的环境、社会和管治（ESG）架构。在董事会战略委员会增加 ESG 事宜管理的相应职责，下设 ESG 委员会，建立了由 ESG 委员会→总部环保与生态部→分（子）公司→分（子）公司车间（厂室）→车间（厂室）班组构成的规范化和专业化的环保管理架构体系。同时，为了提升各运营点的标准化管理水平，紫金矿业在全公司范围内积极推行 ISO14001及同等性质的环境管理体系认证，主动开展清洁生产工作，积极打造绿色矿山和绿色工厂。

今后，武平将重点优化产业布局结构，严格环境风险项目排查，推进重污染产业绿色转型和重点行业清洁化改造，全面推进能源资源节约，构建绿色制造体系，推进碳达峰、碳中和工作，开展低碳社区、低碳园区、近零碳排放区示范工程建设和碳中和示范区。

（五）推动社会公众共同参与

一是引导公众绿色生活。武平积极开展创建绿色学校、绿色社区、绿色商场等行动，推行绿色消费，提倡绿色居住。2016 年，武平建设城市公共自行车系统项目，到 2020 年总共建设 38 个站点，一共 440 辆公共自行车。一期建设 16 个站点，240 辆公共自行车。二期建设 22 个站点，200 辆公共自行车，日常运营由县城市管理局监督管理。平均每月骑行数为 5000 人次，最高每月骑行数超过 10000 人次。公共自行车站点分布基本覆盖了县城区范围，刷卡和微信扫码两种借车模式，方便了人民群众的使用，满足了人民群众的出行需求。截至 2021 年，全县共有 39 辆城市公交车，其中 18 辆为纯电动新能源公交车，占比达 46.2%。今后武平将进一步督促公交公司结合实际加大纯电动新能源公交车、出租车的投入；在车站等地积极引导广大群众转变出行方式，倡导乘坐公共交通，广泛宣传绿色出行理念。此外，武平还倡导党政机关带头使用节能环保产品，推行绿色办公，创建节约低碳型机关。

二是各类环境保护志愿活动不断涌现。武平着眼于生态环保各领域，在时间和空间上结合武平生态环境保护实际需要，组织来自机关单位、企事业单位、学校、各乡镇等各类群体开展义务植树活动、光盘行动、学雷锋活动月、节能减排宣传活动、保护母亲河活动、梁野山环保行动、畜禽养殖业污染治理活动等，从卫生整治、美化绿化各方面综合治理，全面推进志愿服务生态环保活动。针对不同的环保活动印发相应的宣传材料，组织青年志愿者走进社区、街道，向群众讲解环保知识，宣传环保意识。同时，充分利用网络等新媒体，创新宣传方式，通过微信、论坛等各类新媒体渠道进行重点宣传，使环保意识深入人心。

2021 年 11 月 5 日，武平县举行新时代文明实践河湖健康志愿服务队成立启动仪式。该志愿服务队的成立旨在招募全县的志愿者们投身河湖管理保护，守护好武平的绿水青山，全力打造"河畅、水清、岸绿、景美"的幸福河湖，服务全县人民群众。身穿红色马甲的志愿者们，有的摆摊设点发放宣传单向群众宣传美丽河湖建设，有的手持火钳等工具，清理平川河道旁散落的塑料袋、食品包装盒、饮料瓶、废纸等白色垃圾，以实际行动号召大家共同保护"母亲河"。

武平县妇联充分发挥基层组织优势，组织动员广大妇女姐妹参加生态文明建设。充分利用"梁野女声"微信公众号、"一呼百万"好姐妹微信工作群等网络新媒体，进行广泛宣传发动，向全县广大妇女姐妹发出"清洁村庄·助力乡村振兴"农村人居环境整治巾帼先行的倡议书，号召全县妇联系统组织广大妇女姐妹，发挥妇女同胞在环境整治中的主力军作用，加入村庄清洁行动中。武平县各级妇联组织先后成立了 17 支"巾帼护河"志愿服务队，超过 200 名巾帼志愿者常年穿梭在村居社区的村庄里、河道旁和邻里间，开展"巾帼护河·共建生态家园"主题志愿服务活动，积极投入"生态家园"创建行动中，做到洁自家、洁娘家、洁邻家，破陈规、除陋习，传文明、树新风，共建共享生态美丽家园，打造宜居宜业宜旅"巾帼美丽家园"。

三是市场化运作，引入专业第三方企业。武平县永平镇位于武平县北部，镇域总面积 256.16 平方千米，辖区内管护的县、乡、村道路总长度约 104.6 千米。镇内更是有孔厦溪、帽村溪、永平溪等三条主河流自南向北贯穿全境，河道长度约 75.4 千米。地域广、河道长为永平镇的水陆环境治理增加了不少难度。一棵树、一滴水，都会互相牵动。原来的河道管护员、保洁员各拿"一把扫帚"，且这"两班人马"有各自的资金来源和监管部门，一旦发现问题，总是互相推诿，虽然投入了大量的人、财、物，但保洁成效仍不明显。为了破解这一难题，当地实施乡村"水陆保洁一体化"，将地域、资金、人员、物资等集中整合，采用市场化运作，将村庄保洁、河道保洁、河道巡查及垃圾清运等项目统一承包给第三方保洁公司，进行统一规范管理，变"各拿一把扫帚"为"共拿一把扫帚"，既破解了相互推诿扯皮、监管不到位等问题，又节约资金投入、提高保洁效果。现在，村庄保洁、河道保洁、河道巡查及垃圾清运等项目进行统一、规范化的管理，一旦发现环境卫生有问题，就可以及时找到责任人，保洁队伍处理，机制理顺了，管理加强了，村级负担减轻了，效率也提高了。

四是激发村民主动性与创造性，共建美丽乡村。村民是乡村建设的直接受益人，在推进乡村建设过程中，武平坚持"政府是主导、农民是主体"理念，扭转群众"等、靠、要"的思想，充分调动群众参与的积极性、主动性。武平通过组建党群理事会、村民理事会，开展"最美院子""最美人家""最美和谐家庭"等评比活动，让广大村民主动参与乡村建设，变"要我建"为"我要建"。如民主村成立乡村振兴党群理事会，推动涉及 50 余户约 6000 平方米的宗亲连体空心房顺利拆除。在调动村民积极性的过程中，武平还开辟了独具特色的"垃圾兑换超市"，让村民发力源头减污。在武平县东留镇新中村的"垃圾兑换超市"门口，每周二上午的 8 点到 12 点，村民们拎着五花八门的废品、垃圾赶来，在门口排起长龙。在"垃圾兑换超市"，平时收集好的有害垃圾可以兑换相应数量的票据、现金或等额商品，资金由镇财政支出。通过这种"鸡毛换糖"的方式，不仅从源头上减少了垃圾污染，也提高了村民回收垃圾的积极性。

三 县域生态环境多元共治的现实挑战与应对策略

（一）生态环境多元共治面临的现实挑战

"多元共治"是一种基本的理念，但现阶段，由于立法进程相对滞后、市场主体的逐利本质、跨区域跨部门之间协同不足等原因，往往在县域"落地"时面临诸多挑战，多元合力格局仍需完善。面临的现实挑战主要表现在以下四个方面。

一是跨部门、跨区域协同治理机制有待完善。由于生态环境保护和监管工作涉及众多领域和环节，建立制度化、程序化的跨部门跨区域协调机制以及统一生态环境治理的有关数据、实现信息共享依然是生态环境治理中迫切需要加以解决的问题。在现行的县域环境治理体系下，不同区域、不同部门很难有效合作，基层事务繁多，人才相对缺乏，制约了环境问题的处理效率。环境污染问题也难以通过行政区域明确划分界限，更多的是大范围、跨区域、长时间内积累起来的，区域之间相互关联性极大，增加了基层处理环境问题的难度。

二是企业环保主体责任意识仍需加强。在市场层面，政府在环境决策、标准制定和监督管理方面具有绝对主导权，导致市场层面权力边界受限；缺乏合理规制造成市场运行障碍，县域市场准入门槛较低，导致当地企业环保技术更新与跟进吃力，甚至无力承担环境保护与修复的必要费用；缺乏必要激励机制导致企业及其他生产经营者的合作积极性不高，比如生态补偿机制由于市场激励不足，限制了经营者对县域生态环境治理的积极参与。

三是社会组织参与积极性和能力仍需提高。在社会层面，生态环境协同治理的实质是权责利在多元主体间的分配与平衡，治理主体及其利益关系失衡导致各级政府部门承担过多管理事务。社会治理力量在环境保护中的参与度有待提高，尤其是县域层面的专业社会组织力量仍显薄弱，很多农村非政府组织本身缺乏独立性，也缺少政策资金和人力支持，在基层生态治理过程中参与公共事务的职能弱化，导致在参与农村生态治理过程中的作用并不明显。公众习惯将环境治理的关注焦点放在政府身上，参与环境治理的渠道和平台有待拓展。

四是基层群众绿色发展观念仍需巩固。农民固化的观念是生态治理的"硬骨头"。农民是参与县域生态治理的实践者，但在实际执行生态治理过程中，仍有一些农民受文化较低以及长期以来形成的生活方式的影响，对生态治理的认知比较模糊，不能深刻理解生态环境保护和发展关乎他们自身的利益；或者是缺乏生态环境保护相关知识，从而给农村生态环境治理带来负面影响。

（二）完善生态环境多元共治机制的应对策略

新时代生态环境保护与生态文明建设中应积极引入新思维与新方法，推动环境治理多元共治模式高效地运转起来，开创生态文明建设的新局面。构建县域生态环境保护的共建共治共享体系必须充分调动各方积极性和能动性，坚持政府主导、企业主体、社会共治、全民参与，要求有更多元的参与，更主动的作为，更精准的治理，更开放的机制，更创新的意识，最终生态环境保护成果才能全民共享。

1. 优化环境治理的协同合作机制

加快探索和建立跨地区环保机构，推行全流域、跨区域联防联控和城乡协同治理模式。从跨区域跨流域环境管理、议事协调机制、部门协作、信息共享等方面建立健全高效协调的运行机制。全面落实和推行河长制，以加强河湖水域岸线管理保护和水资源保护。按流域设置环境监管和行政执法机构，遵循生态系统整体性、系统性及其内在规律，将流域作为管理单元，统筹上下游左右岸，理顺权责，优化流域环境监管和行政执法职能配置，实现流域环境保护统一规划、统一标准、统一环评、统一检测、统一执法，提高环境保护的整体性成效，等等。此外，环境保护主管部门可以以"组建生态环境保护综合执法队伍"为抓手，做实对相关部门污染防治和生态保护职责的指导和监督职能，以此推动规范化、程序化、多层次、跨部门的协作机制和工作流程，使各部门在科学分工、权责清晰基础上加强合作、密切配合，形成防治污染和环境监管的强大合力。

2. 强化地方企业保护生态环境的社会责任

地方企业应转变观念，采取有效措施推动企业的绿色生产与经营。一要积极构建绿色企业文化。绿色企业文化是指企业信奉并付诸实践的，以可持续发展为目标的，以企业与自然、社会和谐为原则的意识形态、价值观和共同遵守的行为规范。绿色企业文化要求企业摒弃老旧、落后的生产设备和工艺，或对原有的生产工艺或设备进行升级改造，并大力推行清洁生产工序，将自身生产与经营活动对生态环境的负面影响降到最低。构建绿色企业文化体系还需从员工层面着手，即定期开展绿色企业文化的宣传与培训，提升员工的环保素养和责任意识，进而自觉践行绿色生产与经营理念。二要主动公开环保信息，打破公众与企业之间的环境信息壁垒，主动与利益攸关方（农民、村民自治组织等）开展多形式、多渠道的沟通、交流和协商，自觉承担起保护农村生态环境的社会责任。

3. 引导社会组织的协同参与

全球生态治理的经验表明，以环保社会团体、环保基金会和环保社会服务机构为主体组成的环保社会组织和广大公众始终是生态文明建设和绿色发展的重要力量，环境保护事业的健康发展必须激活社会组织和公众的力量，发挥社会组织和公众在环境治理体系中的协同参与作用。针对我国县域生态文明建设领域社会组织与公众参与度和有序化程度较低的现实状况，应该严格按照党和国家生态文明建设的总体布局和要求，以有序有效为原则引导环保社会组织和广大公众参与环境保护与治理，充分发挥环保社会组织和公众在生态文明建设和绿色发展中的积极作用。一要拓宽非政府组织参与环境治理的资金来源渠道。在争取财政支持的同时，非政府组织可尝试寻求社会资本的支持，如向规模较大的企业争取赞助、向公众募集专款等。另外，还可提高自主创收的能力。二要增强非政府组织之间的合作。通过彼此间的合作，使各自的生态环境治理资源利用效率最大化。同时，建立相应的监督机制，为相互间的合作提供制度性保障。三要加强与地方环保部门的合作，建立农村生态环境的信息共享与联合治理机制，使非政府组织不仅可以直接向环保部门反映当地农村的生态环境问题以及可能出现重大生态环境隐患的项目，一定程度上还能实现地方环保部门所不能或无力施治的治理空白。

4. 增强农民的环保意识

农村生态环境状况与农民的生存与发展质量密切相关，农民既是农村生态环境恶化的直接受害者，也是生态环境保护与治理的生力军。无论是外来的人才，还是外来的资本，都不能取代农民的主体地位。一要提高农民的环保意识和素养。充分发挥各类媒体的宣传与教育功能，多种渠道、多样方式向农民普及环保知识，让他们清楚地认识到农村生态环境的好坏与自身生活质量密切相关。同时，推广各地的好经验、好做法，努力营造整个农村社区关心和支持生态环境治理的良好氛围。另外，各类媒体、村"两委"组织应大力倡导绿色生产与生活方式，积极督促农民减少污染和破坏生态环境的行为。二要使农民正确认识自身的主体地位。农民"生于斯、长于斯"，对当地农村的自然环境和社会情况十分了解，参与生态环境治理时可以发挥"土著"优势，而发挥优势的前提是要让他们对自身主体地位和责任有一个清晰认识，并在农村生态振兴中拥有更多获得感和幸福感。三要引导农民自觉践行绿色生产与生活理念。不仅要引导他们学习和掌握农业生产的新技术与新知识，也要帮助他们完成绿色农业的升级与改造，还要推动他们参与助力绿色生活的生态项目。另外，在鼓励农民发展生态农业、观光农业和休闲农业的同时，还应适时督促他们合理回收和利用农业生产以及日常生活中的废弃资源，以减少对生态环境的污染和破坏。

5. 发挥农村社区参与生态环境治理的"在场"优势

充分发挥农村社区"在场"优势，不仅可以降低农村生态环境的治理成本，还能提高治理绩效，并确保治理效果的持久性。一要发挥社区自组织的独特优势。农村社区中的自组织，既有"准行政化"的村民自治组织，也有农民合作社、红白理事会、老人协会等民间组织。对村民自治组织来说，其权力已经包含了农村生态环境的自治权，可以通过完善"村规民约"、成立环保合作社等，引导村民呵护田园、水源和家园。另外，村民自治组织的负责人大多了解本村生态环境实际情况，且能及时发现辖域内污染和破坏生态环境的行为，一般会选择最合理的方式进行保护和治理。农民合作社虽是为服务农业生产而组建的，但在引导农民发展绿色农业之余，还可以为他们参与生态环境治理提供知识及技术帮助。其他的社区组织，其骨干成员往往是社区中有威望、有能力的农民。如果这些社区组织均积极参与生态环境的治理，必然会产生良好的示范效应。二要设立村级生态建设与环境保护委员。在"村两委"中设置环境保护和生态文明委员，让生态环境保护与治理的触角延伸到每一个村组，使每个村组内的环保工作平时有人管、有人问，出现问题时有人负责和处理。三要发挥新乡贤参与农村生态环境治理的榜样作用。新乡贤社会资源丰富，有着浓厚的乡土情结和强烈的社会责任感，熟知家乡的自然生态以及现实的环境问题，以"乡情乡愁"为纽带可以使他们积极主动地在家乡生态环境治理中"出钱出力"。

案例

武平探索跨部门跨区域协作新模式，共护流域生态

武平县的省际出入境河流有 12 条，流域面积 1635 平方千米，河流水系"你中有我，我中有你"。长期以来，出入境河流水环境治理步调不一、打击跨境涉水犯罪难以形成合力、信息互通渠道不够顺畅等问题导致流域生态环境问题不断积累，跨省河流上下游、左右岸之间矛盾日趋突出。

2018 年 3 月，武平县分别与江西省寻乌县、会昌县，广东省蕉岭县、平远县签订交流合作框架协议，明确加强合作交流，实行联防联控和流域共治，建立统一的决策协商、信息通报、联合执法和预警应急机制，重点做好边界生态环境保护、水源涵养和污染防治工作。同年 10 月，武平县检察院、河长办牵头召开的闽粤赣边"三省五县"检察机关、河长办生态保护区域协作第一次联席会议在武平召开。会议会签《关于建立闽粤赣边检察机关及河长制办公室生态保护区域协作机制的实施意见》（以下简称《意见》），"三省五县"生态保护区域协作机制正式建立。每年召开一次联席会议、区域成员信息共享、跨区域联防联动、公益诉讼配合协作、跨区域环境修复补偿等，一项项协作机制先后建立。成员单位常态化调研走访，指定专职联络员，使得各地联系更加紧密，边界区域合作明显加强。

区域协作下的高效率很快显现。在五县会签完《意见》后的次月，江西省寻乌县检察院发现当地一村民在寻乌与武平交界处的山场和田地违法投建养殖场，并向河流非法排放污水。接到寻乌检方信息后，两地检察院迅速联合进行了现场调查，不到一周就完成了查处。之前各地治水都是各自为政，治理不同步导致治理效果也打了折扣。流域上下游同步综合治理，共建高效治水体系是区域联动治水的关键。

"三省五县"区域协作机制建立后，五地联合开展了多次专项督导、专题调研、专项监督、专项行动。2018 年 12 月，武平与广东省蕉岭县联合开展两省交界中赤河断面水质提升专项督导，并就双方河流治理措施、力度、成效等方面形成定期联合督导工作机制，构建"上下游一盘棋"的区域联动治水新格局。

区域联动的同时，部门联动也在进行。五地检察机关和河长联系日益紧密，五县检察机关先后就补植复绿基地建设、饮用水源地保护进行专题研讨，组织开展检察长巡河、跨区域水污染监督、家畜养殖污染调查等专项行动；五地县乡两级河长不定期联合开展巡河行动，会商跨界河流水环境整治，同步开展乡镇污水垃圾治理、畜禽养殖整治、工业企业污染监测等联合行动。区域合力，流域生态环境不断提升。2018年以来，武平跨省河流交界断面水质均达到或优于Ⅲ类水标准。如今，这个由跨县域生态保护协作而起的区域协作机制，正拓展为跨市、跨省区域协作，为绿水青山保驾护航。

2020年，以区域协作列入龙岩市检察院重点工作项目为契机，武平提请加强市级层面沟通协作。2020年6月，在龙岩市检察院分管领导带领下，武平县检察院前往梅州、赣州市检察院交流生态公益保护工作，努力推动跨县域生态保护协作机制上升为"三省五市"区域协作体系。"三省五县"生态公益保护区域协作的有关工作做法被县委主要领导批示肯定，并被省水利厅推荐水利部作为全国典型案例，为区域协作提档升级提供更多"武平经验"。2020年7月，闽粤赣三省五市检察机关公益诉讼区域协作启动仪式在梅州市举行，"三省五县"区域协作正式提档升级为"三省五市"区域协作，有利于进一步深化跨省生态保护检察协作，共筑"生态检察共同体"。如今，这个由跨县域生态保护协作而起的区域协作机制，正拓展为跨市、跨省区域协作，为绿水青山保驾护航。

| 第 | 九 | 章 |

增强新时代生态文化自觉

党的十八大报告指出，要统筹推进经济建设、政治建设、文化建设、社会建设、生态文明建设"五位一体"总体布局，实现以人为本、全面协调可持续的科学发展。文化是文明的基础，文明进步离不开文化支撑。培育生态文化自觉，是新时代生态文明建设的重要内涵，是生态环境多元共治的重要抓手。2015 年 3 月，中共中央、国务院在《关于加快推进生态文明建设的意见》中指出："要坚持把培育生态文化作为重要支撑。将生态文明纳入社会主义核心价值体系，加强生态文化的宣传教育，倡导勤俭节约、绿色低碳、文明健康的生活方式和消费模式，提高全社会生态文明意识。"[①] 近年来，武平充分发挥历史、人文及生态资源的独特优势，树立生态文化理念，丰富生态文化内涵，使生态文明成为社会主流价值观，推动美丽武平再上新台阶。

一 增强新时代生态文化自觉的重要意义

生态文化具有广义和狭义之分。广义的生态文化是一种生态价值观，或者说是一种生态文明观，它反映人类新的生存方式，即人与自然和谐的生存方式。这种定义下的生态文化，是一种逐层递进相互融合的关系，是功能上

---

① 《中共中央国务院关于加快推进生态文明建设的意见》，《人民日报》2015 年 5 月 6 日，第 1 版。

相互依赖、互相补充各种元素集结而成的功能系统。狭义的生态文化是一种文化现象，是以生态价值观为指导的社会意识形态，即精神层面的生态文化①。习近平总书记在福建、浙江工作时，就高度重视培育生态文化；到中央工作后，他又将生态文化建设作为"五位一体"生态文明体系建设的重要组成部分。在 2018 年全国生态环境保护大会上，习近平总书记指出："必须加快建立健全以生态价值观念为准则的生态文化体系，以产业生态化和生态产业化为主体的生态经济体系，以改善生态环境质量为核心的目标责任体系，以治理体系和治理能力现代化为保障的生态文明制度体系，以生态系统良性循环和环境风险有效防控为重点的生态安全体系。"② 本书从广义意义上使用生态文化这一概念，它是一种基于生态意识和生态思维的文化体系，包括物质、行为、制度、精神四个层面③，具有历史传承性、环境协调性、内在和谐性、外在多样性、双重友好性、发展持续性特征。物质层面的生态文化是生态文化体系的基础，要求以人与自然和谐共生的生态价值观为指导，充分认识生态自然对于人的生存与发展的重要作用。行为层面的生态文化聚焦于生态保护意识指导下生态消费行为的养成。生态消费行为是生态保护意识的反映，培育公众的生态保护意识有利于塑造科学的生态消费行为。生态文化体系建设是一个复杂的系统工程，仅仅凭借道德说教是不可能完成的，应通过加强生态立法、健全科学决策、执法监督等机制加以解决。精神层面的生态文化以爱护、尊重生命和自然环境为根本宗旨，倡导经济社会的可持续发展。在各种生态环境问题接连出现、技术发展难以填平生态深谷的背景下，要大力弘扬人文精神，提升思想道德修养，促使社会形成良好的生态文化氛围。

"文化自觉"是我国著名学者费孝通先生于 1997 年首次提出的，它主要包含对文化地位作用的深刻认识、对文化发展规律的正确把握以及对发展文化历史责任的主动担当等三层含义。在生态文明建设意境下的生态文化，

---

① 阮晓莺：《生态文化建设的社会机制研究》，经济管理出版社，2019。
② 习近平：《推动我国生态文明建设迈上新台阶》，《求是》2019 年第 3 期。
③ 冯留建、王雨晴：《新时代生态价值观指引下的生态文化体系建设研究》，《华北电力大学学报》（社会科学版）2020 年第 6 期。

是对传统工业文明的反思和超越，也是当代社会主义生态文明发展。加强生态文化建设，增强生态自觉性，就是要坚持文化自信，承传中华传统文化中的生态智慧，弘扬社会主义生态价值观，倡导绿色低碳生活新风尚。它是贯彻可持续发展战略和落实环境保护基本国策的必然要求，也是新时代推进生态文明建设的战略选择。

（一）为推动绿色发展提供精神动力

增强生态文化自觉是落实绿色发展理念的必要保证。一方面，生态文化促进整个社会生产方式的转变。生态文化坚持追求经济效益、社会效益、生态效益三者的和谐统一，为此，调整产业结构优化升级，转变经济发展方式，大力倡导绿色低碳循环经济的发展，培育绿色新兴技术产业，提供更多优质生态产品，既承袭了科学发展观的思想精髓，更是对生态文化建构的时代回应。另一方面，生态文化提升民众绿色生态素养。生态文化作为凝结古今中外生态思想精华的一面旗帜，通过线上线下、口耳相传、媒体广告等传播途径，使绿色生产消费理念显化渗透于社会生活的各个领域，提高公众对生态环保自然规律的认识，引导全社会运用生态学观点观察现实事物、解释现实世界，提升全民生态素养，推动绿色发展理念全面落实，生态文明建设有序推进。

（二）为生态文明建设营造良好氛围

增强生态文化自觉，营造良好生态氛围成为提高人民群众生活质量新的增长点。第一，助力打好污染防治攻坚战。生态文化作为一种先进文化，高度重视思想作风整顿和行动实践落实，抓好生态环境队伍能力建设，重点对基层执法队伍开展专业技能培训，在全国打造一支能力强、素质硬、作风正的环保铁军，同时注重提升全民生态环境素养，在全社会形成节约资源与保护环境的良好风尚。第二，助推能源革命和低碳消费。通过能源利用方式的变革促进经济效率的改进，带动新兴产业发展，积极致力经济社会的可持续发展，引导公众树立生态消费意识，持续改善生态环境质量。第三，提供优质生态产品，提升绿色生态产品价值。一方面政府给予重点生态工程、环境治理项目资金与政策支持，优化相应公共经济领域的责权利配置，落实主体责任；另一方面企业自觉做好经济转型大文章，打造高端生态产业集群，积极保证优质生态产品有效供应。

（三）为实现美丽中国愿景提供智力支撑

"美丽中国"是集美学、生态学、社会学等于一体的综合概念。第一，珍惜赏识美丽自然的生态审美，助力打赢蓝天保卫战。引导动员社会各界力量积极行动，调整优化产业结构，严控"两高"行业产能，强化"散乱污"企业综合整治，构建清洁低碳高效能源体系，有效应对重污染天气，加快改善环境空气质量，打赢蓝天保卫战。第二，生态利益最大化的生态理性助力水污染防治。水环境保护事关人民群众切身利益，从源头改善水质，认真解决好水污染防治工作中的突出问题，加强水环境治理，加强政策、科技、资金等全方位支撑与保障。第三，天地人和谐统一的生态思维助力强化土壤污染管控和修复。防止有毒有害物质进入土壤，定期对土壤质量进行排查，排除安全隐患，让老百姓住得安全舒心。总之，蓝天、绿水、净土的壮美景色离不开生态文化的系统建构。

二　新时代生态文化建设引领武平绿色发展

（一）增强文化自信为绿色发展培根铸魂

生态文化是人从统治自然的文化过渡到人与自然和谐发展的文化。武平绿色发展的生动实践，源自千百年来对中国优秀传统生态文化的积淀与传承，也是对社会主义生态文明观认识的一次深化和飞跃。

1. 中华传统生态文化是根基

中华传统文化源远流长、博大精深。习近平总书记在全国生态环境保护大会上强调："中华民族向来尊重自然、热爱自然，绵延5000多年的中华文明孕育着丰富的生态文化。"① 圣贤先哲的生态文化思想经过长期历史积淀，涵盖各种各样的独特生态文化元素，是现代生态文化建设的可靠基石。

（1）"天人合一"的朴素自然观

"天"即自然，"天人合一"思想源于传统农耕文明，即人与自然"你中有我，我中有你"不可分割的关系，这一理念代表了我国先贤圣哲对人与自然关系最朴素且最本质的价值认知。"天人合一"不仅是我国传统文化中自然观的本真表述，也是古人赖以认识世界、改造世界的思维方法。

我国经典古籍《周易》提出"天地人合"的观点，如《周易·序卦》中说"有天地，然后万物生焉"，认为世间万物都源于天地，同时"有万物然后有男女"，人与自然是同脉相连的有机统一体，因此要"与天地合其德，与日月合其明，与四时合其序"，即人与自然需和谐相处。

儒家文化对"天人合一"思想也有着自成体系的阐释。孔子传承天地人"三才"思想，认为人之于自然并非被动消极，而是可以通过自我调适来契合天地之道，即"人知天"。孟子则提出"上下与天地同流""万物皆备于我矣"，后世如汉代董仲舒提出的"天人之际，合而为一"、宋代张载的"儒者则因明至诚，因诚至明，故天人合一"等观点，表征了古贤不断探寻自然规律、追求天人和合的思想高度。

"道生一，一生二，二生三，三生万物"是道家代表人物老子所信奉的圭臬，认为人的主观活动应该尊重自然规律，"唯道是从"才能达到"物我同一"的境界。可见，我国传统文化中对人与自然之间的关系已经作出过质朴而凝练的阐述，深入探究了人与自然关系的本质，警告人类活动要同自然环境和谐相处。

（2）敬畏生命的生态伦理观

传统文化中的生态伦理观集中体现为对生命的敬畏和仁爱，这一思想尤以儒家为盛，如《周子全书》中说，"生，仁也"。"仁"是我国传统文化中的核心理念之一，也是传统社会赖以维系运转的重要根基，将万物生命一

---

① 习近平：《推动我国生态文明建设迈上新台阶》，《求是》2019 年第 3 期。

视同仁，集中体现了我国传统文化生态伦理价值取向，即："生"是自然规律，"仁"则是对待万物生命的正确方法论。在儒家文化看来，"仁"这一社会根本纲常伦理规范所调控的并不仅限于人，而应推广到万事万物，要"亲亲而仁民，仁民而爱物"，生态伦理观才是合理有序的。

儒家的"仁民爱物"思想传达出的是对自然界生命一视同仁的普世价值和伦理关怀，道家思想亦如此。道家代表人物老子在《道德经》中说："生而不有，为而不恃，长而不宰"，告诫人们要善待万物，滋养其生长，要承担起人类对自然万物所应肩负的责任，但不能随意主宰万物的生命，这样才能够"若可托天下"。

即便从现代生态伦理视角审视，我国传统文化中提出的敬畏生命、尊重自然等思想也极具先进性和人文理性，其主张人的活动要充分尊重自然规律，不能肆意破坏自然，不能无故剥夺其他生命的生存权利和空间，正如老子所言，"道大、天大、地大、人亦大"，人只是自然界中的一分子，居于天地自然之间，作为一种更加高级的生命形态，人理应承担起爱护生命、维护自然生态的天赋使命。

（3）取用有节的生态发展观

在尊重自然规律的基础上，人类可以合理地利用自然界中的事物谋求自身的发展，但务求做到取用有节，在向自然索取时要保护自然，避免竭泽而渔的短视行为。如孔子讲"钓而不纲，弋不射宿"，孟子讲"斧斤以时入山林"，曾子讲"树木以时伐焉，禽兽以时杀焉"，荀子说向自然采伐要做到"不夭其生，不绝其长"等，古人的这些生态智慧和当前我国倡导的可持续发展理念高度契合。

春秋战国时期名相管仲为齐国制定了"以时禁发"的制度，"山林虽广，草木虽美，禁发必有时"，强调不能随意开采自然资源，而要顺应时序，尊重自然规律。管仲要求在发展国力的同时，一定要注重对自然资源的养护，这样才能实现国家长远的富庶强大，而一旦过度采伐，自然生态遭到破坏，那么国家发展也就无以为继。管子的思想既有历史价值也有现实意义，他将"取用有节"这一朴素的可持续发展生态观提升到国家治理的高度，并为后世所尊崇。

"取用有节"的生态观源自我国传统农耕文明，农耕活动同自然生态紧密相连，因此，古人在农耕活动中总结出了诸多人与自然和谐相处的经典思想，如《淮南子·主术训》中说，虽然农民善于劳作，"然不能使禾冬生"，必须尊重自然规律；《齐民要术·种谷第三》中也讲道，"顺天时，量地利"。中华传统文化中处处闪耀着人与自然同生共荣的生态智慧火花，时至今日，先贤圣哲们的生态价值观仍然熠熠生辉①。

全球生态问题得到广泛关注，我们要立足更高远的视域，思考、设计和实践人类存续发展的路径。我国传统文化中的生态智慧同当前可持续发展理念、人与自然和谐共生一脉相承，为生态文明建设提供了重要指导和现实借鉴。深入挖掘传统文化中的生态智慧价值，将其同经济社会发展和生态文明建设需求精准对接，指导美丽中国建设和"两个一百年"奋斗目标。

2. 社会主义生态文明观是核心

党的十九大报告指出，"要牢固树立社会主义生态文明观，推动形成人与自然和谐发展现代化建设新格局，为保护生态环境作出我们这代人的努力"。武平从林改再出发，坚定不移贯彻创新、协调、绿色、开放、共享五大发展理念，牢固树立社会主义生态文明观，走出一条生态环境高颜值、经济发展高素质、乡村振兴高水平的绿色发展之路。

一是绿色生态文明观。通过空间格局、产业结构、生产生活方式和消费模式的转变，实现资源节约、环境保护甚至经济社会整体优化。"绿色化"本质上追求人的绿色发展，通过把绿色理念内化为绿色素养，引导人们尊重自然、顺应自然、保护自然，不以牺牲生态环境质量为代价换取一时的经济增长，既要金山银山也要绿水青山，实现生产发展、生活富裕、生态良好，开创社会主义生态文明新时代。

二是整体生态文明观。"加强对生态文明建设的总体设计""人与自然是生命共同体""统筹山水林田湖草系统治理"等一系列重要论断都深刻阐

---

① 武晓立：《我国传统文化中的生态智慧》，人民网，2018年9月25日。

明了生态文明建设应遵循自然规律全面系统长期的综合治理，而不是割裂式、局部化、暂时性的片面治理。生态文明建设关系人民福祉和民族未来，应融入经济、政治、文化、社会建设的各方面和全过程。我国积极落实减排承诺，合作应对气候变化，推动人类命运共同体建设，为全球环境治理和生态安全作出贡献。

三是协调生态文明观。经济发展和生态保护是一枚硬币的两面，绝不以牺牲生态环境为代价换取一时的经济增长，要在绿色发展中统筹做好生态环境保护工作。一方面，以环境问题倒逼经济转型和产业升级，提高经济发展质量和效益，着力解决人民日益增长的美好生活需要和不平衡不充分发展之间的矛盾。另一方面，打造共建共治共享的环境治理格局，完善党委领导、政府负责、社会协同、公众参与、法治保障的环境治理体制，推动区域协调发展和城乡融合发展。

四是法治生态文明观。只有实行最严格的制度、最严密的法治，才能为生态文明建设提供可靠保障。引导全社会牢固树立法治观念、规则意识和底线思维，形成支持执法、监督执法、模范守法的生态法治氛围，才能坚决制止和惩处破坏生态环境的行为。建立健全环保信用评价、信息强制性披露、严惩重罚及追责问责等制度，规范约束各类开发、利用、保护自然资源和生态环境的行为，在推进节能减排、严守生态保护红线、防治环境污染等方面，做到不畏、不退、不懈。

生态兴则文明兴，生态衰则文明衰。生态文明建设，是一场涉及生产方式、生活方式、思维方式和价值观念的革命性变革，也是一项涉及经济社会协调发展、城乡协同发展和空间优化整合的系统工程。因此，要优化国土空间开发格局，加强城乡环境保护和工业污染防治，推行绿色生产生活方式，在稳增长、调结构、惠民生、促改革之间找到平衡点，把生态文明建设纳入法治化、制度化轨道，形成人与自然和谐发展现代化建设新格局。

3. 生态价值理念是行为准则

习近平总书记指出："生态文化的核心应该是一种行为准则、一种价值理念。我们衡量生态文化是否在全社会扎根，就是要看这种行为准则和价值观念是否自觉体现在社会生产生活的方方面面。"① 武平不断厚植自然文化优势和生态价值理念，统筹实施山水林田湖整治，把大力发展生态旅游和绿色产业作为"绿水青山"向"金山银山"转化的生动实践。

一是从传统"征服自然"理念向"人与自然和谐共处"理念转变。"人－社会－自然"是一个复合生态系统，将"人"置于自然系统之中，建立相互联系、相互作用不可分割的整体。在此基础上，建立适应自然、遵循自然规律的理念和行为准则，改变"主宰"自然的绝对"人类中心主义"世界观。同时，我们必须认识到自然生态的脆弱性、自然承载的有限性、保护生物多样性的重要性，严格控制人口数量，维护生态的稳定性是人类共同的责任和义务。

二是从过分依赖技术手段向采取适度的规模与技术改造和利用自然。科技进步与技术创新是经济和社会发展的动力，技术功能是人对自然界有目的性的变革，根本作用在于把天然自然转变为人工自然。人类对自然的认识在不断深化的过程中，改造自然应在技术上遵循理智谨慎的态度，建立与生态系统相关的最佳经济规模。

三是从把增长简单地等同于发展的观念向以人的全面发展为核心的观念转变。发展循环经济是建设资源节约型、环境友好型社会的重要途径，也是转变经济增长方式、实现社会可持续发展的必然选择。应从减量化、再利用、资源化、无害化以及体制机制等方面，构建循环经济发展观。选择绿色生活应成为一种时尚，反对浪费、对环境友好、追求简朴、回归自然是绿色生活方式的基本元素。尊重和顺应基本的生态规律，正确处理经济增长和全面发展的关系，做到人与自然和谐共处，实现经济、社会和人全面、协调、可持续发展。

四是从以过度消耗资源、破坏自然环境为代价的粗放型增长模式向可持续发展模式转变。土地、水源、森林、矿产等自然资源是有限的，有些是不可再生的。对这些资源开发利用的过程中，以满足人类的基本消费为出发

---

① 习近平：《之江新语》，浙江人民出版社，2013，第48页。

点，秉承节约、集约和适量利用的原则，更要充分考虑生态环境的承载能力。倡导理性消费，坚持适量的物质消费和多方面的精神文化消费相结合，杜绝盲目消费和过度消费，必须从文明本质上加以反思和评判。

（二）区域特色文化铸就客家风范

武平是闽粤赣边客家大本营的重要组成部分。客家是中华汉族民系唯一不以地域而是以文化命名的民系，千年武平，历史文化底蕴深厚，其前世今生，交织着贫瘠与富饶、文明与愚昧、战争与和平、出世与退隐、坚守与前行、传统与突破。交织之间，优秀的传统文化一脉相承，不断积淀升华武平人民最深沉的精神追求，丰厚滋养着武平人民坚定的文化自信。体现软实力、支撑力的文化自信，坚定了武平人开创"全国林改第一县"的决心，铸就了敢为人先、接力奋斗、坚韧不拔、团结友善的"武平林改经验"内核。

1. 崇拜自然的民间信仰

客家文化意识是客家人在漫长的迁徙历史过程中逐渐形成和发展的精神产物。"天人合一"不仅是客家传统文化濡染的必然结果，更融入客家人现实生活和思维观念中。

"靠山吃山，靠水吃水"，客家人依山而居，植物取之不尽、用之不竭。久而久之，客家人对植物有了特殊的情结，尤其是日常习俗中表现出来的植物崇拜现象，体现了对养育生命大自然的崇敬之情。客家民间信仰万物有神灵，由此产生对神灵化身的畏惧和禁忌。房前屋后尤其是寺庙、祠堂、神坛前后的"风水树"、"风水林"及"伯公树"都没人敢砍伐；风水塘也是客家建筑不可或缺的部分，既可排污、洗衣、灌溉，又可调节小气候，通过养殖鱼、种植莲藕营造一种和谐、恬静的自然意境，在某种程度上起到保护生态平衡的积极作用。客家民间流传许多农事谚语，如"早禾耘三道，耘到死翘翘；晚禾耘三道，耘到谷都爆"，"猪尾长过膝，枉食主人汁"，"刮风莫放蜂，下雨好打鱼"。这些谚语将节令、物候、天气等自然现象同当地群众的生产生活紧密联系起来，使客家人合理适时地安排各种农业活动和日常起居，有效避免自然灾害、减少经济损失，实现人与自然的和谐统一。清朝康熙年间武平举人林宝树创作的客家启蒙读物《年初一》，以闽西客家村落为背景，描述了当时的民俗风情、四时耕作及杂谈等，如春耕图里"春间日日去耕作，身穿蓑衣并笠麻；小满到来塞粪时，单用匏勺与粪箕；整好坎头除稗草，连根丢却半天飞。茅镰刀把及草篮，担杆常在肩头间"、夏收夏种双抢图里"斫削禾柴晒干燥，杉毛杂木并松毛；请人补箩买谷笪，又爱破篾箍桶篁；笼鸭上田踏禾稿，检查粪寮堆秆草"、秋收冬种图里"霜降天气要晴暖，糯禾收割也停当；立冬万物当成熟，家家屋屋赛收成；小雪之时是冬天，拉只牛牯去犁田"，真实生动描述了客家人从年初开始、一年到头的生产生活状况，反映客家人尊崇自然、尊崇礼俗的人文追求。

武平林改 20 年，顺应自然法则、遵循客观规律，充分发挥林农主观能动性，在实践层面把握人与自然的辩证关系，将秀美的森林景观与独特的客家文化紧密融合，筑牢经济高质量发展的生态根基。

2. 敢为人先的革命传统

翻开数百年之中国历史，从太平天国运动到辛亥革命，从新民主主义革命到抗日战争，随处可见客家仁人志士的身影。

武平系客家聚居地，涌现出一批批可歌可泣的民族英雄和敢为人先的杰出代表。南宋名臣文天祥起兵抗元，客家人"男执干戈女甲裳，八千子弟走勤王"，面对元军的威逼利诱，留下了"人生自古谁无死，留取丹心照汗青"的壮烈；清末维新派著名爱国诗人、戊戌六君子之一刘光第，祖籍武平，思救国救民之策，非改革弊政，兴新学、行新政不可。客家人孙中山首举彻底反帝反封建的旗帜，"起共和而终两千年封建帝制"，高举"三民主义"启迪民智，为改造旧中国耗尽毕生精力；客家人叶剑英抛开优渥的生活环境，半个多世纪来投身充满艰难险阻的革命斗争，为社会主义建设事业和祖国统一大业作出卓越贡献。民主革命时期，毛泽东、朱德、陈毅等老一辈无产阶级革命家创建武平苏区，发动领导武平人民与反动派斗争，进行了轰轰烈烈的土地革命。武平是当之无愧的革命摇篮，保留了梁山书院等革命遗址和将军故居等红色旧址，锤炼出共和国空军之父刘亚楼上将、文坛宿将林默涵，以及开国将军林伟、罗斌、蓝文兆、廖步云等英雄前辈。素有光荣传统的武平人民秉承自我革命、开拓创新的精神和勇气，探索出一条集体林权制度改革从首创到绿色崛起之路。

3. 接力奋斗的发展观念

客家人的历史是一部迁徙史，更是一部接力奋斗的光辉历史，浸透着客家人的辛酸血泪和执着追求。清末客家诗人黄遵宪有诗云："中原有旧族，迁徙名客人。过江入八闽，展转来海滨。俭啬唐魏风，盖犹三代民。"古代客家先民，从秦征岭南融百越时期开始，历经西晋永嘉之乱、东晋五胡乱华、唐末黄巢之乱、宋室南渡，中原汉族大举南迁，陆续迁入赣、闽、粤等省。经过千年的融合、演化，逐渐形成一支具有独特方言、风俗习惯及文化形态的汉族民系。在客家人到来之前，赣闽粤三角地带几乎是人烟稀少、野畜出没的原始森林，居住着百越、畲族、瑶族等土著。这些少数民族文化落后，处于刀耕火种的时代，生产力水平低下。迁入的客家人从中原地区带来农作物的种子、先进的农耕技术和建筑技术，他们伐木垦荒、筑坝造田，把一个个小盆地或低缓的坡地开垦成片片井田或层层梯田，并修渠筑坡、引水灌田，使寂静的群山阡陌纵横、如诗如画，给这片荒僻而神奇的土地带来了勃勃生机。客家人逢山开路、遇水搭桥，一个个村寨有了盘山小径或通衢大道相通。昔日荒凉闭塞的山野，变得人声喧闹，鸡犬相闻，生产力水平得到了很大的提高，一些人口集中的较大村寨也形成了集贸市场。就这样，客家人把热闹带进了千沟万壑，把繁荣带进了穷乡僻壤，把文明带进了荒峦山野，更把勤劳勇敢、拼搏进取的精神代代相传，最终锤炼出独特而优秀的客家民系。

武平林改实践作答了"绿水青山就是金山银山"的科学理念和"生态美、百姓富"有机统一的科学决策。面对前进道路上的艰难险阻，武平人始终坚守接力奋斗的发展观念，锲而不舍、久久为功，一任接着一任干，一张蓝图绘到底，坚定不移地走向生态文明、走向乡村振兴、走向绿色崛起、走向文化兴盛。

4.薪火相传的家训家风

客家人有句老话："宁卖祖宗田，不卖祖宗言"，表明了客家人对祖先的敬畏和对祖训的遵循，反映了客家人对客家话的自信和对客家文化的坚守。客家先人不愿丢弃的"祖宗言"便是客家人的家训家风，"百业无贵贱，耕读是本根""蓝天白云下，青山绿水间""环境污染随手易，生态恢复费心艰""整洁卫生家园好，美丽山川客来欢""大千世界一草一木，虽平凡都要爱护"……武平县几乎所有的姓氏、村落、族堂都有祖训、家训、家规等祖制。现在，在老建筑中，依然可见许多家族以楹联的形式镌刻家训，作为门联张贴或是悬挂在厅堂正中，教育族中子弟。家风是家族世代积累、繁衍生息过程中形成的较为稳定的生活作风、传统习惯和道德面貌。家训和族规是展示家风的载体，它像一件上好的古董，历经一代又一代人的呵护与打磨，在漫长时光中，悄无声息地积淀，裹上一层层幽邃的包浆，温润如玉。它渗到家族每一个后代的骨血中，成为家族成员之间的精神纽带，更成为每个家庭乃至家族中最宝贵的一笔财富。

家训家风传导了家族世界观、人生观、价值观，推崇家族所倡导的既符合家族利益又适应国家和社会要求的"修身、齐家、治国、平天下"人生哲学，也因此牵引了一代代家族后人遵循家训、成长自我，内对族人、外对社会的正面影响甚广。武平林改体现了客家儿女不仅要守护好这一方绿水青山，也要传承弘扬中华民族优秀传统文化，形成敬宗睦族、崇文重教、耕读传家、践行忠孝廉节的文化特质，造就坚毅果敢、吃苦耐劳、团结进取、爱家爱国的客家精神，这是"全国林改第一县"成功的又一秘籍。

（三）在绿色发展中增强文化自觉

客家生态文化来自五千年中华历史文明的淀积，来自大江大河迁徙的淬砺，来自偏僻山区恶劣环境的锻冶，来自父老长辈的言传身教，来自客属先贤光辉榜样的潜移默化影响。武平传承弘扬客家生态文化，形成了"敢为人先、接力奋斗"的林改首创精神，使林改不仅促进了县域产业生态化和生态产业化，也保住了大自然馈赠的青山绿水，成为闽西乃至全省生态文明建设的又一面旗帜。

1. 培育生态文明理念

制定生态治理村规民约。村规民约是中国传统文化的重要组成部分，也是村民生态自治的制度化体现。十方、岩前村规定"做好治山、蓄水、造林绿化和保护耕地工作。对乱砍滥伐、非法占地建房等罚款 100 元至 1000 元，情节严重送有关部门处理，并强制拆除"；捷文村规定"整治脏乱，垃圾分装。村容共护，怡悦心肠"；平川镇、城厢镇（社区）规定"社区居民应保持居容居貌，积极参加环境整治和庭院绿化活动，搞好巷道清洁卫生，不乱倒垃圾、不乱排放污水、不饲养家禽家畜等"。

唱响"来武平·我'氧'你"口号。2018 年 3 月，武平县在"养生福地·清新武平"旅游形象品牌基础上，提出"来武平·我'氧'你"旅游宣传口号。通过开发"来武平·我'氧'你"系列文创产品、举办主题文体和节庆活动、拍摄福建旅游频道贺年视频、投放龙岩中心城市商务板块楼宇九幕联动广告、拍摄景区景点并开通手机来电视频等多种方式，宣传武平优美的自然景观、生态环境、人文风光。充分利用抖音、微信等新媒体开展各类网宣活动，在高铁动车、高速路线服务区和城市公交车上精准投放宣传广告。依托县融媒体中心形成以"门户 + App + 微博 + 微信 + 地方站"等为支撑的强大媒体宣传矩阵。成立宣传营销中心，加强与央视央广、驴妈妈集团深化武平城市 IP 形象设计战略合作，开展闽粤赣区域客源市场的旅行社踩线活动，持续在厦漳泉、潮汕、河源、梅州等重要客源地举办旅游推介会，推进"一部手机游武平"智慧旅游项目建设等。

开展环保志愿服务活动。每年 3 月 12 日，在县各套班子领导成员带领下，全县各单位干部职工、青年志愿者及当地群众前往城厢镇东云村、万安镇捷文村等地一同开展义务植树活动，为生态武平建设增添新绿。义务植树活动成为推进生态武平建设和改善城乡生态环境的重要举措，广大干群积极参与，努力提高居民植绿、爱绿、护绿意识，营造良好的社会监督氛围。同时，县林业部门深入宣传造林标准、质量要求、技术要点，加强苗木管护，提高树木成活率，确保苗木栽得上、能成活、管得好。据了解，近年来武平县造林绿化苗木成活率都保持在 95% 以上。武平义工协会持续开展环保志愿服务活动，从最初的碧水公园走向了县城大大小小的公园、景区，从最初的捡垃圾扩展到清理"牛皮癣"、文明劝导、植树绿化等。

2. 促进文旅融合发展

提升全域旅游品牌影响力。全面完成兴贤坊传统文化街区、千鹭湖二期工程建设，持续打造环梁野山"五朵金花"。整治提升兴贤坊周边环境和巷道，打造"三街九巷"，建成集"旅游观光、文化体验、国学教育、休闲娱乐"等功能于一体的传统文化街区，打造武平千年古县文化会客厅。抓好中山古镇保护与开发等重大文旅项目建设。开展环梁野山最美骑行线路系列自行车活动，举办海峡两岸定光佛旅游文化节、环梁野山自行车爬坡赛等系列活动。发展夜间经济，依托武平夜景灯光、人文古迹及景区，策划设计夜游线路及产品，开发热气球低空旅游新产品。策划举办以旅游推介会、自驾游、文化体育活动赛事等活动为载体的旅游营销宣传。科学设计旅游线路，联合周边区域打造山水休闲之旅、神奇探寻之旅、红色追忆之旅等为主题的区外联动线路，与周边区域进行客源互送、借力发展。到 2020 年底，实现文旅产业收入 91 亿元，培育文旅产业龙头企业 2 家以上、规上企业 4 家以上。

发展森林康养文化。利用梁野山国家级自然保护区、中山河国家湿地公园、梁野山国家森林步道、中国天然氧吧 4 张国家级森林旅游名片，建设林中游憩、森林浴、森林食疗、药疗、客家药膳等服务项目，重点打造实施一批具有武平特色的森林康养项目，创建一批森林康养基地（含森林养生基地、森林体验基地、森林自然教育基地），推出白水寨、云寨森林人家、捷文村等一批森林康养旅游品牌。制定实施捷文林改森林特色小镇发展规划，完善基础设施配套，壮大林下经济，推进林旅融合，加快把捷文村打造成为习近平生态文明思想的宣教阵地和美丽乡村、林下经济、森林旅游示范基地。充分发挥中医药特色优势，加快推进中医药与文旅、教育、研学等相关产业融合发展，大力开发中医药与森林康养服务相结合的产品。

发展食宿特色文化。将武平客家、红色、生态文化元素植入酒店民宿，发展高端酒店、特色主题文化酒店、休闲度假酒店、特色民宿，构建武平特色的旅居体验型全域住宿体系。培育名菜、名小吃、名宴、名厨，通过举办美食大赛、药膳烹饪大赛、武平风味小吃评选等餐饮评选活动，挖掘具有浓郁客家特色的风味小吃和美食佳肴，如"武平猪肉汤"等。开展武平特色餐馆、森林人家、农家乐评选活动，扶持"客来尚菜""老七坊"等武平风味小吃品牌店建设。开展十佳药膳养生餐馆、武平老字号等评选活动，打造武平特色餐饮文化品牌。

加强生态文化培训。设计开发"林业改革""乡村振兴""森林经济"等精品课程，满足不同地域、不同层次、不同类别的学员需求。以"四校合一"继续教育培训基地为龙头，加强与国家林业和草原局、省委市委党校、闽粤赣三省五县党校联盟合作。出台优惠政策措施，兴办各类培训机构，打造政务、商务和研学等教育培训基地。突出"生态＋"品牌特色开发现场教学，形成覆盖全域旅游、乡村振兴、社会治理等方面的教学基地集群，打响武平"两山"教育培训品牌。加快打造万安镇捷文村林改现场和自然生态研学教研基地，精心设计"全国林改第一县"精品课程和现场教学典型案例，丰富研学内容、增加体验型项目。探索跨区域联合办班，加强现场教学基地的联动。培育梁野山景区、捷文村省级中小学生研学实践教育基地，以及博物馆、定光佛文化园区、中山松花寨生态茶庄园、刘亚楼将军故居市级研学实践教育基地，形成"不忘初心红色之旅""天然氧吧生态之旅""千年古邑客家之旅""田园劳动体验之旅""科技创新成长之旅"等研学精品路线。

3. 文化引领乡村振兴

实施特色现代农业"851"工程。加快发展茶叶、水果、食用菌、畜禽、蔬菜、淡水鱼、林竹、花卉苗木八大优势产业，重点发展百香果、象洞鸡、紫灵芝、绿茶、富贵籽五大地标性特色农产品。"武平百香果""武平蜂蜜"获批国家地理标识证明商标，武平全县被认定为福建省象洞鸡、紫灵芝特色农产品优势区，武平绿茶荣获第十届全国名优绿茶产品质量推选"特金奖"。打造城厢、岩前2个省级乡村振兴特色镇和27个省、市、县级乡村振兴试点村，实施试点示范项目 178 个，投资总额 4.85 亿元，累计完成投资 3.79 亿元。守好耕地红线，改善农田水利设施，推进高标准农田建设，坚持不懈稳定粮食生产。

大力打造特色小镇。立足武平实际，把握产业特色、生态特色、人文特色、功能特色"四个方向"，突出高新产业、生态发展、全域旅游、特色农业、传统文化"五大领域"，突破"六项重点"，即打造武平新显小镇、十方商贸物流小镇、环梁野山森林氧吧小镇、桃溪绿茶养生小镇、东留花果小镇、中山百家姓文化古镇。整合资源，挖掘发展潜力，创新发展模式，带动产业转型升级，形成新的经济增长点，推进产业之间、产城之间、城乡之间融合发展，提速农民就地城镇化进程，助力美丽乡村建设，形成独具魅力的城乡统筹发展新样板。

深化人居环境整治。扎实推进"一革命四行动"，新建乡镇公厕、旅游公厕，实现厕所革命整村推进。开展东留镇全域和 33 个试点村垃圾干湿分类试点。建立"村收集—镇转运—县处理"的垃圾处理模式，乡镇生活垃圾无害化处理水平达 90% 以上。建成运行乡镇污水处理设施、延伸污水管网，建设集中式农村生活污水处理站、氧化塘，全县农村生活污水治理率为 73.2%。编制乡村振兴试点村规划，实施农房整治专项行动，加强农房建设风貌管控。开展"千村整治、百村示范"美丽乡村建设和"共建清洁家园喜迎建党百年"村庄清洁行动，推进村庄房前屋后及杆线整治，控制广场、公园、亭子牌坊等形象工程建设。推进村庄"四旁"绿化，建成美丽乡村特色景观带，清理农村水塘、沟渠、淤泥、畜禽养殖粪污等废弃物，在全省农村人居环境整治三年行动考核验收中荣获优秀等次。

4. 打造特色文化品牌

客家戏剧联盟。2017 年 1 月，由福建省武平县文化体育和旅游局牵头发起，武平县汉剧艺术传承保护中心负责具体执行，与闽粤赣三省 11 县戏剧院团共同成立，发展至今已有 50 个成员单位，遍布福建、广东、江西、广西和台湾 5 省 45 个县市区。客家戏剧联盟以"交流与合作、共建与共享"为宗旨，以"为各种戏剧相互交流提供开放的平台"为目的，以"戏剧联盟品牌建设"为抓手，每年常态化开展联盟互助互演，每两年开展一次客家戏剧展演周和戏剧论坛，并利用线上直播的方式向广大人民群众展示了优秀的传统戏剧文化。

2017年7月26日，全国深化集体林权制度改革经验交流座谈会在福建武平召开，客家戏剧联盟的会昌、大埔、上杭、永定、新罗、连城等院团的艺术家们为武平人民及部分与会代表献上了一台以"客风艺韵·绿色畅想"为主题的艺术盛宴，各地各具特色的地方戏剧精彩诠释了"绿水青山就是金山银山"的深刻内涵，多角度展现集体林权制度改革带给百姓翻天覆地的变化。

2018年，"首届客家戏剧艺术周暨武平县农民丰收节文艺演出"开幕式在武平将军广场成功举办，来自各个地区的联盟单位数百名文艺家云集，为开幕式奉上了一场精彩绝伦的文化盛宴，并通过国家公共云、龙岩市电视台、今日头条等媒体平台进行直播，累计点击量超一亿人次。此后相继在广东大埔、江西会昌、江西寻乌等地举办了大型展演活动，大力弘扬传承戏剧文化，促进戏剧事业繁荣发展，不断满足人民群众对日益增长的精神文化生活的需要。

"元初客家欢"。"元初客家欢"是普通村民草根艺术，承载乡愁、演绎乡乐、传递乡音、凝聚乡情，对保护和传承优秀传统文化、助力乡村振兴战略、推进乡村基层公共文化体系建设起着重要作用。连续举办三届的"元初客家欢"，已成为集乡土性、文化性和艺术性于一体的客家民俗风情盛典。2017年首届"元初客家欢"活动通过中国文化网络电视向"一带一路"沿线21个国家进行直播，同时今日头条、网易、腾讯等网络直播平台和传统媒体也积极宣传，共吸引了包括俄罗斯、韩国等全球1亿多观众的广泛关注。

"农家欢·村村乐"乡村春晚。"农家欢·村村乐"是群众自编自导自演、全民参与的迎接新春文化习俗活动，为老百姓搭建了一个自己的舞台，营造了人人参与、人人共享、人人创作的浓厚文化氛围。2017年首次创办，武平县17个乡镇（街道）积极申办，迅速辐射到全县70%的乡村。"农家欢·村村乐"乡村春晚节目不断植入党的十九大和十九届历次全会精神、社会主义核心价值观、移风易俗、孝老爱亲等题材，描绘了乡村振兴的风景，展现了乡村发展的新气象，讴歌了党和政府的好政策，逐渐成为具有武平区域特色的文化品牌之一。

"五氧"文化品牌。武平深入实施"融入两区、生态立县、产业兴城、旅游富民"的县域发展战略，坚持"＋旅游"发展理念，提升国家全域旅游示范区建设水平，补齐"吃住行游购娱"旅游要素短板，开发一批互动体验性项目，扶持培育旅游经营主体，丰富旅游业态和产品，形成了森林康氧、运动健氧、美食滋氧、乡村乐氧、文化涵氧的"五氧"文化品牌，持续唱响"来武平·我'氧'你"城市宣传口号，全力打造康养休闲旅游度假区"后花园"。另外，创作了一批"五氧"文艺作品和系列活动，如"五老太"系列的《五福临门》《五老太说武平》《五氧新说》等，"五氧"文化已深入每一位武平人民的心中。

九大工程文化品牌。2017年，武平勾勒了全县文化建设的未来蓝图，"经过3到5年努力，推动优秀传统文化研究阐发、教育普及、保护传承、创新发展、传播交流体系初步形成，文化品牌战略日益显现，'化民成俗'取得积极进展。到2025年，优秀传统文化传承发展体系基本形成，具有特色的文化产品更加丰富，文化品牌更加响亮，文化自觉和文化自信显著增强，文化软实力的根基更为坚实，传统文化的影响力明显提升"。武平县坚持以习近平新时代中国特色社会主义思想为指导，以社会主义核心价值观为引领，以县文化馆、汉剧艺术传承保护中心等单位和民间文艺社团以及部分传承人手工作坊为依托，谋划设计九大文化工程（中山历史文化名镇保护研发工程、"兴贤坊"传统文化街区建设工程、红色资源保护利用工程、定光佛文化传承保护工程、武平汉剧传承保护工程、地方传统民俗文化传承保护工程、文物保护工程、客家传统手工艺振兴工程及民间传统音乐保护传承工程），逐步建立定光佛信俗、民俗绝技、汉剧、十番音乐、竹藤工艺、客家山歌、马灯、船灯、龙灯、高埔茶、武平绿茶等20多个非物质文化遗产传习基地，使优秀传统文化在创新中获得更大张力。

5. 生态艺术精品创作

围绕生态保护主题，通过闽西汉剧、舞蹈、小品、微电影等艺术形式创作了一批艺术精品。在闽西汉剧作品中，有林改题材大型闽西汉剧现代戏《追梦青山》《捷文春汛》，小戏《寡妇招亲》；舞蹈有《绿韵》《绿色畅想》《大地飞歌》《千鹭竞飞》《国字号》《风景这边独好》等；小品有《青山回响》《白糖相亲》《寻梦基层》《致富新攻略》等；微电影有《大山的儿女》。这些生态艺术作品大多取材于当地自然风光和风土人情，采用以小见大的手法，反映出武平深入贯彻新发展理念、实施生态立县发展战略取得的重要成果，作品的展演也获得人民群众的广泛好评。

6. 开展文化惠民工程

举办兴贤坊梨园公益惠民演出。兴贤坊传统文化街区梨园是以武平绿茶及非物质文化遗产闽西汉剧为主线打造的集政务商务接待、研学、文化展览、旅游演艺、宣传推介于一体的综合性场所，是武平县对外宣传非遗技艺、客家文化、旖旎风光的重要窗口。每周三、五、六由武平县汉剧艺术传承保护中心开展梨园演艺，此外还有古乐演奏、汉剧人物展示、网红舞蹈街演等街头艺术表演。在长期的文艺作品打磨中，通过以茶为主线，以"武平古八景"为落脚点，融入武平县人文历史、民俗绝技（上刀山，走锥床，捞油锅，拧香火），打造了一台具有武平特色的情景演艺《茶话武平》，为广大群众献上了一场场精彩的文艺演出。

实施文化"五进"工程。为了深入贯彻落实习近平总书记"扎根基层、服务人民，做新时代红色文艺轻骑兵"的讲话精神，继续践行"文艺服务人民"的宗旨，积极组织开展"五进"（进校园、进社区、进乡村、进企业、进景区）工程。通过汉剧、歌舞、小品、三句半等艺术形式，将习近平新时代中国特色社会主义思想及党的十九大、十九届历次全会精神送进千家万户。每年公益演出百余场，惠及全县大部分乡镇。

举办"文明武平·半月戏坛"活动。在梁野广场定期举办"文明武平·半月戏坛"文化活动。从 2010 年开始，通过乡（镇）村自筹、村民募集、政府以奖代补，加大农村文体广场建设。2013 年后，武平县全民健身场地设施建设资金每年投入 50 万～60 万元（按人均 2 元/年计算），建成 380 多个健身场地。依托农村文体广场，民间文艺社团公益演出仅 2017 年就达 600 多场次，提升了群众幸福感和满意度。

创办"农家艺学堂"。以"坚持公益性，强化服务性，体现主导性"为原则，"农家艺学堂"对县民间社团、乡村文化工作者、志愿者等开展公共文化免费培训，邀请各级各类专家学者进行晚会编导、主持、舞蹈、音乐、文学创作、化妆等项目指导，提升基层文化人才的文艺创作水准，以培养"能人"推进全民艺术普及，为储备基层文艺人才后备力量打下坚实基础。

开展庆祝建党一百周年系列活动。为隆重庆祝中国共产党成立 100 周年，追忆党的百年光辉历程，讴歌党的丰功伟绩和辉煌成就，举办了一系列庆祝活动。在兴贤坊梨园举办庆祝建党 100 周年系列文艺演出和小型音乐会、开展红色文艺作品创作活动、梨园红色百场电影展播、建党一百周年宣讲活动、在梁野广场举办"永远跟党走"红色文艺轻骑兵活动，举办广场舞大赛、"三先"杯首届诵读大赛、武平红色故事征文比赛及《永远跟党走》音乐会，赓续红色血脉，唱响时代强音、在线上开展庆祝建党一百周年优秀剧目，精品活动云展播活动。打造"书香武平"品牌，实行图书馆总分馆制，在梁山书院等地建立 5 个分馆，在紫金大酒店等单位建立 7 个读书角，举办"梁野尚多读书会""苏生慧扬思维导图公益课"等阅读推广活动 8 场次，服务群众 480 人次。以"5·18 国际博物馆日"为契机，策划"开天辟地——庆祝中国共产党成立 100 周年"专题展览和教育活动，并以"移动博物馆"方式进校园、进社区、进乡村等地巡展。

三　增强新时代生态文化自觉的思路与对策

党的十七届六中全会提出了社会主义文化大发展大繁荣的号召，确立了建设文化强国的战略目标，为坚定文化自信、增强生态自觉指明了方向和要求，积极弘扬以"追求人与自然的和谐共生"为核心理念的生态文明主流价值观。武平林改是一场让"绿水青山就是金山银山""不砍树也能致富"

理念深入人心，推动生态文明建设的改革。武平坚持以习近平新时代中国特色社会主义思想为指导，以社会主义核心价值观为引领，紧密结合新的时代条件和实践要求，传承和延续历史文脉，弘扬生态文化内涵，提高生态文化品位，扩大区域影响力。

（一）弘扬生态文明主流价值观

一是增强公众生态文明意识。从普及生态文明观念、加强环境保护意识出发，在生态文化领域提出党政领导干部参加生态文明培训的人数比例、公众生态文明知识知晓度、环境信息公开率和公众对生态文明建设的满意度，真正实现"宜居武平、幸福武平"。通过观看《潮起武平 绿色崛起》《武平老干部喜谈林改》等武平林改宣传片，深入学习习近平总书记对武平林改、捷文村群众来信重要指示批示精神和《以改革助力绿色发展》《绿了群山富了林农》等《人民日报》刊载的文章，总结推广武平林改经验，持续深化体制改革。强化生态文明教育，推动各级各类学校开展生态环保、绿色生活主题宣传。

二是开展生态文明实践活动。利用"世界环境日""世界地球日""地球一小时""中国水周""生物多样性日""中国植树节""爱鸟周""观鸟月"等重要的环境纪念日，在中山河国家湿地公园、梁野文化广场等地发放宣传手册、互动问答、举办或组织展览展示等系列主题活动，普及生物多样性、森林湿地保护相关政策法规和科普知识，倡导文明饮食、绿色环保的生活方式和消费理念，形成浓厚的生态文明舆论氛围。志愿者队伍通过捡拾白色垃圾、整治环境卫生的实际行动倡行环保行为、倡导文明旅游。

三是拓宽宣传教育渠道。融通多媒体资源，发挥图书馆、文化馆、博物馆等公共文化机构作用，以群众喜闻乐见的方式、通俗易懂的语言、易于传播的手段进行宣传推广林改经验、科普知识及生态保护意识等，推动客家文化、红色文化及"和谐共生"理念进农村、进企业、进机关、进学校，推进节约型机关、绿色家庭、绿色学校、绿色社区、绿色出行、绿色商场、绿色建筑等绿色生活创建行动，增强全社会依法传承发展生态文化的自觉意识。制作环保宣传栏、环保宣传单和绿色社区倡议书，倡导绿色低碳生活理念，宣讲垃圾分类常识。

四是丰富生态文明宣教形式。强化主流媒体生态文明的舆论导向。在本地广播电视节目及报纸中增加生态文明宣传的内容，开设生态文明建设专题栏目或板块，报道武平县生态文明建设取得的进展、先进典型，反面事例，普及生态文明法律法规、科学知识。拓展互联网媒体宣传，借助武平县政府信息公开网、新闻网及环保政务微博、微信等平台，积极开展环保宣传、传播生态文明理念。利用城市广场、汽车站、公交站等人流量大的重要公共场所展示武平生态文明建设成果图片，利用公交车等发布环保公益广告宣传标语。

（二）提升特色生态文化品质

一是深化"文化精品工程"。保护传承客家十番音乐、武平汉剧、定光佛信俗、上刀山下火海民俗绝技等一批国家级、省级非物质文化遗产。收集整理民间故事等民俗文化遗产，精心创作体现武平文化底蕴、展现地域风情、提升对外形象的文艺精品。注重在旧城改造中保护历史文化遗产、民族风格和传统风貌，延续城镇历史文脉。在新城新区建设中融入传统文化元素，与原有城镇自然人文特征相协调。坚持"原址保护"和"应保尽保"的原则，加强文物建筑抢险修缮和整治，控制历史文化村落风貌，保护街道空间格局。

二是打造武平特色文化品牌。推进"天下百家集一镇"的中国历史文化名镇中山古镇品牌建设。通过举办文化旅游博览交易会等活动，打造"中国天然氧吧""国家园林县城"的绿色生态经济品牌，举办海峡两岸定光佛文化节，打造成武平对台交流合作常态化的品牌活动。以客家戏剧联盟为平台，办好"客家戏剧艺术周"活动，打造中国客家戏剧艺术交流基地。将乡村旅游和美丽乡村建设相结合，将文化与经济效益联系起来，打造客家文化（闽西）生态保护实验区，形成特色文化品牌。

三是加强生态文艺作品创作。利用网站微信微博、广播电视等载体，有针对性地策划、创作一批反映林改、扶贫、三大战役、四城同创等主题的文艺作品和节目。发挥文艺作品在生态文化中的传播作用，以增加资金投入和政策倾斜度等多种方式，结合组织评奖和采风等具体措施，鼓励文学、影视、喜剧、绘画、雕塑等多种艺术形式，推出一批能体现武平特色和生态文明理念的优秀作品。做精"月月有活动、季季有高潮"旅游节庆活动，将"来武平·我'氧'你"生态元素植入各类文艺会演和客家戏剧联盟、田园音乐季、"农家欢·村村乐"、七夕骑游、梁野山山地自行车爬坡赛等文体品牌活动和赛事中，不断提升武平的知名度和影响力。

四是践行绿色低碳生活方式。加快老旧小区绿色改造，不断提升绿色建筑比重，结合村庄环境整治和样板村庄打造，加强绿色农房建设试点示范。扩大可再生能源建筑应用规模，推广建筑屋顶分布式光伏发电。发展建筑装配式设计施工，培育装配式建筑产业基地。广泛宣传绿色出行理念，推行城市公共交通、自行车、步行等绿色出行方式，举办自行车赛事、七夕骑游等，设置骑行驿站，编制骑行手册。实行公交新车采用电动或压缩天然气（CNG）车辆，出租新车实施电动或液化石油气 LPG 替代。加强对绿色产品的监督和管理，完善绿色产品认证、生产、检测、营销和追溯制度。鼓励餐饮行业提供可降解打包盒，对餐厨垃圾实施统一集中收运与处理，推动有机食品生产基地建设。鼓励居民购买节水节电环保产品，弘扬勤俭节约的优良传统。推动政府及企事业单位优先采购使用环境标识产品。

（三）拓展高水平生态文化载体

一是推动低碳环保城市建设。健全低碳社会创建信息管理平台和碳普惠应用程序，完善绿色出行、低碳生活、节能消费、清洁能源、减碳公益等板块，打通政务数据汇聚平台、微信及商超、旅游景区等相关数据接口，以碳金卡为载体对接各类碳普惠项目和场景，搭建更为丰富具有特色的碳积分兑换体验，根据碳积分高低确定授信额度和贷款利率，实现碳积分价值化。创新开发低碳行为团建研学课程，探索林业碳汇，推广使用新能源和新材料，构建可持续发展的碳普惠体系，打通上下游碳普惠价值链，推动武平林改深化，倡导全社会绿色低碳生产生活方式。加强对坑塘、河湖、湿地等水体自然形态的保护和恢复，保持河湖水系的自然连通，构建城市良性水循环系统。加强河道系统整治，因势利导改造渠化河道，恢复深潭浅滩和泛洪漫滩，营造多样性生物生存环境。

二是打造生态文化宣教基地。推动社区、乡村、公园、企业和农业基地的绿色生态化，建设生态文明教育展馆、特色鲜明的湿地公园、生态文化长廊等基础设施。建设生态实践与理论培训基地、启动生态文化旅游专线。建成博物馆、图书馆等一批文化设施，实施文化站标准化建设工程，推进村级文化活动中心建设。基本形成文化广场、图书馆、科普馆、生态景观、生态社区、生态村等各类生态教育示范基地，如武平县博物馆（全国林改第一县陈列馆）、我有青山主题馆、梁野山国家级自然保护区宣传教育馆、千鹭湖科普宣教馆及捷文村碳中和乡村生态社区、融趣森林魔法研学基地、林下经济科教馆等。

三是完善智慧文旅基础设施。实施智慧景区、智慧酒店、智慧乡村旅游点、智慧文旅小镇、智慧康养小镇、智慧博物馆等一批重大基础设施数字化工程，在重点文旅康养产业服务场所优先部署 5G 网络。结合疫情防控常态化背景下景区管理"限量、预约、错峰"要求，强化智慧景区建设，搭建线上快速服务窗口，推广景区门票预约游客流量管理制度，实现实时监测、科学引导、智慧服务，建设武平文旅康养企业数字服务体系，提升文旅康养产业要素资源数字化、智慧化水平。建立武平的宣传营销数据库，基于互联网、移动互联网、两微一端、短视频、VR 全景等新技术、新渠道，建立武平文旅康养网络营销体系。建立完善武平文旅康养系统自媒体营销矩阵，借力网络文旅康养自媒体大 V，组建武平文旅康养自媒体营销联盟针对国内主要客源市场的区域、人群、消费能力等属性进行市场细分，利用大数据对营销目的地进行定位分析、需求分析、营销内容分析，制定智慧化营销策略，提高旅游网络营销精准化水平。

四是发展数字文创产业。统筹实施全县文化信息资源共享工程、数字图书馆推广工程、数字博物馆和数字文化馆建设，提升全县公共文化数字化水平。深入实施"互联网＋文化产业"行动计划，推动文化艺术资源数字化、信息化和网络化，促进文旅产业与现代技术相互融合，发展新一代沉浸式体验型文化和旅游消费内容，结合文学、音乐、游戏等方式以及文创设计大赛等活动，推进传统手工艺、林下经济、土特产品包装与文创产业融合发展，实现文化资源多渠道高效转化。将营销创意、国际赛事、品牌跨界、数字体育、影音娱乐与当地特色文化结合，进行数字化包新，推动线上文旅产业投融资，开展文创产品在线生产、营销和销售。扶持县天然文旅公司、良亚公司、厦旅武平文旅等文创企业。

五是发展"五氧"产业。森林康氧。重点推进武平生态休闲旅游度假区、县公共文化服务中心、捷文森林特色小镇、武夷山国家森林步道（武平段）、中山国家历史文化名镇保护开发、松花寨生态茶园等 15 个重大项目。加大灵洞仙山智慧康养基地、卦坑生态湖泊型度假旅游区等项目招商力度。传承发展中医文化，挖掘开发、康养、医养、食疗食养等项目，制作"中医康养谈"系列节目，在梁野山、千鹭湖、捷文村等地设立休闲养生馆。文化涵氧。持续打造文化品牌展演工程和节庆活动，提升《追梦青山》现代汉剧，创排《绝对忠诚》《红都前哨》等一批文艺作品，组建县汉剧传承保护中心、武平侃夫文化公司等文艺团队。编制并实施传统古村落、历史文化村落及文物修缮保护与利用规划，如岩前淇澳园、梁野山白云禅寺、中山树德桥等。运动健氧。重点开发自行车、徒步、航空运动等项目，发展露营、跑步、越野、登山、垂钓等户外休闲运动。推进体育公园、智慧体育公园、航空运动营地、六甲湖水上运动休闲旅游度假区、阳民汽车越野基地等重点体育项目，及七夕骑游、梁野山山地自行车爬坡赛、帐篷节等品牌赛事活动，不断培育壮大体育协会。美食滋氧。打造客家药膳、非遗菜谱、中草药养生美食、健康有机食品。鼓励酒家酒店、森林人家、农家乐、民宿利用象洞鸡、黄金百香果、紫灵芝、金线莲等林下产品开发特色菜肴。建设一批药膳养生为重点的餐饮酒店，打造武平猪肉汤、十八子糕点等特色小吃，创建武平特色产品品牌，如"武平人家""梁野味道"。扶持发展兴贤坊传统文化街区夜间经济，加快形成中央公园、万星城、乌石崇夜间美食聚集区。

乡村乐氧。打造"环梁野山""环千鹭湖""环六甲水库"三大乡村振兴示范片"15朵金花"示范村，挖掘当地特色文化，差异化连片发展乡村观光、林下休闲、园中采摘、田上农耕、农家消费等旅游业态。打造黄坊、梁山、阳民、新礤、张畲、六甲等生态休闲旅游村，及上湖、光彩等红色旅游村，建设老城、将军等客家风情古村落。

六是打造"五基地"。党员干部教育基地。加大与各级单位、部队、高校、企业合作办学力度，争取在武平县委党校设立分校（分院）、教学科研基地或教学点。探索福建、广东、江西三省党校联盟合作培训模式。创新教学培训模式，丰富教学文化内涵。立足"全国林改第一县"优势，打造集体林权制度改革、生态文明建设相关精品课程，实施"名师培养"工程。学生研学基地。打造红耀武平、天然氧吧、客家古县、田园劳动、新显科工五大研学基地。开发一批研学实践课程，由初级的参观向互动型参与和主题性体验发展。探索建立政府、学校、社会、家庭共同承担的多元化经费筹措机制。通过宣传推介、战略合作等渠道，引进奖励县外学生走进武平开展研学活动。工会职工疗养基地。鼓励基层工会在基地景点开展职工活动，倡导采购农林特色产品发放职工福利，申报"省级职工（劳模）疗休养示范基地"。指导厦旅公司完善配套设施，整合武平天然温泉等康养资源，设计适宜疗养项目和路线，开发特色疗休养活动，探索建立疗休养联盟。企业团建基地。鼓励企业建立一批实训基地，开展特色性、基础性、实用性技能培训，为院校、其他企业和培训机构等提供有技能实训服务。引导先进企业发展工业旅游，开发旅游消费的工业场所、生产过程、生产成果和管理经验。游客康养度假基地。利用武平仙佛文化和原生态的自然环境，开发禅修静养、艺术茶道、五禽戏、太极拳等体验产品。在梁野山、灵洞仙山、中山河湿地公园等处建设禅修养生庄园。发展现代农业庄园、森林氧吧、森林山庄、共享农庄、农业田园综合体、家庭农场等旅游产品，形成定制农业、会展农业、众筹农业等新型农业业态。引导民间资本投资新建一批具有特色的树屋、星空房、太空胶囊酒店等特色住宿，推进自驾游露营基地、房车基地、帐篷基地等建设。应用新技术发展沉浸式演艺旅游，鼓励引导景区和乡村结合客家民俗文化、红色文化、非遗系列剧目元素创作大型山水、红色实景演艺产品。策划生成"天然氧吧·生态之旅""不忘初心·红色之旅""千年古县·客家之旅""醉美骑行·运动之旅""悠然乐氧·乡村之旅"五条旅游精品线路。

案例

<h3 style="text-align:center">生态文化育出环梁野山"五朵金花"</h3>

一、文化赋能产业振兴，推动五村联动发展

文化是推动产业绿色转型升级的灵魂。从 2015 年开始，武平县委、县政府提出建设环梁野山城乡一体协调发展试验区，以梁野山景区和客都汇文化创意产业园为龙头，以云礤、园丁、尧禄、东云、东岗等五个村为节点，以"两头带领、五村联动、辐射周边、城乡一体"为策略，通过产业培育、景区提升、道路互通、美丽乡村建设、文化植入、公共服务延伸、电商融合、体制机制创新等八大措施，构建城乡协调发展新格局。

"云中村寨"云礤村借助梁野山景区核心区优势，依托宗教资源，突出发展生态养生祈福旅游业，重点打造农家乐、美食街、主题民宿项目。云礤四季果园吸引游客采摘，云礤村庭院式客栈、自家生产的农产品以及田园风光、自然景点等开发农家乐产品。

"客家桃源"尧禄村突出发展优质果蔬开发产业，建设千亩鹰嘴桃园基地和深加工体验园，形成春季赏花、夏季摘桃的桃主导产业。依托现有竹林资源，发展竹制品深加工产业，深入开展竹文化体验游。利用良好的生态资源，整合裸旧房和村庄闲散地，建立百亩健康养生基地。

"淘宝客都"东云村以电子商务产业园为依托，突出发展名优土特产品交易业。利用客都汇综合体主街道，汇集闽、粤、赣三地应季美食和武平绿茶、金线莲、山茶油、灵芝、红菇、红豆杉药酒、猪胆干等特色旅游商品以及传统手工艺品的制作和销售，既为电商产业园提供仓储、展示等配套服务，又为游客提供O2O体验。

"十里花廊"园丁村沿"一河两岸"、村主干道两侧，提升改造花圃，

建设十里桂花茶花长廊、名贵花卉苗木繁育基地，打造集花卉组培、苗木繁育、展示交易于一体的专业花卉城。

"开心田园"东岗村借"四季田园·农旅小镇"东风，突出发展休闲观光体验新农业。种植有机蔬菜、原生态水稻，套养螃蟹、鱼、虾、泥鳅以及养殖鸡、鸭、鹅等，开辟开心农场、农趣体验园、认养园，设置 DIY 厨房等，打造集观光、创意、体验、智慧农业于一体的生态农业体验园。大力发展林蜂、林药、林菌等林下经济，提升产业吸引力。建设农业科普实践基地，为中小学生提供农业技术知识教育。

二、创新文化宣传方式，引导百姓理念转变

城厢镇尧禄村距福建武平县城约 10 千米，位于国家级自然保护区——梁野山的东南面，是以梁野山山脉天马山天马寨、四姑寨、马鞍寨等古城堡为主体的群山环抱之中的小盆地，村中是阶梯式的一排排民房，坐东北朝西南，高低错落，被戏称为武平的布达拉宫。

生猪养殖业造成水流域污染，是尧禄村建设美丽乡村的最突出短板。在 2015 年村庄综合整治攻坚行动中，镇、村始终坚持宣传在前，着力倡导健康文明的生活行为方式，通过《致广大群众的一封公开信》、发放宣传单、启用宣传车、入户交流宣传、开展专题演出等方式，广泛宣传生态环保政策规定等，引导养殖户主动及时拆除猪舍近 1 万平方米，是全镇最早实现"无猪村"的村庄之一，同时树立绿色生活理念，断面水质取得明显好转。

如今的尧禄村焕然一新，该村对土木房屋采取修旧如旧的方式，屋顶改为琉璃瓦，墙面进行修整，保持客家农房风貌。对新建的房屋立面装修创新运用 3D 彩绘，绘画以农耕文化、客家桃源、客家山庄为主题，建设廊桥景观、文创工作室和儿童体验区，修复河堤、整治环境，将村庄文化与现代文明自然巧妙结合，为发展乡村生态休闲旅游业、振兴乡村引入了新的动力。村两委乘机带领广大村民盘活现有资产，融入农耕体验，推出共享茶园，供游客认领认种。盘活原有小学房屋，做成特色民宿，游客体验感大大增加。近年来，尧禄村先后被评为国家森林乡村、省级乡村振兴试点村、省三星级乡村旅游特色村、省级一村一品示范村、省森林村庄、市级乡村旅游试点村。

三、文旅深度融合，自然文化共美

林改实践丰富生态文化，生态文化铸就旅游品牌。武平以创建国家全域旅游示范区、打造闽粤赣城市群"清新养生后花园"为目标，以梁野山创国家5A级景区为龙头，发展森林生态旅游、休闲养老、苗木花卉、林下经济等绿色生态产业，将秀美的森林景观与独特的客家文化、红色文化紧密融合，全力打造"康养会客厅"。率先启动国家森林步道建设，重点实施景区旅游基础设施提升、景区综合服务提升、云礤溪生态环境综合治理、仙女湖水上乐园、梁野山林下经济观光园、梁野山森林研学基地、阿米养生木屋度假村等项目，项目总投资10亿元以上。

"五朵金花"积极推动"＋旅游"深度融合发展，通过在现代生态农业发展中植入旅游元素，培育乡村观光、林下休闲、园中采摘、田上农耕、农家消费等业态，如云礤村"森林人家"。通过挖掘历史文化资源，发挥生态优势，加快"文化＋旅游"发展，打造"养生＋旅游"品牌，探索"研学＋旅游"融合；持续打造环梁野山中国体育旅游自行车精品线路，开发环梁野山半程马拉松赛、自行车爬坡赛、登山徒步赛等新兴体育休闲旅游产品，建设自驾游露营基地、房车基地、户外运动基地，推动"体育＋旅游"发展。

厚植绿色发展理念　促进乡村全面振兴

党的十八大把生态文明建设提升至中国特色社会主义"五位一体"总体战略布局中加以统筹谋划，首次提出建设"美丽中国"的宏伟目标。党的十八届五中全会将绿色发展作为新发展理念的有机组成部分，为新时代中国生态文明建设提供了行动指南。党的十九大将"坚持人与自然和谐共生"作为新时代坚持和发展中国特色社会主义的基本方略之一，并明确了我国绿色发展的重点领域；党的十九届四中全会强调要坚持和完善生态文明制度体系，加强绿色发展的法律制度、政策导向和绿色技术支撑。党的十九届五中全会对未来 5 年乃至更长时期我国生态文明建设和绿色发展路径作出了战略谋划。这些重要决议科学回答了在当代中国"什么是绿色发展、为什么要绿色发展以及如何实现绿色发展"等一系列问题，指明了绿色发展是我国面向未来实现生产发展、生活富裕、生态良好的文明发展道路的历史选择，也是实现人－自然－社会和谐发展的必由之路。

在中国生态文明建设意境下的绿色发展，显然契合了国际社会可持续发展理念；同时它又是以马克思主义关于人与自然关系的思想为指导，总结新中国生态文明建设的历史经验，面向现代化进程中的现实问题而提出的具有特定内涵的学术范畴；它既有国际社会普遍认同的绿色发展的内涵，又有中国自身国情蕴含的特殊规定性。这是因为欧美发达国家现代化进程是"串联式"的顺序发展，在过去 200 多年依次经历工业化、城镇化、农业现代化、信息化和绿色化，它们所提出的绿色发展是基于对"先污染后治理"

工业化进程的反思，其内涵侧重于"对既存的大规模工业化生产消费经济体系进行生态化改造"[①]；中国式现代化进程则是"并联式"的追赶型发展，新型工业化、信息化、城镇化、农业现代化和绿色化是叠加发展、协同推进的，我国提出的绿色发展是基于工业化中后期的现实国情，将生态环境容量和资源承载能力作为经济社会发展约束条件，以追求效率、和谐、持续为目标的新型发展模式。绿色发展并不局限于生态产业化和产业生态化，而是包括经济、政治、文化和社会建设各个领域，涵盖新型工业化、城镇化、信息化和农业现代化的全过程。因此，要按照《中共中央、国务院关于加快推进生态文明建设的意见》要求，协同推进新型工业化、城镇化、信息化、农业现代化和绿色化"五化"融合发展。

一 深刻理解生态文明意境下绿色发展的基本内涵

绿色发展是源于绿色经济、绿色增长等范畴的延伸和拓展。1989 年，英国环境经济学家大卫·皮尔斯在《绿色经济的蓝图》中首次提出绿色经济，而后人们对其内涵的认识不断深化，从最初只是作为环境保护的被动式措施，到经济与环境协调发展的产业形态，再到全球可持续发展的关键路径，如今绿色经济已成为 21 世纪引领人类未来的主导经济模式。然而，只注重经济与环境协调的绿色增长不一定是包容性的，它既可能有利于改善低收入群体生活状况，也可能使低收入群体承担更多的经济增长成本、遭受更多的不公平。因此，2011 年联合国环境规划署将绿色经济重新界定为"可促成提高人类福祉和社会公平，同时显著降低环境风险与生态稀缺的经济"[②]。强调绿色经济发展既要有利于促进人与自然的和谐共生，也要有利于增强社会的包容性和普惠性。可见，从范畴及其内涵演进的维度看，绿色经济发展的理论内涵已由单一的生态系统目标阶段、经济－生态系统目标阶

---

① 郇庆治：《生态文明创建的绿色发展路径：以江西为例》，《鄱阳湖学刊》2017 年第 1 期。
② 参见唐啸《绿色经济理论最新发展述评》，《国外理论动态》2014 年第 1 期。

段向经济－生态－社会复合系统阶段演进，各国政府也主要从经济系统的效率、生态系统的极限和社会分配的公平性等完善绿色经济发展方案。一个国家或地区要实现包容性绿色发展，必须跨越生态和福利两大门槛。生态门槛要求经济增长的边际收益大于生态保护的边际成本；福利门槛要求经济增长能够带来持续的社会福利增长和公平分配。当今时代包容性绿色发展理念已成为国际社会的普遍共识，成为后疫情时代各国推动全球经济复苏的行动指南。这里拟从价值理念、发展方式和保障条件等三个层面来把握中国生态文明意境下绿色发展的特殊规定性。

第一，确立绿色发展理念是一场发展观的深刻革命。发展观是在一定时期人们对经济社会发展什么以及怎样发展的基本观点和总体看法。发展观的形成和嬗变，既取决于社会生产力的发展水平，也取决于人们对客观世界的认知能力。在原始文明时代，由于社会生产力水平极端低下，人类只能依靠采集、狩猎等生产方式谋求生存，当时还谈不上什么发展观；在农耕文明时代，人类主要依靠手工工具进行生产劳作，这种以自给自足为主的发展观对生态环境的破坏还是相对有限的。正如亚当·斯密在《国富论》中所描述的，早期社会人类享用的不过是源源不断的自然资源供应大饼的边缘而已，人类活动一直处在生态环境的整体可承受范围之内。资本主义生产方式确立后，逐步形成了基于人类中心主义的发展观，强调以资本为中心和以利润最大化为导向，把自然条件和生态环境看作资本增殖的手段，大肆开采自然资源、大批量生产和消费、大规模排放废弃物的经济发展方式，不可避免地造成自然资源的枯竭、生态环境恶化和全球生态危机。马克思认为，人不是自然界的主宰者，而是自然界的一部分，人靠自然界生活。人类在同自然的互动中谋求生存和发展，人类善待自然，自然也会馈赠人类。人类文明进步所依赖的生产力水平，是社会生产力与自然生产力相互作用的统一体。恩格斯指出："如果说人靠科学和创造性天才征服了自然力，那么自然力也对人进行报复。"① 马克思也曾引用比·特雷莫的话来警示世人，任何"不以伟大

———————

① 《马克思恩格斯选集》（第 3 卷），人民出版社，1995，第 225 页。

的自然规律为依据的人类计划，只会带来灾难"①。因此，当代中国提出的绿色发展观是马克思主义生态自然观的中国化表达，是对长期以来人与自然关系规律性认识的总结提升，也是对传统经济发展观的扬弃和我国生态文明建设路径的战略选择。习近平指出："绿色发展，就其要义来讲，是要解决好人与自然和谐共生问题。人类发展活动必须尊重自然、顺应自然、保护自然，否则就会遭到大自然的报复，这个规律谁也无法抗拒。"② 我国仍然且长期处于社会主义初级阶段，推动生态文明建设，不是要放弃工业文明、回归农耕文明，而是要以资源环境承载能力为基础，以自然规律为准则，努力建设人与自然和谐共生的现代化格局。推动绿色发展，就是要大力发展绿色生产力，既要发展社会生产力，也要保护好自然生产力。

第二，构建绿色发展方式是一场经济社会系统性变革。我国是一个人口众多、人均资源禀赋少且发展不平衡不充分的发展中大国，当前生态环境保护所面临的结构性、根源性和趋势性压力仍没有根本缓解，产业结构偏重化、能源结构偏煤、交通结构偏公路和空间结构偏粗放的格局没有根本改变；能源资源约束趋紧、生态环境承载压力趋大、自然生态系统功能趋弱，已成为制约国民经济持续健康发展的重大矛盾、人民生活品质提高的重大障碍和中华民族永续发展的重大隐患。习近平指出："加快形成绿色发展方式，是解决污染问题的根本之策。重点是调结构、优布局、强产业、全链条。"③ 当前我国生态文明建设已由以污染防治为主的 1.0 阶段转入以降碳为战略重点的 2.0 阶段，推进绿色发展，要按照区域主体功能区划，优化国土空间布局，构建绿色生产和生活方式，推动减污降碳协同增效，促进经济社会发展全面绿色转型，在经济发展与环境保护关系上努力实现"四种脱钩"。一是城市经济社会发展与土地资源消耗脱钩。2020 年，我国常住人口城市化率超过 60%，城市化由高速增长转变为缓慢增长阶段，城市化演进

① 《马克思恩格斯全集》（第 3 卷），人民出版社，1972，第 251 页。
② 《在省部级主要领导干部学习贯彻党的十八届五中全会精神专题研讨班上的讲话》（单行本）（2016 年 1 月 18 日），人民出版社，2016，第 16 页。
③ 习近平：《推动我国生态文明建设迈上新台阶》，《求是》2019 年第 3 期。

无法像过去那样以"摊大饼"方式进行扩张，只能依赖城市有机更新来提高土地资源利用效率。因此，要严格划定生态红线、永久基本农田和城市边界三条底线，防止城市空间的无序扩张。二是乡村生态产业发展与政策性绿色贫穷脱钩。推动区域生态资源优势转化为经济高质量发展优势，探索乡村全面振兴与生态文明建设有效衔接，大力开展生态产业化经营，构建多元化、市场化的生态产品价值实现机制，推动重要生态功能区居民收入较快增长，缩小城乡区域之间收入差距。三是实现能源消耗总量增长与二氧化碳排放脱钩。加快由以化石能源为主，向以清洁的新能源和可再生能源为主转变，强化能源总量和强度双控，稳步实现"碳达峰"；当碳排放进入下降通道后，逐渐实现经济活动与碳排放之间的关系脱钩，进而实现经济活动的脱碳；四是经济增长与垃圾产生量脱钩。加快形成绿色生产和生活方式，按照"减量化、再利用、资源化"的原则，推动从生产和生活物质流全过程减少垃圾排放，提高城乡垃圾无害化处理率，实现从线性经济到循环经济转型，改变以往"大量生产、大量消耗、大量排放"的生产和消费模式，推动质量变革、效率变革和动力变革。

第三，实现绿色发展目标是一场制度和技术绿色化过程。绿色发展是以人为本的可持续发展，不仅要实现人与自然和谐共生，而且要促进社会公平正义。马克思、恩格斯认为，以私有制为基础的资本主义制度是造成全球生态环境危机问题的根源，只有社会主义制度取代资本主义制度才是解决环境问题的根本出路。这就"需要对我们的直到目前为止的生产方式，以及同这种生产方式一起对我们的现今的整个社会制度实行完全的变革"。[①] 在中国特色社会主义制度框架下，坚持和完善生态文明制度体系，推动形成人类与自然和谐发展，既是人与自然关系上文明进步的新形态，也是社会主义制度优势性的重要体现。当前针对我国绿色发展制度零散、约束力不强的现实，政府要坚持系统思维理念，从生产、流通、分配和消费全过程建立健全绿色发展的制度体系和政策导向，为资本活动设置"红绿灯"，有效防止资

---

① 《马克思恩格斯文集》（第 1 卷），人民出版社，2009，第 562 页。

本在破坏生态环境中野蛮生长，引导各种经营行为的经济合理性服从于生态合理性。经济绿色发展不仅需要制度保障，也离不开绿色技术的支撑。在生产、流通和消费等各环节，广泛运用生态技术和生态工艺，既有利于提升生态产业化经营水平，增加生态产品增殖比率，实现绿色品牌溢价，也有利于推动传统产业生态化改造，加快形成绿色循环低碳产业体系。在现实经济中，那些具有资源节约、环境友好和生态保育功能的经济形态，包括生态经济、循环经济和低碳经济等，都是有赖于绿色技术支撑的绿色经济范畴。其中，生态经济主要解决产业发展的生态合理性优先问题，旨在保持生态系统平衡前提下实现经济增长；循环经济主要解决资源节约和环境污染问题，旨在提高资源利用效率和减少污染物末端排放；低碳经济主要解决能源结构优化问题，旨在减少温室气体排放和抑制全球气候变暖。绿色产业是各类绿色经济活动的集合，也是经济绿色发展的引擎和动力。推动经济绿色发展，关键是要大力培育和发展那些兼有生态、经济和社会综合效益的绿色产业，才能有效实现经济增长、环境保护和社会公平三大目标的有机统一。

二 将绿色发展理念融入乡村全面振兴

长期以来，我国城乡区域发展不平衡不充分，乡村发展水平明显滞后于城镇。在全面建成小康社会之后，我国进入全面建设社会主义现代化强国的第二个百年奋斗目标新征程，最艰巨最繁重的任务在农村，最广泛最深厚的基础在农村，最大的潜力和后劲也在农村。面对百年未有之大变局和世纪疫情冲击，全面实施乡村振兴，不能仅仅理解为乡村发展，而是理解为我国应对全球化挑战的"压舱石"、推进我国生态文明建设的重大战略路径。乡村是囊括自然生态、经济发展和人类社会的地域综合体，它具有生产、生活、生态、文化等多重功能。"十里不同风，百里不同俗，千里不同情"，我国地域辽阔，自然条件千差万别，各地有什么样的自然生态环境，就会有依存于自然生态的生产和生活方式。全面推进乡村振兴，既要实现"金色"价值，也要彰显"绿色"颜值，这就要求我们坚持"三生融合"的理念，将绿色发展理念贯穿乡村全面振兴的过程。

　　第一，大力发展乡村绿色产业。乡村振兴，产业兴旺是重点。如果农村缺乏产业支撑，或者面临产业凋敝和衰落，乡村振兴就将成为空中楼阁。要将绿色发展理念融入乡村产业发展的全过程，实质是要推动生态产业化和产业化生态化，加快形成绿色循环、优质高效的乡村绿色产业体系。一是提升生态产业化经营水平。过去一定时期，我国现代农业发展政策导向更多地聚焦于农业发展的高端化、绿色化和集约化，"一村一品""一乡一品"区域农业发展取得显著进展，但各地普遍存在产业规模化经营偏小，农产业缺乏重大项目支撑，中低端产品过多，高尖精产品不足，农产品精深加工比例率低，产业链偏短，"两山"转化仍存在诸多"肠梗阻"，对农民增收带动效应不够明显等问题。农业结构往哪个方向调？市场需求是导航灯，资源禀赋是定位器。要按照质量兴农、绿色兴农、品牌兴农的发展方向，根据市场供求变化和区域比较优势，向市场紧缺产品调，向优质特色产品调，向种养加销全产业链调，拓展农业多功能和增值增效空间。要突破"村""乡"的狭小空间，着眼以县域为单元的生态空间资源禀赋优势，选准和培育若干个主导产业，通过"一县一品"和区域公用品牌，带动主导产业规模化经营。因地制宜发展生态资源综合开发产业，推动生态产业全产业链发展。突出"山水林田湖草"生态保育和生态资源产业化，以森林碳汇、林下经济、生态农业、生态旅游和绿色（有机）产品开发等业态为重点。实施以保护为主、开发为辅，落实最严格的耕地保护制度，开展高标准农田绿色示范行动和重要农产品绿标行动①，大力发展绿色农产品、有机农产品和地理标识农产品，严格实行食用农产品达标合格证制度。按照新的"三品一标"导向，推动品种培优、品质提升、品牌打造和标准化生产，推动更多农产品地理标识纳入中欧地标互认体系，拓展国际市场空间。继续实施农药、化肥减量化，提升畜禽类污染物资源化利用水平，推广使用可降解农膜。二是推动产

---

① 刘贵利、江河：《坚持保护优先 护航"三区"高质量发展》，《环境保护》2021 年第 3 ~ 4 期合刊。

业生态化转型。以"两碳"目标纳入生态文明建设大局，以工业园区为载体，加快推进传统产业绿色化转型，推进低碳工业体系、低碳交通、绿色建筑发展，逐步实现经济发展与碳排放脱钩。推动工业部门降碳减污协同增效。碳排放和传统污染物具有同源性，都源于石化能源的利用。要围绕高耗能产业，强化严格的能效和物耗监管，完善绿色设计、绿色制造、绿色流通标准，打造绿色设计平台，培育可复制、易推广的绿色工厂、绿色工业园区、绿色供应链，打造一批示范性绿色园区、绿色工厂和产业供应链。推动工业园区绿色化为载体，以节能环保产业集群作为区域战略型产业，探索节能环保产业与传统产业、绿色供应链、绿色金融、环保服务业联动发展的模式创新。实现"两碳"目标，能源产业是主战场，节能减排是主阵地，绿色电力是主力军。以构建新能源为主体的新型电力系统为突破口，推动能源供给清洁化、能源消费电气化、能源技术低碳化、能源治理市场化和能源主体协同化的"五化"进程。

第二，打造绿色生态宜居环境。乡村振兴，生态宜居是关键。生态宜居是乡村地区人与自然和谐共生的重要标准与基本要求，是"两山"理念在乡村建设中的升华和实践，也是人民群众对美好生活环境的共同向往，要将绿色发展理念融入人民群众日常生活，构建绿色生活方式。良好生态环境是农村的最大优势和宝贵财富，也是提高农民生活水平、改善农民生活质量、提升农民幸福感和获得感的最普惠民生福祉。打造绿色生态宜居环境，既需要增加区域优质生态产品供给能力，向城乡民众提供更多清新空气、清洁水源、无污染土壤、茂密森林、广袤草原、宜人气候等自然生态环境，也需要不断改善社会生态环境，提升交通、水利、教育、文化、医疗卫生等基本公共服务水平，营造风清气正的乡村和谐社会环境。诚如费孝通先生所言："基于传统乡土熟人社会所形成的社会结构和人际关系，无疑是乡村生态文明的重要组成部分，也是乡村生态宜居的重要保障。"① 要实施乡村建设行动，完善乡村基础设施，推进农村人居环境整治提升，保护好古村落、民族

---

① 转引自朱启臻《乡村振兴中的生态文明智慧》，《光明日报》2018 年 2 月 24 日，第 9 版。

特色村寨和原生态自然环境。把乡村生态环境保护与历史文化保护有机结合起来，强化对乡村地区自然文化资源的原真性和完整性保护，突出生态公共产品供给为导向，继续开展植树造林，优化林分结构，增强森林蓄积量，积极开发林业碳汇项目，提升自然植被吸收二氧化碳功能。完善乡村生态宜居环境，要鼓励各地制定相应的绿色生活标准，鼓励村民积极参与、自觉践行绿色行为，形成绿色的生活方式、消费方式，确保乡村生活与生态同步发展；建立绿色乡村生活服务和信息平台，帮助村民提升生态环境保护知识和能力。设立碳中和科普教育基地，传播近零碳排放理论知识，开展"零碳社区""零碳企业""零碳校园"等绿色环保活动。开展净零公共事业机构评定工作，构建近零公共机构标准体系，推动公共机构率先实现近零碳排放的示范窗口，增强全社会绿色消费观念。要加大公共财政资金、信息技术的投入和管理，注重乡村公路、供水、供气、网络、物流等基础设施建设，进一步完善乡村厕所、医疗卫生、垃圾处理点、新能源交通站等绿色便民服务网点的建设与普及，改善村民的居住环境，让村民在绿色实践中感受到切实的收益，进而认同这种绿色生活方式。

　　第三，倡导绿色低碳的乡风文明。乡村振兴，乡风文明是保障。乡村是人类文明的发祥地。由几百万个自然村组成的在地化聚落是我国乡村生态文明的重要载体，既体现了乡村文化多样性和包容性，又增强了乡村可持续发展能力。和谐的家庭关系、社会关系以及人与自然关系是人类社会得以繁衍发展的根本所在。推进新时代乡风文明建设，既要传承文明乡风、良好家风、淳朴民风以及尊老爱幼、守望相助、诚实守信、邻里和睦等优秀传统文化，也要融入"五大发展理念"等文明乡风建设的新内容，弘扬"山水风情自成一体，村落田园风光相得益彰，社会生态环境和谐有序"的现代文化生态体系。当前我国公众绿色生活方式和消费模式还未形成，食品浪费现象依然普遍存在；公众对生态环保的关注大多停留在与自身利益直接相关的领域，公众环境诉求高而自觉保护环境的实践相对滞后，难以做到知行合一。随着城乡居民消费能力的提高和消费需求结构的升级，生活垃圾数量与日激增，而回收率仍处于较低水平，城市居民生活垃圾回收率大约为35%，与欧洲国家大约 60% 的水平还有很大的差距，可见，消费领域已成为城乡生活垃圾、污水和细颗粒物污染的主要污染负荷来源，甚至部分抵消了生产领域资源环境治理的成效。倡导绿色低碳的乡风文明，要从日常生活中的垃圾处理做起，要将乡风文明建设与固废资源化利用有机结合起来。自 1973 年美国化学家保罗·帕尔默提出"零废弃"概念后，逐步得到国际社会的认可并积极推动实践。"无废社会"发展战略本质上是"循环经济加循环社会"①。通过持续推进城乡垃圾分类和处理，最终形成绿色循环发展的生活方式，实现居民生活固废减量化、资源化和无害化的社会发展模式。按照经济价值和环境风险属性的不同组合，探索多元化、市场化的固体废物循环利用的分类治理体系。对于高价值、高风险的固废产品，如废弃电器电子产品、铅蓄电池、动力电池等，要实施生产者责任延伸制度，采取以旧换新等措施，引导企业组织回收利用；对于高价值、低风险的固废产品，如建筑垃圾等，采取市场化经营方式，提高废旧资源再利用水平；对低价值、高风险的固废产品，如废旧电池、废旧农药瓶等，采取财政补贴方式，支持终端销售点回收和专业化企业集中处理；对于低价值、低风险的固废产品，如旧报纸、旧家具等，建立线上线下互动、灵活便捷的回收体系。依托开发（工业）园区的低效利用土地资源，采取政府引导和市场运作相结合的方法，吸收一批科技含量高的资源再生利用企业进驻园区，推进资源综合利用基地建设；借鉴城乡"垃圾分类 + 资源回收"两网融合的"宁波模式"，以智慧物联网为核心建设"全品类、全区域、一体化 + 公共服务"全链路分类回收体系；依托便民服务 App，设置居民旧物回收线上平台，通过高效精准的智慧物流系统将源头精细化分类投放的可回收物快速运送至区域配套分拣中心。

第四，提升乡村绿色治理水平。乡村振兴，治理有效是基础。要以绿色发展为主线，加快完善自治、法治、德治相结合的乡村绿色治理新格局。德

---

① 李海峰、李江华：《日本在循环社会和生态城市建设上的实践》，《自然资源学报》2003 第 2 期。

治是乡村治理体系的基础，现代生态文化体系为乡村生态环境治理铸就了精神内核；自治是乡村公共治理的重要目标导向，集体土地流转、公共设施建设、环境保护等乡村公共事务，离不开政府治理与居民自治良性互动；法治是乡村治理体系的保障，自治和德治只有在法律的框架下进行，才能不断提升乡村农民的安全感。近年来，我国围绕乡村治理出台了许多法规和指导性政策文件，但在绿色治理领域法规政策仍不健全，激励约束不足、操作性不强等问题依然突出。2021 年，浙江省安吉县在总结当地绿色美丽乡村建设经验的基础上，制定了国内首个乡村绿色治理县级地方规范《乡村绿色治理指南》，具有一定的借鉴意义。提升我国乡村绿色治理水平，要按照问题导向、突出重点、系统协同、适用可行、循序渐进的原则，从绿色生产、绿色流通、绿色消费等各个环节把握绿色发展的制度建设。包括：优化乡村国土空间规划。在现行主体功能区划"红线"（生态红线、城市增长边界、基本农田保护界线）的基础上，新增"生态安全红线、农业安全红线、防灾安全红线、城镇增长边界"等新"红线"，为优化乡村经济绿色发展空间提供依据。完善乡村地区自然资源确权和交易机制。开展各种自然资源统一调查监测评价，建设省级自然资源统一管理平台，统一制定自然资源资产负债表，统一编绘自然资源空间分布图，加快自然资源统一确权、登记和颁证工作。完善乡村地区生态产品价值评估机制。将资源稀缺程度、生态价值和环境损害成本纳入自然资源和能源价格的形成过程，积极探索生态产品价格形成机制、可再生能源强制配额和绿证交易制度等绿色价格政策。全面建立覆盖成本并合理盈利的城镇污水、污泥、固体废物处理收费机制，加快建立有利于促进减量化、资源化、垃圾分类和无害化处理的激励约束机制。在污水集中处理的农村地区，探索建立农户付费制度；综合考虑村集体经济实力、农户承受能力和污水处理成本等因素，合理确定付费标准。建立全产业链的农业污染防治机制。按照"源头严防、过程严管、后果严惩"的思路，综合采取多种手段，完善农业绿色转型的政策体系。严禁高毒高残留农药、对被列入"双禁"的"两高"农药全面清出市场，在农业生产上禁止施用。适时调整生产资料政策。进一步增加激励农民施用有机肥和生物农药的政策含金量。完善农业废弃物循环利用的管理政策。适时出台化肥农药容器押金返还制度，要求化肥农药生产企业回收容器，实现循环利用。为乡村生态环境保护和污染治理提供法律依据。

第五，探索乡村绿色共富新路径。乡村振兴，生活富裕是根本。贫穷不是社会主义，两极分化也不是社会主义，只有共同富裕才是社会主义。共同富裕是中国特色社会主义的根本原则，是中国式现代化的重要特征。中国要强农业必须强，中国要美农村必须美，中国要富农民必须富。农业强不强、农村美不美、农民富不富，决定着亿万农民生活的品质。我国发展不平衡不充分问题仍然突出，城乡区域发展和收入分配差距较大，促进全体人民共同富裕是一项长期任务。党的十九大提出到 21 世纪中叶"全体人民共同富裕基本实现"的目标。党的十九届五中全会进一步提出，到 2035 年"全体人民共同富裕取得更为明显的实质性进展"，这是党中央提出的又一个重要阶段性发展目标。新时代共同富裕的内涵更加丰富，要从"共同"和"富裕"两个维度进行把握，既要做大"蛋糕"，也要分好"蛋糕"，在发展中促进公平正义。"富裕"侧重从生产力的角度来把握，不仅要求缩小不同群体之间收入差距，还要更加重视民生福祉，实现基本公共服务均衡化，更加注重人的全面发展，实现人的自由与精神富足。"共同"侧重从生产关系角度来把握，要求更加注重发展共享，逐步缩小城乡、区域和行业间收入差距，更加注重分配公平，实现收入分配机制保持效率和公平间的平衡。将绿色发展理念融入乡村振兴，就是要推动包容性绿色发展，促进城乡区域绿色共富。发展经济是改善人民群众生活需要的，保护环境也是改善人民群众生活需要的，两者不可偏废。欧阳志云等学者提出将特定区域 GEP/GDP 比值，视为"两山"的转化率，用以衡量区域生态产品价值实现程度的重要指标，这具有一定的合理性。特定区域人均 GEP 越高，人均拥有的生态财富就越多，GEP 向 GDP 转化的潜力就越大。例如，在 2018 年浙江省丽水市 GEP 构成中，三类产品价值的比例为 3.3：72.8：23.9，生态产品价值实现范围大多为物质产品和文化服务，调节服务的价值实现程度还很不充分，同年 GEP 向 GDP 转化率为 29.5%，生态产品价值实现仍处于较低水平，也意味着蕴含大量潜在价值。然而，GEP 和 GDP 属于一对宏观性、综合性指标，生态产品价值实现是一个微观、动态的经济活动过程，需要明确生态产品归谁所有、由谁经营、怎么交易和利益分配等诸多环节。因此，各地要因地制宜，积极探索多元化市场化生态产品价值实现机制。

三　持续探索全国林改第一县的乡村振兴之路

县域兴则国家兴，县域强则国家强。县域是经济、政治、文化、社会、生态的综合体，也是乡村振兴和生态文明建设融合发展的主要空间载体。武平是习近平总书记亲手抓起、亲自主导的集体林权制度改革的发源地，被誉为"全国林改第一县"。20 年来，集体林权制度改革极大地激发了农村生产力，县域经济社会发展取得显著成就，武平也由原先的国定贫困县连续多年跻身"福建省县域经济发展十佳县"，群众安全感满意率连续多年居全省前列，先后获得全国文明县城、全国文明城市等荣誉，并被中央综治委表彰为"全国平安建设先进县"。然而，从县域经济实力看，2020 年武平县人均 GDP 为 9.8 万元，地均 GDP 为 1037 万元/平方千米，人均 GDP 和地均 GDP 均低于全省平均水平 10.6 万元和 3541 万元/平方千米，在全省大体处于中下游水平，在全省 41 个苏区县（市、区）中大体处于中游水平。2020 年，城乡居民可支配收入分别为 3.78 万元和 1.92 万元，两者比例 1∶0.508，城乡收入差距好于全省平均水平的 1∶0.443。因此，当前武平是在相对较低的经济总量基础上，保持了相对合理的城乡收入比例。在努力做大"蛋糕"前提下分配"蛋糕"，实现绿色共富，仍然是新时代武平县域经济发展和乡村振兴的重要任务。

乡村振兴是包括产业振兴、人才振兴、文化振兴、生态振兴、组织振兴的全面振兴，涵盖经济、政治、文化、社会、生态文明等方方面面，五位一体、相辅相成，是一个不可分割的有机整体。全面实施乡村振兴战略实质上就是推进中国农业农村现代化的过程。作为"全国林改第一县"，武平乡村振兴之路，就是继续弘扬敢为人先的优良品质，发挥"红绿"交融的独特优势，不断壮大绿色生态产业，聚焦乡村"五大振兴"中的主要矛盾和矛盾的主要方面，把促进农民收入持续增长作为重要任务，把保障和改善农村民生作为根本要求，因地制宜，找准推动乡村振兴的路径和突破口，努力实现农业高质高效、乡村宜居宜业、农民富裕富足。

第一，探索森林生态产品多元价值实现机制。森林资源是武平最大的生态财富、最大的资源优势。过去一段时期，武平县坚持生态优势、绿色发展的理念，林业发展取得了显著的生态效益和社会效益，但受生态保护政策的管控，林业经济效益仍有提升的空间。据统计，武平全县人口约40万，约有90%人口的就业与涉林业产业相关联。在实施天然林和重点区位商品林保护工程后，武平全县200多万亩林地纳入禁伐范围，可采伐经营的商品林不及60万亩。由于商品林经营收益大约为300元/（亩·年），而生态公益林补助标准目前只有21.75元/（亩·年），林权所有者只能获得12.2元/（亩·年）生态公益补助，商品林经营收益和公益林补助两者相差近25倍，在一定程度上制约林业经济效益和林农的收入，严重影响了林农经营的积极性。当前，武平林业改革和发展又进入了新的发展阶段。2021年10月，中共福建省委全面深化改革委员会出台的《关于深化集体林权制度改革推进林业高质量发展的意见》，明确了稳定集体林地承包制度、完善林业规模经营机制、完善森林科学经营制度、健全生态补偿机制、健全林业碳汇发展机制、创新林业投融资机制、加快构建自然保护地体系、促进生态成果共建共享、大力发展绿色产业、强化林业资源监管等十项改革重点任务，并提出了一系列创新性的政策措施，包括"进一步落实林地集体所有权、稳定农户承包权、放活林地经营权，依法保障林权权利人合法权益""创新人工商品林林木采伐管理制度，适度放宽采伐限制、简化审批手续，进一步落实林农对林木的处置权""完善林业碳汇交易制度，探索林业碳汇场外交易模式，研发应用减碳增汇型农业技术，探索建立碳汇产品价值实现机制"等内容。这些林改政策红利必将有利于进一步激活武平林业经济发展新动能。"雄关漫道真如铁，而今迈步从头越。"武平县要以回顾总结林改20年经验为契机，发挥全国林改策源地优势，把握新一轮林改新机遇，紧密结合率先推进碳达峰碳中和工作，构建适应市场化的集体林权制度改革，增加森林面积、提高森林质量，积极发展林业汇碳，提升生态系统碳汇增量；深入挖掘林业的多功能性，完善森林生态产品价值实现机制，把乡村振兴与生态文明建设紧密结合，推动县域经济高质量发展，不断促进林业生态高颜值、林业产业高素质和林区群众高收入。

第二，积极探索生态资源开发经营机制。我国《宪法》明确规定，"农村土地归农民集体所有"。个体农民对日常生产生活密切相关的耕地、林地、草地和宅基地等土地资源产权归属关注度较高，产权关系相对清晰。但是，对于流动性的水资源和区域生态空间资源的产权关系则显得模糊不清。从自然生态系统的角度看，山水林湖草等各种要素资源产权关系模糊不清，导致所有权主体缺位、生态资源管理不严、民主监督失效，集体生态资源经济发展活力不足、生态资产效益低下，由此带来的财产性收入在农户家庭收入占比较低。据中国社会科学院魏后凯研究员测算，我国农民人均财产净收入占比不到 2.5%，其对 2015~2020 年农民增收的贡献率仅为 3%。要跳出林业看林业，跳出乡村谋发展。山水林田湖草是一个"生命共同体"，统筹经营山水林田湖草等自然要素，要在明晰产权关系基础上探索生态产品价值多元实现路径。在生态文明建设视野下，生态空间也是一个生产要素，是一种可交易的资源。各种自然生态要素不只是作为单独的生产要素进行交易，也可以作为立体的、综合性的要素资源进行交易。例如，各地开展林下经济、"渔光互补"等都是利用生态空间进行经营。当前要抓住自然资源"确权""赋权""活权"三个关键环节，完善自然资源产权确权和交易机制。根据森林、草原、湿地、水流、滩涂、荒地、海洋等不同类型自然资源特性，厘清各种自然资源实物产权主体占有、使用、收益、处分等权责利关系，细化设置可交易的产权权能。同时按照自然生态系统整体保护和市场化配置的要求，细化设置可交易的产权权能，包括生态空间经营权、租赁权、抵押权、收益权等新型物权类型。在理顺区域整体生态资源产权关系的基础上，采取各种优惠政策，引导社会资本参与生态产品的经营开发，才能将更多的潜在生态价值转化为现实的经济价值，为重要生态功能区发展提供新的经济增长动能。要顺应社会主义市场经济体制发展趋势，深化自然产权制度改革，积极探索生态资源开发经营机制，打通资源变资本、资本变财富的渠道，进一步拓宽增加农民财产性收入渠道，大幅度提高财产净收入所占比重及其对农民增收的贡献率。武平县可以选择若干交通便利、具有独特生态资源优势的乡镇，探索区域生态资源整体性开发，按照"生态资源资产化，生态资产资本化，生态资本股份化，个体股份市场化"的改革方向，大力推进农村集体生态资源产权制度和市场化配置机制，探索以社区股份合作制为主要形式，试点探索"林票""地票"等自然资源实物交易机制，推动集体生态资源股份化和凭证化，走出一条"家家有资本，人人有股份，村村有物业，年年有分红"的共同富裕新路。

第三，推动城乡融合中促进乡村振兴。推动乡村全面振兴，走城乡融合发展之路。这是党中央根据我国社会发展趋势作出的重大战略判断，是对长期以来工农城乡关系失衡的纠偏，也是对以往"城乡统筹""城乡一体化"理念下构建新型工农城乡关系的升华，彰显了"三农"工作立足新发展阶段、遵循新发展理念、实现新发展目标的有机统一。城乡融合发展与农业农村优先发展，两者并不是矛盾的，而是辩证统一的关系。实现城乡融合发展，促进城乡功能互补，是顺利推进现代化的内在要求。当前我国农业农村现代化明显滞后于工业和城市现代化，应通过农业农村优先发展促进城乡融合发展。而农业农村优先发展并不意味着应该放缓城镇化步伐，或者是用乡村振兴战略代替城镇化战略。恰恰相反，农业农村优先发展必须置于城乡融合发展的整体架构中推进，实现"以城带乡""以城兴乡""以工哺农""以工带农"，形成工农互促、城乡互补、全面融合、共同繁荣的新型工农城乡关系。过去一定时期，我国处于工业化和城市化快速发展时期，大量生产企业集聚于城市，农村居民通过出售初级农产品只能获得相对低的收益，而非农就业收入成为农民收入增长的主要来源。然而，当前我国城市化已进入缓慢增长阶段，大中城市产业结构向传统劳动密集型为主产业向高新技术产业转型升级，大中城市吸纳农民工就业机会趋于减少，因而导致农民非农就业收入增长后劲不足。近年来，随着我国经济增速的减缓，农村居民收入增速迅速回落，城乡居民收入增速差距也在逐步缩小。据统计，2010～2014年农民收入增速平均比城镇居民高2.5个百分点，2015～2019年仅比城镇居民平均高0.9个百分点。随着大中城市吸纳农民工就业机会的减少，农村人口更多地留在小县城和乡村就业。为此，要顺应以内循环为主体的新发展格局，加强县域统筹，推动形成县城、中心镇（乡）、中心村功能衔接的乡村产业结构布局。国务院印发的《"十四五"推进农业农村现代化规划》指出，"要坚持立农为农，把带动农民就业增收作为乡村产业发展的基本导向，加快农村一二三产业融合发展，把产业链主体留在县域，把就业机会和产业链增值收益留给农民"。加强县、乡、村综合规划，推动中小企业和城镇化发展，加快"在地化"为主要内涵的县域经济，促进县域经济综合一体化发展。以农业农村资源为依托，以农民为主体，培育壮大现代种养业、乡村特色产业、农产品加工流通业、乡村休闲旅游业、乡村新型服务业、乡村信息产业等六大产业方向，形成特色鲜明、类型丰富、协同发展的乡村产业体系。以拓展二、三产业为重点，纵向延伸产业链条，横向拓展产业功能，多向提升乡村价值。借鉴日本农协的经验，推动乡村专业合作社、农村信用社、供销合作社等融合发展，提高农民的组织化程度，由"三位一体"的综合性合作社组织开展一、二、三产业融合运作，推动农产品加工企业"在地化""本土化"，适应地方需求，让乡村涉农产业链保留在县域范围，推进县域、镇域产业集聚，支持农产品加工业向县域布局，引导农产品加工流通企业在有条件镇（乡）所在地建设加工园区和物流节点，促进镇村联动发展，实现加工在乡镇、基地在村、增收在户。

中国式现代化是城乡融合发展的现代化，是人与自然和谐共生的现代化，也是全体人民实现共同富裕的现代化。党的十九大报告提出党的第二个百年奋斗目标分两个阶段安排，即到2035年基本实现社会主义现代化，到21世纪中叶把中国建成富强民主文明和谐美丽的社会主义现代化强国。20年弹指一挥间，20年来武平绿色崛起之路，是中国式现代化道路发展的一个片段。美丽中国是环境之美、时代之美、生活之美、社会之美、百姓之美的总和，建设人与自然和谐共生的美丽中国，则是一个滚石上山、爬坡过坎的艰辛历程。"道阻且长，行则将至；行而不辍，未来可期"。让我们锚定目标，脚踏实地，埋头苦干，努力建设更有温度的幸福武平，打造美丽中国的县域样本。

参考文献

包庆德、刘雨婷：《制度底线：确保中国国土生态安全的控制线》，《哈尔滨工业大学学报》（社会科学版）2022年第1期。

柴萌：《集体林权制度改革促进乡村经济振兴——评〈武平：全国林改第一县乡村振兴之路〉》，《林业经济》2021年第2期。

成长春：《完善促进人与自然和谐共生的生态文明制度体系》，《红旗文稿》2020年3月5日。

方印、刘娉：《构建生态环境多元共治格局》，《贵州日报》2021年7月6日。

冯留建、王雨晴：《新时代生态价值观指引下的生态文化体系建设研究》，《华北电力大学学报》（社会科学版）2020年第6期。

《福建武平：林改第一县 绿色再出发》，《中国县域经济报》2021年7月22日。

高见、杨静：《守护生态安全 完善生态治理 实现美丽中国》，https：//m.gmw.cn/baijia/2021-09/23/35183753.html，2021-09-23。

侯坤、许静波：《新时代人民美好生活需要与生态文明建设研究》，《理论探讨》2022年第2期。

胡熠主编《武平全国林改第一县乡村振兴之路》，社会科学文献出版社，2018。

胡熠、黎元生：《习近平生态文明思想在福建的孕育与实践》，《学习时报》2019年1月9日。

姜迎春：《将生态文明制度体系纳入国家制度和治理体系》，人民论坛网，2021 年 5 月 27 日。

李忠：《践行"两山"理论 建设美丽健康中国：生态产品价值实现问题研究》，中国市场出版社，2021。

刘国翰、郈玉玲：《生态文明建设中的社会共治：结构、机制与实现路径——以"绿色浙江"为例》，《中国环境管理》2014 年第 4 期。

吕虹：《加快生态文明制度体系建设的三个维度》，《学习时报》2020 年 2 月 27 日。

罗瑜：《生态财富与绿色发展方式研究》，人民出版社，2021。

穆虹：《坚持和完善生态文明制度体系》，《经济日报》2020 年 1 月 2 日。

阮晓莺：《生态文化建设的社会机制研究》，经济管理出版社，2019。

王夏晖等：《中国生态保护修复20年：回顾与展望》，《中国环境管理》2021 年第 5 期。

王向东：《加快构建以生态价值观为准则的生态文化体系——以扬州为例》，《经济研究导刊》2020 年第 36 期。

魏家星等：《基于生态供需空间的区域生态安全格局构建研究——以苏南城市群为例》，《长江流域资源与环境》2022 年第 2 期。

温映雪：《武平集体林权制度改革经验与发展研究》，《福建教育学院学报》2020 年第 4 期。

武晓立：《我国传统文化中的生态智慧》，人民网，2018 年 9 月 25 日。

习近平：《摆脱贫困》，福建人民出版社，2014。

习近平：《推动我国生态文明建设迈上新台阶》，《求是》2019 年第 3 期。

习近平：《推动形成绿色发展方式和生活方式 为人民群众创造良好生产生活环境》，新华社，2017 年 5 月 27 日。

习近平：《之江新语》，浙江人民出版社，2013。

邢捷、董媛媛：《气候变化安全风险挑战与我国对策》，《环境保护》2021 年第 23 期。

杨峥屏、黄千杜：《国土空间生态修复专项规划关键技术》，《规划师》

2021 年第 23 期。

詹国彬、陈健鹏：《走向环境治理的多元共治模式：现实挑战与路径选择》，《政治学研究》2020 年第 2 期。

张杰：《武平敢为天下先，成就林改第一县》，《福建日报》2021 年 8 月 24 日。

张志盛：《多元共治：乡村振兴战略视阈下的农村生态环境治理创新模式》，《重庆大学学报》2020 年第 1 期。

《中共中央国务院关于加快推进生态文明建设的意见》，《人民日报》2015 年 5 月 6 日，第 1 版。

中共中央文献研究室编《习近平关于社会主义生态文明建设的论述摘编》，中央文献出版社，2017。

中共中央党校采访实录编辑室：《习近平在福建（上、下）》，中共中央党校出版社，2021。

中共中央党校采访实录编辑室：《习近平在福州》，中共中央党校出版社，2020。

中共中央党校采访实录编辑室：《习近平在宁德》，中共中央党校出版社，2020。

中共中央党校采访实录编辑室：《习近平在厦门》，中共中央党校出版社，2019。

邹长新、彭慧芳、刘春艳：《关于新时期保障国家生态安全的思考》，《环境保护》2021 年第 22 期。

|后| |记|

《中国林改 20 年：县域生态文明建设的武平实践》即将付梓，作为主编，不禁有如释重负之感。本书是中共福建省委党校生态文明教研部集体完成的第四部著作，也是福建农林大学与中共福建省委党校共建习近平生态文明思想研究中心携手合作取得的一项成果，凝集着两校领导的关心、支持和厚爱。2021 年底，研究任务确定后，课题组成员在紧张的工作之余，几次赴革命老区武平县，深入田间地头，召开专题座谈会，向基层干部群众虚心请教，从搜集素材到确定主题、设计章节，从各章初稿到集中统稿、内部讨论、征求意见，处处凝聚着课题组成员的辛劳、汗水和智慧。

武平是一个兼具"老区、苏区、山区、林区"特色的县域，既有革命战争时期许多惊心动魄的红色故事，也有改革开放新时期催人奋进的林改经验。本书写作坚持理论紧密联系实际，将习近平生态文明思想的学理阐释与县域生态文明建设的生动实践有机结合起来，将武平作为一个县域经济绿色崛起的典型样本进行解剖，以集体林权制度改革为切入点，以县域生态文明建设为主线，力求阐释"林草兴则生态兴、生态兴则文明兴"的深刻道理。

在调研中我们深切感受到武平人民"敢为人先、接力奋斗"的精气神，感动于老区干部群众的绿色坚守，同时也领悟到绿叶之下这场伟大改革所迸发的无穷动力。"人不负青山，青山定不负人"，相信林改之花在汗水的浇灌下，将会结出绿色共富的丰硕果实。而"尊重群众首创精神，以人民为中心，勇于担当善于作为"更是推动武平人民筚路蓝缕、砥砺前行的不二法宝。

感谢中共中央党校（国家行政学院）副校（院）长龚维斌教授在百忙之

中审定书稿并为书作序，使本书增色不少，同时对编者也是莫大的鼓励和鞭策。

感谢中共武平县委县政府、县委党校在课题研究及调研中给予的鼎力帮助。中共福建省委党校、福建行政学院校委重视本书的编写工作，校领导专门组织了课题组会议，对全书编写的定位、框架及重点等方面给予了指导。感谢我国林业战线的老前辈全国集体林权制度改革领导小组原副组长、福建省林业厅原厅长黄建兴同志倾情相助，亲临指导，把他几十年的林业工作经验和智慧传授给我们，使书稿更具政治高度、历史厚度和实践温度。

本书得以顺利完成，是课题组成员通力协作、集体智慧的结晶。他们当中既有资深的教授，又有年富力强的博士；既以党校教师为主体，又有高校教师参与，形成了一支具有多学科知识背景、多家学术机构共同参与的科研团队。写作分工如下：导论胡熠教授；第一章胡熠教授；第二章王文烂教授、傅一敏博士、胡熠教授；第三章第一、二、四节郑冬梅教授；第三章第三节、第四章王文烂教授、傅一敏博士；第五章蔡加福教授、彭冬冬副教授；第六章刘小锋副教授；第七章李四能教授；第八章刘荷副教授；第九章孙博博士；结语胡熠教授、黎元生教授。全书由胡熠教授牵头组织确定章节结构、写作体例和承担统稿工作。

本书得以顺利出版，还要感谢社会科学文献出版社领导与编辑们的大力支持，原社长谢寿光研究员亲自审定了写作提纲和书稿，并提出了极其宝贵的修改意见。此外，写作过程中我们还参阅了诸多理论文章和新闻报道，在此一并表示感谢！然而，由于时间紧迫以及能力有限，书中难免有错漏之处，希望专家学者和实践部门同志不吝批评指正！

编者
2022 年 9 月 15 日

图书在版编目（CIP）数据

中国林改 20 年：县域生态文明建设的武平实践／胡
熠主编 . -- 北京：社会科学文献出版社，2022.12
ISBN 978 - 7 - 5228 - 1202 - 1

Ⅰ.①中… Ⅱ.①胡… Ⅲ.①县 - 集体林 - 产权制度
改革 - 研究 - 中国 Ⅳ.①F326.22

中国版本图书馆 CIP 数据核字（2022）第 237020 号

中国林改 20 年：县域生态文明建设的武平实践

主　　编／胡　熠

出 版 人／王利民
责任编辑／袁卫华　张倩郢
责任印制／王京美

出　　版／社会科学文献出版社·联合出版中心（010）59367151
　　　　　地址：北京市北三环中路甲 29 号院华龙大厦　邮编：100029
　　　　　网址：www. ssap. com. cn
发　　行／社会科学文献出版社（010）59367028
印　　装／三河市尚艺印装有限公司

规　　格／开本：787mm × 1092mm　1/16
　　　　　印张：20　字数：291 千字
版　　次／2022 年 12 月第 1 版　2022 年 12 月第 1 次印刷
书　　号／ISBN 978 - 7 - 5228 - 1202 - 1
定　　价／168.00 元

读者服务电话：4008918866